地方高校本科课程运行场域研究

卢曼萍 著

中国纺织出版社有限公司

内 容 提 要

本科课程是本科教育质量的核心载体，也是高等教育研究领域的基础课题。目前，我国关于本科课程的研究以宏观层面的思辨研究以及整体共性问题的探讨居多，而关于本科课程运行实然状态及课程主体的具体行为研究较少。本书采用案例研究法，以场域理论构建分析框架，对地方高校本科课程运行的场域关系结构和场域问题等进行深入分析，并在场域分析的基础上提出优化本科课程运行场域的相关策略。本书的出版有助于从场域关系视角全方位地审视地方高校本科课程运行的问题，对提高本科课程教学质量、改进本科人才培养工作具有一定的现实指导意义，能为高等教育课程运行研究提供一定的参考和借鉴。

图书在版编目（CIP）数据

地方高校本科课程运行场域研究 / 卢曼萍著．
北京：中国纺织出版社有限公司，2024.7. -- ISBN 978-7-5229-1852-5
Ⅰ. G642.3
中国国家版本馆 CIP 数据核字第 20241FB888 号

DIFANG GAOXIAO BENKE KECHENG YUNXING CHANGYU YANJIU

责任编辑：向 隽　林双双　　责任校对：王蕙莹
责任印制：储志伟

中国纺织出版社有限公司出版发行
地址：北京市朝阳区百子湾东里 A407 号楼　邮政编码：100124
销售电话：010—67004422　传真：010—87155801
http://www.c-textilep.com
中国纺织出版社天猫旗舰店
官方微博 http://weibo.com/2119887771
天津千鹤文化传播有限公司印刷　各地新华书店经销
2024 年 7 月第 1 版第 1 次印刷
开本：710×1000　1/16　印张：15.25
字数：210 千字　定价：88.00 元

凡购本书，如有缺页、倒页、脱页，由本社图书营销中心调换

前言
PREFACE

本科课程是本科教育质量的核心载体，也是高等教育研究领域的基础课题。进入21世纪以来，国家出台了一系列提升本科教学质量的政策，其中关于本科课程改革的举措在一定程度上不断推进本科教育教学的内在更新。尤其是在"一流本科课程建设"背景下，各大高校以及学术界对本科教育的重视度不断提升。从总体上看，我国关于本科课程的研究以宏观层面的思辨研究以及整体共性问题的探讨居多，关于本科课程运行实然状态及课程主体的具体行为研究和关注较少。此外，笔者个人的工作体悟与困惑，也促使本书试图去"透视"地方高校本科课程运行场域的"实景"与"背后动因"。

本书采用案例研究法，以场域理论构建分析为框架，对地方高校本科课程运行的场域关系结构以及场域问题等进行深入分析，并在场域分析的基础上提出优化本科课程运行场域的相关策略。

依据研究问题和研究目的，本书遵循案例研究设计的步骤，选择我国中部某省四所教学研究型地方高校作为研究对象，进行多案例研究设计。采用扎根理论三级编码方法以及内容分析法对案例数据进行分析与讨论。具体而言，本书得出了以下三点主要结论：

1. 通过数据分析归纳出核心范畴关系结构模型，场域的主要特征有：（1）课程决策场域表现为"'行政主导'的分离决策"特征，管理者在这一场域是主导者，其行政权力（包括政治权力）处于支配地位，教师大体上处于被支配地位，学生处于"被出场"的位置；（2）课程实施场域呈现"'游离在场'非确定性参与"的显著特征；教师占据场域的主导位置，学生在场域中处于与教师相对应的主体位置，管理者在客观位置上处于场域边缘，但"无形"中"掌控"场域；（3）课程评价场域主要的特征为"失真"，管理者在场域中居于主导地位，教师和学生互为评价主客体，处于被支配也支配他人的位置，督导、同行等评价主体处于受管理者支配的地位。因此，本科课程运行主场域的特征可以概括为：管理者始终居于场域重要的位置，教师和学生总体上处于被支配地位，整个场域呈现"分离、游离、失真"的特征。

2. 通过场域分析，结合调研数据，发现地方高校本科课程运行场域呈现场域位置关系结构失衡、资本（权力）作用偏离、场域惯习"潜沉"三大主要问题。本科课程运行场域是包含在更大的大学场域、高等教育场域以及社会场域之中的，受到三大外场域的影响：大学场域的结构映射、高等教育场域的体制浸染以及社会场域的矛盾裹挟。

3. 基于场域关系结构与场域问题分析，本书提出了地方高校本科课程运行场域优化策略：从科层场域走向科学场域；提高教学学术资本效应、扩充场域张力，建构科学课程制度体系、预防惯习"潜沉"。

本书在研究方法上具有一定创新性，基于田野调查数据与现场"图景"对本科课程运行场域进行案例分析，展示了丰富的个案信息，与侧重宏观层面以及思辨探讨的多数研究可以形成一定的互补。同时，本书从场域视角对地方高校本科课程运行全过程进行探究，相比于本科课程中多以某一环节或某一问题进行的研究，在研究视角与研究范畴方面也具有一定的补充作用。本书有助于从场域关系视角全方位地审视地方高校本科课程运行的问题，对提高本科课程教学质量，改进本科人才培养工作具有一定的现实指导意义。

卢曼萍

2023年10月

目录

第一章　绪论 _001

第一节　本科课程管理研究背景 _002

第二节　国内外研究现状 _005

第三节　地方高校本科课程运行场域研究的核心概念界定 _032

第四节　研究目的及对当下本科教育的意义 _038

第五节　主要内容与主体框架 _040

第二章　地方高校本科课程运行场域的研究方法 _043

第一节　案例设计 _044

第二节　构建分析框架 _051

第三节　具体研究方法 _054

第三章　资料收集与分析 _061

第一节　收集研究所需资料 _062

第二节　原始访谈资料分析加工 _069

第三节　对文档类资料进行内容分析 _093

第四节　观察记录类资料分析 _108

第五节　案例研究的信效度分析 _111

第四章　地方高校本科课程运行场域关系结构分析 _115

第一节　次级场域关系结构分析 _116

第二节　主场域关系结构分析 _126

第五章　地方高校本科课程运行场域问题分析 _131

　　第一节　当下地方高校本科课程运行场域的主要问题探析 _132
　　第二节　外场域对地方高校本科课程运行场域产生的影响 _144

第六章　对地方高校本科课程运行场域优化 _153

　　第一节　增强地方高校本科课程运行场域的自立性 _154
　　第二节　减少行政权力对场域张力扩大的阻滞 _160
　　第三节　建构科学课程制度体系，预防惯习"潜沉" _164

第七章　研究结论与展望 _169

参考文献 _179

附录　研究过程性资料 _191

第一章 绪论

第一节　本科课程管理研究背景

一、本科课程管理与运行现状

我国从20世纪末开始实施高等教育扩招政策，用短短20年时间，不仅实现了高等教育大众化，而且已迈入普及化阶段，成为世界高等教育大国。本科教育是高等教育的主体部分。在高等教育大众化与普及化的过程中，本科教育规模不断扩大，如何确保本科阶段人才培养质量，为创新型国家建设输送高质量的专门化人才也成为21世纪以来高等教育面临的重大任务，同时也是高等教育由外延式发展转向内涵式发展的关键所在。

课程是教育事业的核心，是教育运行的手段，没有课程，教育就没有了用于传达信息、表达意义、说明价值的媒介。❶人才培养质量问题必须从高等教育的微观层面，但能解决根本问题的本科课程中寻找答案。近年来，政府、社会以及学术界对本科课程与教学质量问题均给予了高度关注。

政府实施了一系列课程改革项目，例如从2006年启动的"高等学校本科教学质量与教学改革工程"中的"精品课程"到近年的"一流课程"建设。社会评价机构也逐渐关注本科课程运行与课程建设在高校评价中的作用，例如，软科近两年在评价模块中纳入了精品课程、教授授课比例等指标内容。高等教育扩招以后，本科课程教学质量问题也成为我国学术界探讨的重要主题，以中国知网中文社会科学引文索引（CSSCI）收录文献为例，98%以上的本科课程，研究出现在2000年以后。在政策推动与加强学理剖析的背景下，本科课程在现实与期许中不断地被改革与细化。

---

❶ 菲利普·泰罗，科林·理查德.课程研究导论[M].王伟廉，高佩，译.北京：春秋出版社，1989：3.

2018年6月，我国改革开放40年来第一次全国本科教育大会在四川成都召开。会议提出人才培养是大学的本质职能，要推进"四个回归"，把人才培养的质量和效果作为检验一切工作的根本标准；本科教育要"回归常识"、教师要"回归本分"、办学要"回归初心"和"回归梦想"，建设中国特色、世界水平的一流本科教育。在一流本科教育建设的背景下，本科教学更成为当前的热点议题，政府出台了一系列更具有针对性的文件。本科课程是本科教育的关键因素，例如2019年10月出台的《教育部关于深化本科教育教学改革全面提高人才培养质量的意见》提出，全面提高课程建设质量。立足经济社会发展需求和人才培养目标，优化公共课、专业基础课和专业课比例结构，加强课程体系整体设计，提高课程建设规划性、系统性，避免随意化、碎片化。推动课堂教学革命。严格课堂教学管理，严守教学纪律，确保课程教学质量。可见，关于本科课程"应如何，该何为"的应然探讨逐渐明确。

一系列政策与文件实施之后，本科课程教学质量如何提高，亟待一些微观领域的探究工作。有学者通过实证研究，发现课程是影响本科生学习能力发展的主要因素。❶也有学者认为我国在培养拔尖创新人才方面存在问题的原因可能是多元的，但大学课程管理制度的不足和弊端是核心影响因素。❷事实上，任何事物取得实质成效从来不能仅仅依靠宏观层面的规划与理论层面的探讨，还需有对实践层面的关切与思索。因此，建设一流本科，提高本科教学质量，必须关注与探析本科课程管理与运行问题。

二、本科课程运行场域存在的问题

所谓问题，就是预期与现实之间的反差以及由这个反差引起的心理困惑。也可以说研究是从困惑开始的，预期和现实的反差越大，那么困惑就越大。研究的目的就在于排除人们内心的困惑与焦虑，从而得到感悟并解决问题。❸

---

❶ 耿富云. 本科生学力发展与课程对策研究[D]. 重庆：西南大学，2015：108.
❷ 郭德红. 中国大学课程管理制度演变研究[M]. 北京：中国书籍出版社，2018：15.
❸ 曹锦清. 问题意识与调查研究[J]. 社会学评论，2014（5）：3-9.

作为一所地方综合性本科院校教学管理岗和一线教学岗的双重亲历者，笔者对大学课程运行场域的一些问题一直存有困扰。首先在教学管理岗工作期间，作为教学研究工作管理人员，接收教育部、省教育厅各种关于本科课程的文件数量多、类型丰富，学校教学管理部门草拟以及下发的有关本科课程的文件和制度也非常多。但经过整理和归纳相关文档后，发现有关本科课程的很多文件在出台的时候设计了美好愿景，也提出了优化方案，但在真正实施时却不尽如人意。文件中要求落实的工作处于一种"内卷"❶式的重复或无效状态，并未在实际中产生预期效应，课程问题亦未得到改善。例如，课程决策环节，4年一次的人才培养方案修订，或许在修订目的部分阐述得很深刻，为了提高人才培养质量，但修订结果多是形式大于实质；课程实施过程中，各种课程建设与教学方式的改革倡导很多，但实际进行的教学改革却很少，收效甚微；在关于课程教学效果的评价反馈环节，更多关注了评价的数据与形式，对于是否提高了本科教学质量却并不是主要"议题"。

笔者也对学院层面课程实施的"自主性"与"被动性"，以及学生的课程学习体验进行了调研，对于地方高校本科课程有了更丰富的认知。比较深刻的体会是课程管理者和一线教师对于大学课程的运行都有自己的理解。例如课程管理者认为出台的文件是"正确和值得遵照的"，效果不佳是课程执行者实施过程没有"按章行事"和"偷工减料"；教师则认为自己的课程教学应该按照某种学科或理论逻辑进行，但管理部门的各种文件和指示，使得自身的课程权力带上了"枷锁"，还有教师认为"课上得好也不过是个教书匠，并不代表自身的能力，教学是个良心活"，诸如此类的认知偏差在本科课程运行过程中普遍存在。

由此，关于本科课程运行的问题进一步引起了笔者的兴趣：本科课程没有符合"期待"，无论从静态的构成还是动态的实施与评价方面可能都偏离了合理的"理论逻辑"，然而这种实实在在的"只能这么做"的"不合逻辑"的逻辑到底是一种怎样的存在，其形成的机制是什么呢？

大学课程是一种非常复杂的社会现象，总是涉及具体的课程实施情境和人

---

❶ "内卷"一词最初由人类学家戈登威泽提出，是指一种文化模式达到某种形态后，既没有办法稳定下来，也没有办法使自己转变到新的形态，取而代之是在内部不断变得更加复杂。

的精神世界、情感世界，涉及人与人、人与环境等诸多关系。❶从高校自身来讲，课程教学是高校场域较为主要的实践活动，人是一切社会实践活动的主体，不符合逻辑的行为背后的动因与策略是怎样形成的？人的行为会受到客观环境与周围人的影响。教师的行为受到管理者设计的制度与模式以及学生特征的规约与影响；学生的学习行为与学习效果取决于课程教学的设计与教师的教学行为；管理者的行为策略同样受到教师和学生的影响。也就是说，大学场域是一个关系性范畴，内部的教师、学生、管理者等主体并不是零散地存在，主体活动也不是静态的，而总是在关系中不断变化的，也在彼此结成的客观关系网络中相互确证着。❷作为本科教学质量实现的承载，本科课程运行成效不佳，与其存在的场域有必然的关联。因此，优化场域是提高本科课程运行效果的关键所在。

基于此，本书探究的主要问题有：一是地方高校本科课程运行的场域实然状态是怎样的？二是本科课程运行的主体在场域中的位置关系结构是怎样的？这种关系是否利于场域有效运行？三是在地方高校本科课程运行场域中主体的生存心态和行为策略是怎样的？四是地方高校本科课程运行的问题有哪些？基于这些问题，能够提出的场域重构愿景与策略有哪些？

第二节　国内外研究现状

为提供更加坚实的理论基础与研究参照，梳理相关主题的研究成果很有必要。根据对研究主题的分析，主要从课程与本科课程的一般研究、高校本科课程运行、高校场域、场域和高校本科课程运行等四个方面进行梳理。

---

❶ 欧阳文.大学课程的建构性研究[D].武汉：华中科技大学，2006：27.
❷ 刘恩允.治理理论视阈下的我国大学院系治理研究[D].苏州：苏州大学，2014：37.

一、关于课程的一般研究

(一) 关于"课程"的研究

"本科课程运行"的主体是课程,本科是定语,运行是状态。关于"课程"的国内外研究非常多,尤其在基础教育领域,这里不作展开阐述,仅基于研究需要对课程的基本内涵以及课程与教学关系做简单的综述。

1. 关于课程内涵的研究

在西方国家,课程(curriculum)一词是从拉丁语"currere"一词派生出来的,其名词含义为"race-course",指赛马的跑道。一般认为英国哲学家、教育家斯宾塞1859年在《什么知识最有价值》一文中使用"curriculum"一词,意指"教学内容的系统组织",是英文中最早使用课程(curriculum)一词的文献。❶也有学者认为,1633年英国的格拉斯大学把他们的"course of study"称为curriculum,是"curriculum"第一次在英文中出现;到了19世纪,欧洲大学已经习惯用这个词表示一个完整的学习过程或一门课及其内容。❷

1918年,美国学者博比特出版了教育史上第一本课程理论专著——《课程》,派纳认为这一著作引领了现代课程研究的先河,是课程论学科创立的标志。❸在《课程》一书中,博比特认为复杂的人类生活都是由各项专门活动构成,教育是为未来生活做准备的,对任何一个社会阶层而言,无论其活动数量和种类多么繁杂,专门活动都是能找到的。只要在社会具体事务中活动,就会展示一个人完成这些事务所需要的能力、知识、技能、态度、习惯、品性等特性,这些特性的精确化、专业化就成为一套儿童和年轻人必须具备的经验,也就是课程。❹

我国一般认为"课程"一词最早出现在唐朝孔颖达为《诗经·小雅》注疏中的表述"教护课程,必君子监之,乃得依法制也"。❺但姜国钧教授在《大学课程与教学论》一书中表示"课程"一词最早出现在魏晋南北朝时期翻译的佛经

---

❶ 马建富.职业教育学[M].上海:华东师范大学出版社,2015:82.
❷ 王本陆.课程与教学论[M].北京:高等教育出版社,2017:15.
❸ Pinar W F, et al. Understanding Curriculum[M]. New York: Peter Lang Putlishing Inc,2006:70.
❹ Bobbitt J F. The Curriculum[M]. Boston: Houghton Mifflin Company, 1918:42.
❺ 王本陆.课程与教学论[M].北京:高等教育出版社,2017:15.

中,而非唐朝。❶宋代朱熹使用课程一词较多,如"宽着期限,紧着课程""小立课程,大做功夫"。

发展至今,国内外关于课程的界定非常多,例如我国课程论专家施良方教授把各种课程定义归纳为六大类型:教学科目、有计划的教学活动、预期的学习结果、学习经验、社会文化的再生产、社会改造。❷课程定义表述尚不统一,课程研究者往往从自己的学术背景、理论框架、看问题的角度和分析问题的方法对课程做出不同的定义。有学者梳理发现,早在1973年,美国学者鲁尔就在其博士论文《课程含义的哲学探索》中列出了119种定义。❸纵然如此,在"课程"所蕴含与指向的活动上仍然是有共识的。对课程达成的描述性定义就是"课程是教学内容及其进程的安排"。

2. 关于课程与教学的关系的研究

提及课程,人们会想到教学,因为课程与教学的关系是课程研究领域的一个基本问题。在一般课程论研究中,有不同的界说。第一种界说为包含说,即"大课程论说"或者"大教学论说",课程与教学两者之间是同心圆的关系。英美等国的一些学者一般认为教学是课程的一部分,对教学的研究是课程研究的重要组成部分,从而认为课程系统是教学的上位系统,例如泰勒的《课程与教学的基本原理》也被称为"课程原理"。苏联学者则主张把课程作为教学内容,把课程理论作为教学理论的一部分,例如在凯洛夫的《教育学》中,更多提及的是"教学内容",即学生需要系统掌握的知识、技能和技巧。

另一种界说认为课程与教学两者之间是相互独立的,课程更多为课程编制与规划,与一线教学工作者实践活动中的教学相脱离。课程与教学相互之间没有重大影响,各自发展,课程是专家和管理者的事情,教学是师生的事。

第三种界说力图消除课程与教学两者之间的二元对立,这种融合从杜威对传统教育课程与教学分离的消解开始,虽然他的整合并未完全成功,但对于课

---

❶ 姜国钧.大学课程与教学论[M].北京:电子工业出版社,2017:3.
❷ 施良方.课程理论:课程的基础、原理与问题[M].北京:教育科学出版社,1996:3-7.
❸ 徐同文.大学课程设计[M].北京:教育科学出版社,2011:2.

程与教学的融合及其价值取向都起到了非常重要的作用；课程与教学更多被作为一个有机的整体来看待，课程与教学由此走向"解放理性"，教学是课程开发的过程，是师生共创的过程，课程与教学融于一体。❶国外学者奥利瓦提出课程与教学关系有四种模式：二元独立模式，相互交叉模式，包含模式，二元循环模式。❷二元循环模式认为两者既相互独立又相互联系，课程理论和教学理论之间不断相互作用和影响。

在我国高等教育研究领域，论述本科教学问题时，研究者普遍将"课程"作为"教学"的下位概念。例如别敦荣教授在《高等学校教学论》一书中提到课程是高等学校教学的基本单元，但在论述本科课程管理和运行问题时，"教学"又多被理解为"课程的实施"。这从本科课程相关文献中也可以得到证实，大多关于本科教学研究的文献聚焦在课堂教学即课程实施的问题上。因此，在本书中，本科教学一般指本科课程的实施。

（二）关于本科课程研究的总体概况

本科课程是高等教育一个层次的课程。在学术研究领域，"高等教育课程""高校课程""大学课程"都包含甚至直接指代"本科课程"。为了更全面地收集相关文献，本书采用了以上4个主题词对与本科课程相关的文献进行检索。

在中国知网学术文献总库（CNKI）中以"高等教育课程""高校课程""大学课程""本科课程"4个主题词进行检索，不限定时间跨度，检索到CSSCI论文5441篇。以同样的主题词，限定时间跨度为"2000—2021"检索到CSSCI论文数5312篇。意味着在2000年之前，能检索到的高质量相关论文仅有107篇，也表明20多年国内关于本科课程（包括其他3个主题词，下同）的研究处于快速增长期。数量庞大的文献数，通读似不可及，按相关度进行排序后选取前2500篇学术论文，在删除了会议通知、学校简介、课程介绍以及书评类等一些相关度较低的文献之后保留了2115篇论文。采用Citespace文献计量可视化软件对我国2000—2021年本科课程研究热点与趋势做总体扫描，为本书提供研究数据支撑。

---

❶ 陈晓端，张立昌.课程与教学论[M].西安：陕西师范大学出版总社，2017：43-46.
❷ Peter F. Oliva. Developing the Curriculum（Sixth Edition）[M]. Boston：Allyn & Tacon，2004：9-13.

CiteSpace是一款能识别新趋势与演示新动态的信息可视化软件,通过应用程序,演算某个领域中的研究导向,并绘制动态图谱。❶CiteSpace软件侧重于探查和分析学科研究前沿的演变方向、研究前沿与其知识基础之间的关系,通过绘制可视化图谱,可以将一个研究领域的发展历程集中于可视化图谱上,并把图谱上作为知识基础的引文节点文献和共引聚类所表征的研究前沿自动标识出来。❷CiteSpace软件可进行作者、机构与关键词以及聚类等可视化分析,图谱稳定、图形准确、信息丰富和可视化效果良好。

1. 核心作者与核心研究机构分析

分析核心作者及其发文量可以了解某个研究领域中作者群的成熟度,明晰该领域的"知识地图",从而精准锁定该研究领域内的权威专家和学者,掌握该领域的科研方向。设置时间跨度(Time Span)为2000—2021年,时间切片(Year Per Slice)为1年,节点类型(Node Types)为作者,筛选阈值(Top N)为50,即表示每个时间段中以前50位作者数据来形成作者合作共现网络图(图1–1)。表1–1展示出了发文量前15的作者,在作者合作共现网络图谱中,作者间是否存在连线是判断作者之间是否存在合作关系的重要标志,而连线的粗细则表示合作的强度大小。

从连线来看,该领域作者间的合作松散,发文量最大的汪霞发文数为13篇,与钱小龙合作较多,其中4篇是与课程运行相关的,涉及大学课程设置、课程结构调整以及以就业为导向的大学课程修正,3篇是关于大学生素质课程现状与改革的研究,其余几篇是关于研究生课程设计与大学课程国际化问题等方面的;其次为王一军11篇,其论文与高等教育课程相关,关注大学课程秩序问题、知识选择中的"高深知识"与"个人知识"问题等;叶信治发文数为7篇,其中4篇介绍美国课程审批制度,与课程运行密切相关,其余几篇主要论述大学课程应具有的"实践性"。王伟廉虽然相关的发文数为5篇,但与课程管理相

---

❶ 陈悦,陈超美,刘则渊,等. CiteSpace知识图谱的方法论功能[J]. 科学学研究,2015,33(2):242-253.

❷ 贾秋蕾,师帅,胡元会,等. 基于CiteSpace的参附注射液相关研究分析[J]. 中国循证心血管医学杂志,2020,12(10):1171-1175.

关度较高；另外，皮武是以"课程决策"为主题发文数最多的学者。在对作者进行结构相关性计算时，没有得出具有统计意义上的聚类，无中心性高、影响力大的作者。

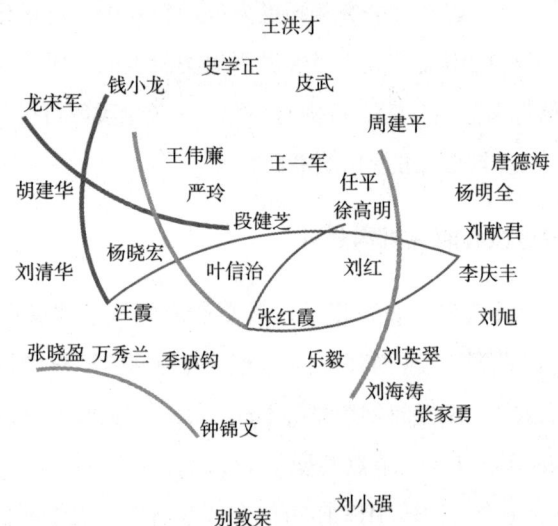

图1-1　2000—2021年CSSCI期刊刊载与本科课程相关度较高文献作者可视化分析

表1-1　发文量前15的作者

作者	数量/篇	中心性	首次发文年份
汪霞	13	0	2010
王一军	11	0	2013
叶信治	7	0	2003
张红霞	7	0	2003
段健芝	6	0	2006
乐毅	6	0	2007
钱小龙	6	0	2012
徐高明	5	0	2012
王伟廉	5	0	2001
严玲	5	0	2012
刘旭	5	0	2002

续表

作者	数量/篇	中心性	首次发文年份
杨晓宏	4	0	2000
胡建华	4	0	2001
皮武	4	0	2013
任平	4	0	2020

研究机构论文产出量以第一作者为衡量基准。对研究机构进行分析可以粗略了解哪些团队与机构在关注高等教育领域的课程问题，了解该领域研究的关注度。设定方式与上述作者可视化相同，将节点类型（Node Types）设置为机构（Institution）后运行Citespace软件，得出图1-2，并整理发文量前15所机构的具体发文数。从图1-2和表1-2中可以发现，南京大学教育研究院在相关度较高的文献中发文量最高，达17篇，其次为发文量7篇的单位。由图可知，机构间不存在中心性，不同的研究机构之间几乎没有合作。

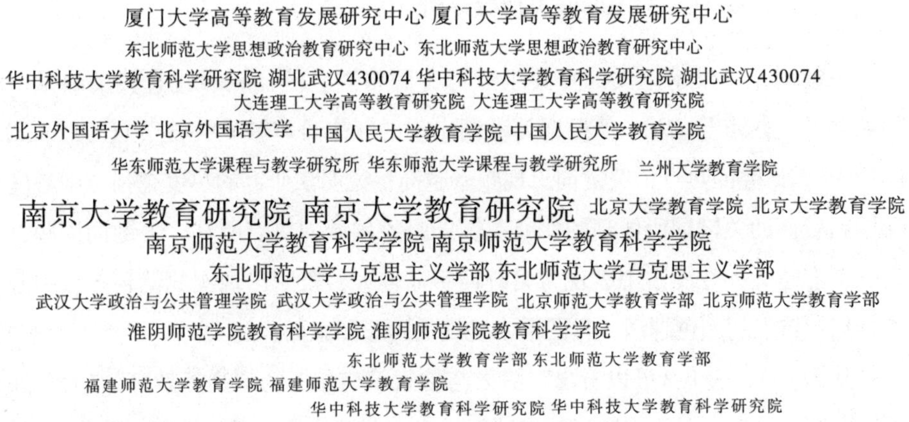

厦门大学高等教育发展研究中心 厦门大学高等教育发展研究中心
东北师范大学思想政治教育研究中心 东北师范大学思想政治教育研究中心
华中科技大学教育科学研究院 湖北武汉430074 华中科技大学教育科学研究院 湖北武汉430074
大连理工大学高等教育研究院 大连理工大学高等教育研究院
北京外国语大学 北京外国语大学 中国人民大学教育学院 中国人民大学教育学院
华东师范大学课程与教学研究所 华东师范大学课程与教学研究所 兰州大学教育学院
南京大学教育研究院 南京大学教育研究院 北京大学教育学院 北京大学教育学院
南京师范大学教育科学学院 南京师范大学教育科学学院
东北师范大学马克思主义学部 东北师范大学马克思主义学部
武汉大学政治与公共管理学院 武汉大学政治与公共管理学院 北京师范大学教育学部 北京师范大学教育学部
淮阴师范学院教育科学学院 淮阴师范学院教育科学学院
东北师范大学教育学部 东北师范大学教育学部
福建师范大学教育学院 福建师范大学教育学院
华中科技大学教育科学研究院 华中科技大学教育科学研究院

图1-2 2000—2021年CSSCI期刊刊载与本科课程相关度较高文献研究机构分析

表1-2 发文量前15所机构

机构	数量/篇	中心性	首次发文年份
南京大学教育研究院	17	0	2010
南京师范大学教育科学学院	7	0	2015
厦门大学高等教育发展研究中心	6	0	2013

续表

机构	数量/篇	中心性	首次发文年份
东北师范大学马克思主义学部	6	0	2015
北京外国语大学	5	0	2011
华中科技大学教育科学研究院	5	0	2002
中国人民大学教育学院	5	0	2012
淮阴师范学院教育科学学院	5	0	2012
北京大学教育学院	5	0	2009
福建师范大学教育学院	4	0	2011
兰州大学教育学院	4	0	2005
华东师范大学课程与教学研究所	4	0	2005
东北师范大学思想政治教育研究中心	4	0	2012
华中科技大学教育科学研究院	4	0	2016
武汉大学政治与公共管理学院	4	0	2009

2. 关键词共现与关键词聚类情况分析

关键词作为学术论文的重要组成部分和精髓，能比较敏锐直接反映某一领域的研究热点与前沿。❶根据关键词出现的频率可以找到关键节点（Pivotal Point），即研究的热点，关键词出现频率越高，说明该研究的热度越强。中心度和词频较高的关键词所体现的研究主题即是该领域的热点所在。关键词词频越高、节点越大，在图谱中表现为关键词字体较大，表明出现次数就越多，中心度越高，节点的颜色越深，且图谱中呈现的圆形图案面积越大。

从图1-3、表1-3可以看出，除去与检索策略相关的"高等教育""大学课程""课程""高校"等主题词外，课程设置、课程体系、通识教育、课程改革、课程建设等关键词是稳健型研究问题。首次发文年份均在2005年之前，这些主题与本科课程运行都存在密切关系。"课程思政"出现频率最高，但首次发文年份为2018年，中心性不高，这一研究热点与近年来国家层面的高等教育课程政策导向密切相关。

---

❶ 闫守轩，朱宁波，曾佑来. 十二年来我国课程研究的热点主题及其演进——基于2001—2012年CSSCI数据库关键词共现知识图谱的可视化分析[J]. 全球教育展望，2014（3）：64-72.

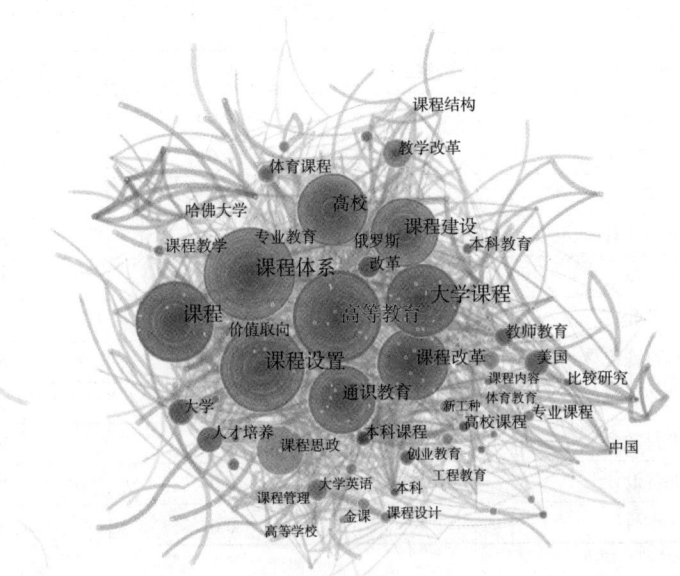

图1-3 2000—2021年CSSCI期刊刊载与本科课程相关度较高文献关键词共现知识图谱

表1-3 与本科课程相关度较高的CSSCI期刊2000—2021年刊载文献高频关键词

关键词	数量/篇	中心性	首次发文年份
课程思政	161	0.06	2018
高等教育	139	0.22	2000
课程体系	129	0.13	2001
课程设置	121	0.16	2003
大学课程	105	0.25	2000
课程改革	100	0.20	2000
课程	100	0.20	2000
高校	95	0.17	2004
通识教育	90	0.13	2004
课程建设	85	0.13	2004
教学改革	49	0.05	2000
人才培养	49	0.13	2003
大学	47	0.10	2001

续表

关键词	数量/篇	中心性	首次发文年份
美国	41	0.06	2004
立德树人	35	0.01	2019
改革	31	0.03	2001
体育课程	29	0.05	2000
大学英语	29	0.04	2012
教师教育	26	0.03	2002
本科课程	23	0.08	2001
创业教育	23	0.01	2005
本科教育	21	0.01	2004
课程设计	20	0.04	2008
本科	20	0.02	2001

基于上述关键词共现图中各关键词图谱的关系及其强度大小，运用Citespace可视化软件，对本科课程相关文献进行关键词聚类分析，按出现次数选择前20个关键词聚类标签，分别为课程、课程改革、大学课程、课程建设、课程思政、课程设置、课程体系、通识教育、本科课程、课程结构、高校课程、在线课程、二语发展、中文语言、马来西亚、措施、外部评价、内容更新、筑波大学（图1-4）。20个聚类标签的交叉并不紧密，这是因为本科课程本就是一个比较广泛的研究范围，除去"马来西亚""筑波大学"等这些不具有实际分析意义的聚类标签外，其余每一个聚类标签都是本科课程的重要问题，在一篇期刊论文中涉及多个聚类可能性不大。

3. 关键词突显与研究趋势

Citespace软件还可以对关键词出现的时间和持续时间进行分析，不仅可以看到相关主题的持续研究方向，还可以观测新近的研究热点，并预测今后的研究走向。Citesapace软件开发者陈超美教授认为突变关键词可能比高频词更能代表研究前沿。❶用Citespace可视化软件进行分析，时间间隔为1年，$\gamma=1$，其他均

---

❶ 陈超美. CiteSpace Ⅱ：科学文献中新趋势与新动态的识别与可视化[J]. 情报学报，2009（3）：401-421.

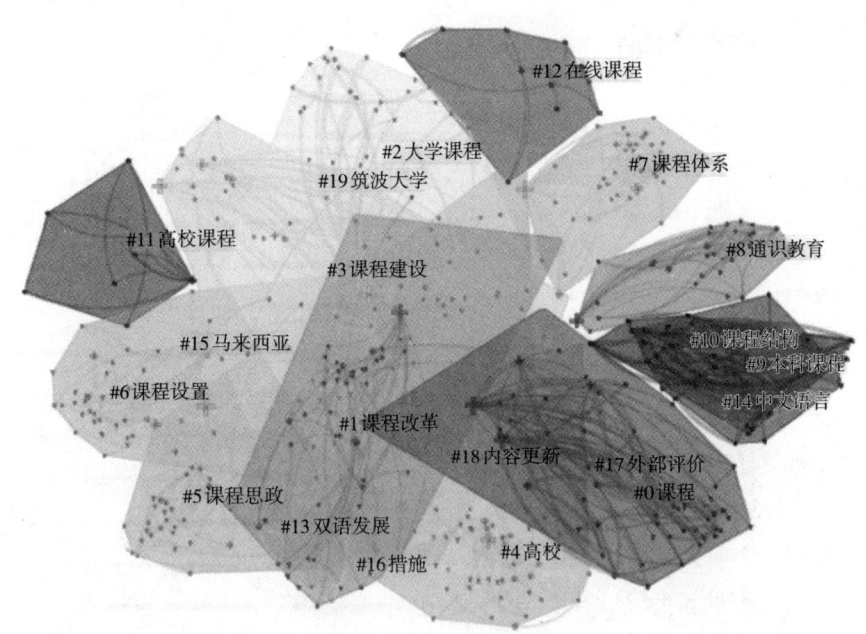

图1-4　2000—2021年CSSCI期刊刊载与本科课程相关度较高文献关键词聚类图谱

选择默认参数，突显分析得到29个突显词。

图1-5展示了有关本科课程研究的关键词凸显趋势，从图中可以看出国内学者关于本科课程研究热点在不同时间段呈现一定共同特征：与国家高等教育改革政策倡导同步。例如，2003年是我国高等教育扩招后第一批本科生毕业年份，就业问题成为一个重要的社会问题，关于本科教育改革从2003起逐渐被关注，在本科课程研究中"改革"这一词语成为2003—2011年的关键词。为了提高本科教学质量，国家实施了"本科教学质量工程"项目，精品课程建设成为本科教学改革重要项目，在2004—2010年成为突显关键词。

类似的还有2014年、2015年间突显的"MOOC"（慕课）；"课程思政""金课""新时代""新工科""立德树人"这些主题词是2018年、2019年以来高等教育相关政策文件中出现的高频词，同样也成为本科课程研究领域的突显词。可以预测，关于本科课程"育人"价值以及与"金课"类似的注重课程教学质量的研究会成为主要发展趋势。

Keywords	Year	Strength	Begin	End	2000—2021
课程	2000	4.62	2000	2005	
本科课程	2000	8	2001	2006	
改革	2000	7.53	2003	2011	
大学	2000	7.29	2003	2010	
精品课程	2000	4.09	2004	2010	
高校课程	2000	3.4	2005	2009	
创业教育	2000	3.45	2009	2011	
课程设置	2000	3.28	2009	2010	
启示	2000	4.87	2010	2011	
大学生	2000	4.12	2010	2015	
美国大学	2000	3.46	2010	2014	
大学课程	2000	8.14	2011	2013	
美国	2000	4.52	2011	2017	
课程内容	2000	3.24	2012	2017	
mooc	2000	6.06	2014	2018	
开放大学	2000	4.2	2014	2015	
课程教学	2000	4.08	2014	2021	
教学模式	2000	3.71	2014	2017	
慕课	2000	3.9	2015	2019	
比较研究	2000	3.31	2015	2016	
翻转课堂	2000	4.21	2016	2018	
德国	2000	3.36	2017	2021	
课程思政	2000	62.1	2019	2021	
立德树人	2000	13.93	2019	2021	
新工科	2000	5.52	2019	2021	
思政课程	2000	5.12	2019	2021	
金课	2000	4.72	2019	2021	
"金课"	2000	3.93	2019	2021	
新时代	2000	3.54	2019	2021	

图1-5 2000—2021年CSSCI期刊刊载与本科课程相关度较高文献关键词突现图

从关键词突现图观测到不同时段研究的侧重点，Citesapce还可以进一步展示关键词时间变化的趋势，利用关键词年份进行分析，时间分区为1年，绘制出图1-6，关键词所在年份表示该关键词首次出现的年份。

从图1-6时间轴分布可以看出，本科课程研究相关关键词出现最为集中的时期为2000—2009年，尤其是2000—2005年，与本书在检索文献时的发现一致。2000年之前中国知网收录的国内所有与高等教育课程相关的研究文献仅有129篇，2000年开始关于高等教育课程研究进入喷发期；与本书主题密切相关的"课程管理"突现在2009年，此为第一阶段。第二阶段为2012—2015年，突现了4个关键词，"大学英语""工程教育"成为关注重点。第三阶段为2019—2021年，"新工科""金课""课程思政"成为突现词，也成当前的研究热点问题。

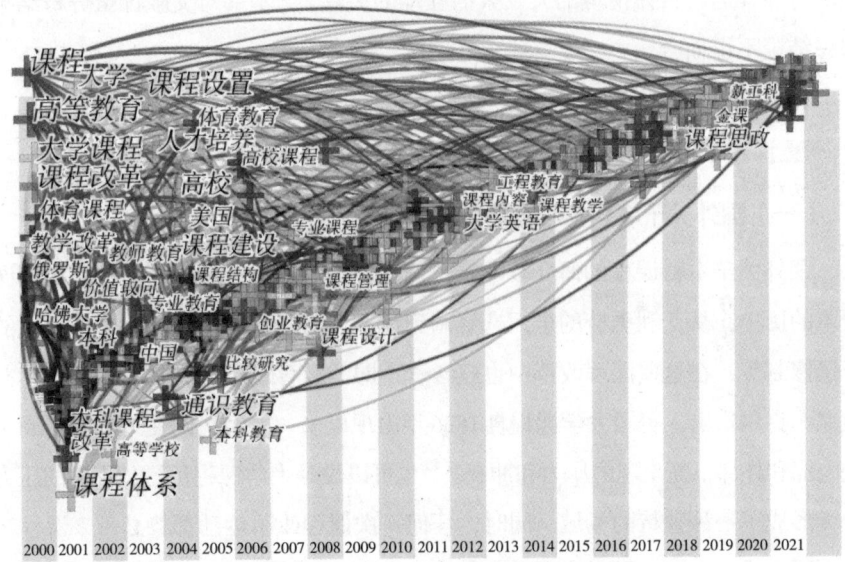

图1-6　2000—2021年CSSCI期刊刊载与本科课程相关度较高文献关键词时区分布

综上所述，通过运用Citespace软件对相关度较高的2 115篇文献进行分析，可以从整体上反映该领域的研究现状与趋势。根据上述图表可以推论：第一，关于本科课程研究无论是研究者还是研究机构，都缺乏长期的专注于这一微观领域的研究，正如华东师范大学相关研究团队所提出的"人才培养模式以及专业、课程体系等问题历来是高等教育领域研究的热点，但对教与学的过程，尤其是基础教育中比较成熟的课程与教学理论，高等教育领域一直都缺乏探究的兴趣与成果"；❶第二，相关研究时政性强，对高等教育政策跟随更紧密，缺乏持久的研究主题；第三，关于高等教育课程宏观层面的研究居多，讨论大学课程体系与课程设置的文献相对较多，但缺乏具体的案例分析，有效改进本科课程设置的实践行动研究较少；第四，有效的课程实施与评价的研究关注理论合理性较多，提出问题的较多，结合实际分析问题来源与解决策略的较少。

有学者基于我国高等教育领域权威期刊关于大学课程研究的知识基础与热点问题进行研究，发现关于大学课程的总结性经验研究、中外课程实践比较研究、高等教育时政性课程政策以及学理层面的思辨研究较多，研究方法多数着眼于对整体大学课程体系或学科体系进行研究，乐于得出一般性的问题与结论，缺乏对课程运行具体情境的人及人的互动的关注。❷本书对文献计量分析结果与这一结论不谋而合。

二、本科课程运行相关文献综述

（一）国外关于本科课程运行的相关研究

国外关于本科课程的研究较丰富，例如美国高校改革的发展史也是一部课程改革的历史，从艾利奥特的全面选修制到赫钦斯的名著阅读运动，再到博克的部分选修制等，在这些课程改革中也蕴含着不同的教育思想。美国高等教育学家克拉克·克尔指出，美国大学课程自1636年出现以来，所经历的变革主要受制于学院内部和外部不断出现的压力和冲突。❸也可以说是大学课程运行过程中的压力和冲突形成了一种独特的场域。同时，任何一次课程改革运动都势必带来课程运行的不同模式，也势必影响着课程运行不同主体的参与度与利益重新分配。

博克在《回归大学之道》中深入探讨了本科教育中教师的态度和行为，深

---

❶ 阎光才. 大学本科的教与学：理论与经验、理念与证据[J]. 华东师范大学学报（教育科学版），2019（6）：1-15.

❷ 孙婧，张蕴甜. 我国大学课程研究的知识基础和热点问题——基于高等教育领域13本CSSCI期刊2007—2017年刊载文献的分析[J]. 高等教育研究，2018，39（11）：79-84.

❸ Freederick Rudoloh. Curriculum: A History of the American Undergraduate Course of Study since 1636 [J]. The Journal of Higher Education, 2016: 686.

刻分析了在课程实施中教师的认知和行为的不一致，比如有的教师深知写作能力对学生的重要性，但自身并不愿意参与到这些基础课程的教学中，他还指出在课程实施环节上教师之间缺乏合作以及教育目的不明确等问题。❶

通过对国外文献的梳理还可以发现，国外学者对大学课程管理和运行的研究大概起源于20世纪20年代，对高等教育课程管理和运行的研究多集中在课程的规划与开发、管理制度、课程实施、课程评价和参与的主体等方面。

1. 课程规划与开发

一些学者通过对大学案例进行研究发现，专业的课程开发人才、行政流程的简化、课程审查制度的引入、课程领导力、行业企业的参与等都会促进课程的开发，而约束的预算、变革引起的情感维度的变化、忽视学生和行业需求、僵化的大学文化与管理体制则不利于课程的开发。❷❸Marioara认为任何课程规划都是基于一个政策框架，该政策框架应包括课程目标、课程结构、课程标准、学习和教学过程、教材开发、评估体系、教师准备和发展。❹Radhika指出，课程规划包括持续性的分析和对目标实现进展的评估，进行课程规划前应收集信息列入准备报告，集中注意力于优先考虑的领域。❺Pierre总结出目前各国的课程愿景都强调培养学生多学科的知识和技能。❻还有一些学者强调了开发通识教育课程和校本课程的重要性。Lisa等指出，全面的通识教育对刚入学的学生来说非常有必要，可以使他们适应高等教育和将来更深层次的学习。❼Thomas等指出设置通识教育课程

---

❶ 德鲁克. 博克, 侯定凯, 等译. 回归大学之道: 对美国大学本科教育的反思与展望[M]. 上海: 华东师范大学出版社, 2012: 序.

❷ Hurlimann A, March A, Robins J. University curriculum development-stuck in a process and how to break free[J]. Journal of Higher Education Policy and Management, 2013, 35 (6): 639-651.

❸ Khan M A, Law L S. An Integrative Approach to Curriculum Development in Higher Education in the USA: A Theoretical Framework[J]. International Education Studies, 2015, 8 (3): 66-76.

❹ Pateşan M, Ştefania Bumbuc. A Theoretical Approach to the Curriculum Reform[J]. Buletin Stiintific, 2010, 15 (1): 66-71.

❺ Radhika Kapur. Curriculum and Instructional Planning In Higher Education [J]. International Journal of Transformations in Business Management, 2018 (8): 7-19.

❻ Gouëdard P, Pont B, et al. Curriculum reform: A literature review to support effective implementation[J]. OECD Education Working Papers, 2020 (27): 2-59.

❼ Lisa Day, José Juan, Gómez-Becerra, et al. Setting Our Students Up for Success: Relationship-Rich Education in General Education Programs[J]. The National Teaching & Learning Forum, 2022, 31 (2): 8-10.

是培养全面发展的学生的重要课程手段。[1]而对校本课程的开发,代表了课程决策的自主性,与集中的课程模式相比,由学校制定课程便于学校直接监督,问责路线更短、更直接,且有利于传授国家地域文化及传统的传承。[2][3]

2. 课程管理制度

一些学者指出在高等教育阶段实施学分制和选修制可以有效地管理课程。例如印度高等教育实施可选择的学分制,学生可以自由选择学位课程或证书课程,并按照自己的进度去学习。[4]Rotert等对课程选修制度的历史溯源分析发现,选修课程的出现,增加了课程的数量和类型,并为高等教育课程提供了一种机制,以适应学生不断变化的兴趣和国家不断变化的劳动力需求。[5]

3. 课程实施

"以学生为中心的教学法"(简称SCL教学法)是目前关于高等教育教学改革的核心理念。一部分学者将SCL教学法与传统教学法进行比较,总结了SCL教学法的诸多优势,如促进学生进行知识建构,培养学生终身学习者的特征等。[6-8]Hawati以马来西亚金融专业课程为例,探讨了将SCL教学法融入课程的办法,包括案例

---

[1] Laird N, Thomas F, Niskodé-Dossett, et al. What General Education Courses Contribute to Essential Learning Outcomes[J]. The Journal of General Education, 2009, 58(2): 65-84.

[2] Osorio F B, Fasih T, Patrinos H A, et al. Decentralized decision-making in schools: the theory and evidence on school-based management[M]. Washington, DC: The World Bank, 2009: 30-32.

[3] Opertti, R. Recent curriculum development in China-Netherlands today: A brief overview[C]. Paper presented at the Chinese-European Conference on Curriculum Development Minutes, 2009.

[4] Aditi Sarkar. Attitude of Undergraduate Teachers & Students towards Choice Based Credit System(CBCS)-A Study on Basanti Devi College, Kolkata[J]. Journal of Emerging Technologies and Innovative Research, 2019(6): 682-685.

[5] Elliott R W, Paton V O. U. S. higher education reform: Origins and impact of student curricular choice[J]. International Journal of Educational Development, 2018(61): 1-4.

[6] Asoodeh M H, Asoodeh M B, Zarepour M. The impact of student-centered learning on academic achievement and social skills[J]. Procedia-Social and Behavioral Sciences, 2012(46): 560-564.

[7] Baeten M, Kyndt E, Struyven K, Dochy F. Using student-centred learning environments to stimulate deep approaches to learning: Factors encouraging or discouraging their effectiveness[J]. Educational Research Review, 2010, 5(3): 243-260.

[8] Baeten M, Struyven K, Dochy F. Student-centred teaching methods: Can they optimise students' approaches to learning in professional higher education? [J]. Studies in Educational Evaluation, 2013(39): 14-22.

研究、课堂讨论、小组项目、演讲、将学生置于真实的学习经验中等。①Joyce通过对56个翻转课堂案例进行系统回顾，借鉴以学生为中心的教育理念，定义了与高等教育翻转课堂相关的4个教学维度，包括个性化、高阶思维、协作和自我指导。②Ward的研究发现，学生普遍认为翻转课堂有利于他们的学习和理解，学术水平也有了提高，但大多数学生仍更喜欢传统课堂。③Rotin比较了社区学院在采用讲授法、自主学习和翻转课堂三种不同教学模式时学生的表现，发现学生更喜欢自主学习，但在学习成绩方面没有显著差异。④Saurath等指出了实施SCL教学法面临的诸多挑战，如学生学习进度不一、不喜欢团队合作、教师如何控制课堂等。⑤

4. 课程评价

Victoria通过对美国一所大学选修心理学课程的学生进行调查，发现学生对课程评价受到成绩和额外学分的影响较大，受课程特征影响较小，不喜欢受到高课程标准和复杂学科的挑战。⑥Kurt通过分析土耳其2004—2013年课程评价的研究方法、样本、内容、模式和决策，总结了课程评价研究的趋势，认为研究趋势主要表现为以定量研究为主、定性研究为辅。⑦

5. 参与主体

大部分学者指出课程利益相关者教师、校长和学生应该共同协作。Shawn

---

① Hawati J, Abdul R R, Abdul R A, et al. Integrating Student-Centered Learning in Finance Courses: The Case of a Malaysian Research University[J]. International Education Studies, 2013, 6 (6): 108-123.
② Koh J. Four Pedagogical Dimensions for Understanding Flipped Classroom Practices in Higher Education: A Systematic Review[J]. Educational Sciences: Theory & Practice, 2019, 19 (4): 14-33.
③ Ward M, Knowlton M C, Laney C W. The flip side of traditional nursing education: A literature review[J]. Nurse Education in Practice, 2018 (29): 163-171.
④ Kay R H, Macdonald T, Digiuseppe M. A Comparison of Lecture-based, Active, and Flipped Classroom Teaching Approaches in Higher Education[J]. Journal of Computing in Higher Education, 2019, 31 (3): 449-471.
⑤ Shrivastava S, Shrivastava P S. Implementation of a student-centered curriculum: Challenges ahead and the potential solutions[J]. Journal of the Scientific Society, 2020, 47 (1): 53.
⑥ Vanmaaren V G, Jaquett C M, Williams R L. Factors Most Likely to Contribute to Positive Course Evaluations[J]. Innovative Higher Education, 2016, 41 (5): 1-16.
⑦ Abdulkadir Kur, Mehmet Erdoğan. Content Analysis and Trends of Curriculum Evaluation Research: 2004-2013 [J]. Egitim Ve Bilim-Education and Science, 2015, 40 (178): 199-224.

提出后现代主义课程开发更加关注参与课程创建过程的人之间的关系，教师和管理团队必须共同关注课程改革，并且不应只局限于自己教的个别科目。❶❷Nguyen等对教师领导力进行了实证综述，表明教师的领导力在课堂内外都发挥着重要作用。❸Alma强调课程领导需要考虑教学内容、进度、评估和教学方法，因此让教师参与大规模课程变革非常重要。❹Marishane等认为，校长在领导课程改革时，应展示其课程规划、课堂观察及其他相关的课程管理技能。❺Raj通过访谈和案例研究发现，当校长直接参与课程管理事务时，学习者的表现可能会更好，并且校长作为领导者能够提供较好的合作平台和营造和谐的人际氛围。❻❼Mariam指出，高等教育工作者应该构建民主的课程规划过程，让学生参与课程目标的制定，学生通常具有新鲜的观点和敏锐的洞察力。❽Julie提出让学生参与共同创建大学课程的设想，意味着学生不仅要对自己的学习经历做出反应，给出自己的意见和想法，还要主动创造这种体验。❾Trooman发现当学生参与课程管理后，平均分，及格率，出勤率均有提高。❿而Tovil则指出学生们往往怀疑他们的观点是否被认真对待，并且认为需要不断锻炼表达能力，才能阐明

---

❶ Shawn L. Oliver. Comprehensive Curriculum Reform as a Collaborative Effort of Faculty and Administrators in a Higher Education Institution: A Case Study Based on Grounded Theory[D]. State of Ohio: Kent State University, 2008.

❷ Oliver S L, Hyun E. Comprehensive curriculum reform in higher education: Collaborative engagement of faculty and administrators[J]. Journal of Case Studies in Education, 2011（2）: 1–20.

❸ Dong N, Harris A, Ng D. A review of the empirical research on teacher leadership（2003 - 2017）: Evidence, patterns and implications[J]. Journal of Educational Administration, 2019, 58（1）: 60–80.

❹ Harris A, Jones M, Crick T. Curriculum leadership: a critical contributor to school and system improvement[J]. School Leadership and Management, 2020, 40（1）: 1–4.

❺ Marishane R N, Botha R J, et al. School leadership in a changing context: A case for school-based management[M]. Pretoria: Van Schaik Publishers, 2011: 9.

❻ Raj Mestry, Prakash Singh. Continuing professional development for principals: a South African perspective[J]. South African Journal of Education, 2007（3）: 477–490.

❼ Mestry R, Govindasamy V. The Perceptions of School Management Teams and Teachers of the Principal's Instructional Leadership Role in Managing Curriculum Changes[J]. Interchange, 2021（52）: 545–560.

❽ Abdelmalak M. Participatory Curriculum Planning: Students' Perceptions[J]. Curriculum and Teaching, 2015, 30（1）: 67–84.

❾ Money J, Dinning T, Nixon S, et al. Co-Creating a Blended Learning Curriculum in Transition to Higher Education: A Student Viewpoint[J]. Creative Education, 2016（7）: 1205–1213.

❿ Brooman S, Darwent S, Pimor A. The student voice in higher education curriculum design: is there value in listening? [J]. Innovations in Education &Teaching International, 2015, 52（6）: 663–674.

自己的教育理念。❶

还有一些关于本科课程运行的研究散见于本科课程的评价与标准中，戴维斯（Tartara Gross Davis）的著作《教学方法手册》(Tools for Teaching) 介绍了课程启动环节教师准备或修订课程的详细情况，以及概述了课程大纲的相关情况。戴尔蒙德的著作《课程与课程体系的设计和评价实用指南》，提供了课程和课程体系的设计、实施和评价方面的一个有效模式。❷笔者研究国外一些大学网站的课程运行规定时发现，美国大学课程运行的制度化、规范化程度较高，对课程的具体实施、教师和学生、管理人员的权责规定都较为细致。

（二）国内关于本科课程运行的相关研究

国内关于本科课程运行的研究主要可以从与课程管理、教学运行相关的现有文献中进行梳理。在文献分析过程中，本书将相关文献概括为几个三个方面：课程管理或运行的制度，课程权力运行机制，课程管理或运行系统内部环节的划分等。

1. 大学课程管理与运行制度

有的学者采用历史发展纵向视角分析国内大学课程管理制度的变化，例如郭德红发现，我国大学课程管理制度随社会和政治制度的变迁呈现"钟摆"现象，21世纪以来，学者们对具有中国特色的大学课程管理制度进行了大量有益探索，并取得了一些突破性进展。❸

2. 大学课程管理或运行权力机制的研究

较多学者展开了多视角的探索，也为本书确定研究视角提供了有益参考。一是关于课程民主与有效管理。例如王洪才认为，我国传统的课程管理是典型的自上而下的行政管理，而大学课程治理是尊重师生等相关主体权利并促进积

---

❶ Bovill C. An investigation of co-created curricula within higher education in the UK, Ireland and the USA[J]. Innovations in Education & Teaching International，2014，51（1）：15-25.
❷ Gaff J G，Ratcliff J L. Handtook of the Undergraduate Curriculum: A Comprehensive Guide to Purposes, Structures, Practices, and Change [M]. Jossey—Tass，1997：4-6.
❸ 郭德红. 中国大学课程管理制度演变研究[M]. 北京：中国书籍出版社，2018：15.

极参与的更加科学的课程运行模式；❶李硕豪从组织政治学的视角对大学权力的运行作了一番解读后指出，大学成员出于对个人利益或小团体利益的需求膨胀而出现的权力的非程序性获取、权力的非制度性扩展、权力的非健康性运用和权力冲突的自利性现象，包括无条件的和非法的权力分配行为，这种行为会加重大学的组织压力，❷这些问题在课程管理中同样存在。

二是对本科教学改革的组织行为特征分析。例如谢冬平通过走访12所大学，并对其中3所大学正在实施的"以学生为中心"的本科教学改革进行调查，发现本科教学改革中组织自主性的现状表征为一种尚不成熟的状态：受困于高等教育治理的传统惯习等因素，习惯依赖外部力量来进行改革，同时在绩效主义影响下，呈现出"短、平、快"的特点；在本科教学改革中，政府层层下放之"权"并不是本科教学改革组织及组织内部群体及个体所需要的"权"，权力下放与需求的不对称，导致了本科教学改革中的困境；对政府合法性机制以及制度资源供给等外部权力的过度依赖等，挤压了本科教学改革的发展空间。❸

三是对课程管理中主体利益以及主体行为的分析。胡海涛运用调查法对教学运行管理中教师利益表达内容、利益表达渠道和利益表达满意度等进行了研究，结果显示教师是高等学校教学运行的主体，教师的利益能否得到顺畅表达事关教师教学积极性和教学质量。❹凡文吉认为大学课程是一种资本，应从课程资本理论视角对大学课程开发管理、课程资源流通、课程效益评价等维度分析，并提出改革建议。❺金帷认为教师对于"卓越教学"的追求是教学质量提升的关键动力，并对某"985"高校一学院近7年来为提升教学质量所做的教学组织、教学制度层面的改革进行了研究。结果表明，"卓越教学"的动力源自重塑组织行为、流程和文化的制度设计，而不仅是激励和利益机制的设计。大学组织内部的改革要尊重大学的组织文化特性，教学组织与管理的改革必然会打破现有

---

❶ 王洪才.论大学的课程治理[J].山西大学学报（哲学社会科学版），2021（3）：129-135.
❷ 李硕豪.大学的权力运行——基于组织政治学的分析[J].中国行政管理，2007（3）：91-94.
❸ 谢冬平.中国高校本科教学改革组织自主性研究[D].武汉：华中科技大学，2018：9-10.
❹ 胡海涛.高校教学运行管理中教师利益表达调查研究[J].现代教育，2015（8）：8-9.
❺ 凡文吉.大学课程资本视野下我国高校课程管理的改革研究[D].长沙：湖南师范大学，2016：5.

的惯性,并带来巨大阻力,改革倡导者和实施者应充分认知到这一点。❶雷家彬对某校校院两级领导、学院教学秘书、相关职能部门代表、教师和学生等9类群体进行问卷调查教务处的被认可度,数据统计分析表明,教务处总体表现和各单项指标表现良好,并得到部分核心群体的高度认同,但在工作效率、协调能力、公平和信息化建设等方面仍有待进一步改善。❷有的学者还认为我国高校普遍把教学过程视为一种"工业化"的生产过程,大学教学管理制度建设有许多程式化的规定,教学运行改革应在教学控制与教学自由之间寻求一种平衡,实现"统而不死""放而不乱",要把握好刚性与弹性的度,妥善处理好教学控制与教学自由之间的矛盾。❸

3. 课程管理或运行的内部划分

一是关于大学课程管理环节的系统研究。总体来看,这方面的研究并不多,唐德海最早对大学课程管理的基本领域与环节进行了划分,包括课程编制过程形成预期课程和预期课程产出教育产品的实施过程,这两个过程中都伴随评价,因此将课程管理的研究划分为生成系统、实施系统以及评价系统三个管理领域。❹这一划分与国外文献综述中的课程运行环节基本相似,也与王伟廉对教学运行系统的划分是一致的,教学运行与课程管理两个概念在研究中具有较高的同一性。王伟廉教授首次提出大学"教学运行机制"概念,认为从性质上讲教学运行是一个动态系统,主要测度标准是弹性的,而不是刚性。而静态包括培养方案编制及其管理问题、保障培养方案顺利实施的资源配置及其管理问题、培养方案的实施活动及其管理问题、培养方案所服务对象的需求满足及对这一过程的管理问题。❺并且针对实践需要将高等学校课程与教学系统划分为生成系统和实施系统,实施系统中又包含了评价反馈过程。❻

---

❶ 金帷.探寻大学"卓越教学"的动力机制[J].中国高教研究,2016(4):97-100.
❷ 雷家彬.高校管理部门绩效评价的实证研究[J].中国高等教育评估,2013(1):18-25.
❸ 郭冬生.构建人性化教学管理制度[J].中国大学教学,2005(3):46-54.
❹ 唐德海.大学课程管理的理论与方法研究[M].北京:中国科学技术出版社,2002:8.
❺ 王伟廉.中国大学教学运行机制研究[M].广东:广东高等教育出版社,2005:4.
❻ 王伟廉.高等学校课程研究概述[M].广东:广东高等教育出版社,2008:14.

二是关于教学运行机制和主要工作内容的研究。有研究分析了美国大学课程生成机制、实施机制和评价机制的理论基础和实践探索，并在评估美国大学课程运行机制的成效和不足的基础上，针对我国大学课程建设和改革的实际情况，对未来我国大学课程运行机制的改进提出了一些建议。❶王成瑞针对高校教学运行机制中存在的不利于教学方法改革的问题，提出了从教学工作量、评优晋级、教学成果奖等方面建立对教师教学方法改革"三优先"激励机制、教学方法改革服务投诉机制和评估机制。❷余立认为，运行管理是教务管理的一个方面，它能够"保证教学工作的正常运转"，并对教学运行因素做了具体的阐述，包括编制校历、制定课程计划、落实任课教师、编排课程表、检查教学准备、组织教学设施等环节。❸王亚朴的观点和余立比较相似，他认为教学运行管理是以编排和执行课程表为中心的一连串工作的管理活动，是教务常规管理的一个环节，包括编制校历、制定课程计划、编排课程表、组织教学实施。❹

也有研究者从行政管理视角进行分析，认为教学运行管理（与教学过程管理、学生学习管理和学籍管理、教学档案管理并列）是行政管理的一部分。教学运行管理是一种动态的管理，是进行的教学过程及相关辅助工作的组织管理。❺他们认为运行管理能够维持教学程序并保证工作有序进行，并全面地介绍教学运行管理的要点，如教学大纲、教学环节组织、日常教学管理、学籍管理、教师工作管理、教学资源管理、教学档案管理等。玛里亚对中俄两国大学教学管理进行了对比研究，在对中俄大学教学管理产生的背景及发展历程进行介绍的基础上，重点阐述两国大学教学管理形成的历史过程，以及影响和制约大学教学管理发展的因素。❻

还有学者认为地方高校刚性有余、单打独斗和重在激励的教学运行机制难以适应区域经济与社会发展对地方高校人才培养规格与质量的需求，构建并实

---

❶ 林丽燕.美国大学课程运行机制研究[D].福州：福建师范大学，2015.
❷ 王成端.以教学运行机制改革推进教学方法大改革[J].中国高教研究，2010（9）：86-87.
❸ 余立.大学管理概论[M].上海：复旦大学出版社，1985：119.
❹ 王亚朴.高等教育管理[M].上海：华东师范大学出版社，1983：514.
❺ 孙杰，张济荣.高校教学管理创新与探索[M].开封：河南大学出版社，2003（5）：89.
❻ 玛丽亚.中俄大学教学管理对比研究[D].哈尔滨：哈尔滨师范大学，2017.

施以刚柔并济为目标、多方协同为路径、约束激励为保障的三位一体教学运行机制,有利于地方高校人才培养目标实现。❶

三是从其他学科视角对课程管理或运行进行分析。例如杨同毅从生态学的视角切入,认为课程是学生的"食物"组分,课程结构就是"食物"结构,教师、学生、社会通过课程形成生态链条,实现生态循环;教师是主导因素,学生是关键因素,社会需要是课程选择的重要依据。在社会环境作用下,课程结构正在发生演化,教师与学生的关系也在发生改变,增加课程数量、变革课程结构、提高课程转化效率、和谐课堂关系、开发学生学习能力等是提高人才培养质量的有效途径。❷

综上所述,本科课程运行是一个复杂的系统,国内外已有研究关注到这一系统运行总体模式的特征与存在的问题,并从参与主体的视角分析了这一系统中主体的意愿与利益表达。同时也关注了在课程运行领域利益相关者的权力运用等,意旨参与课程运行的主体在实际活动中均有各自的场域行为特征与行动策略,研究中受到比较多关注的是教师利益的满足与教学动力等问题。国外有研究表明学生参与课程决策程度越高,学习效果越好,但国内的研究对学生参与课程管理的权利论述较少。也可以说,此类研究已经在关注课程运行中不同主体的立场、拥有的竞争资本以及在情境中应对问题的策略等。由此说明本科课程运行有自身的实践特征与逻辑,为本书的立论提供研究的启发与切入点。同时,已有文献对本科课程运行(管理)的具体环节与内容有较明晰的梳理,国内外较多研究都倾向于将其划分为课程生成(决策)、课程实施和课程评价三个环节。

三、关于高校场域的研究

布迪厄在《学术人》一书中利用其之前发展出的资本(capital)、场域(field)、生存心态(hatitus)及策略(strategy)等概念解释大学的矛盾性格,以各类型大学教授所拥有的资本、在场域所占的位置、他们的生存心态及由此而

---

❶ 罗三桂,刘莉莉.地方高校"三位一体"教学运行机制探索[J].高等建筑教育,2014(5):163-166.
❷ 杨同毅.高等学校人才培养质量的生态学解析[D].武汉:华中科技大学,2010:3-4.

地方高校本科课程运行场域研究

衍生的策略解释为何有些教授倾向保守、有些教授思想离经叛道。

乔元正认为以场域范式关照高等教育研究具有本体论与方法论的双重意义，大学场域遵循权力冲突的场域变迁动力原则，大学是具有特殊的逻辑与运行规则的知识生产与知识传播的场域，场域范式为大学内外部关系研究提供了方法论指导。❶在布迪厄场域理论传入我国之后，国内学者应用场域理论对高校组织及其具体运行也进行了诸多的阐释与分析。

（一）关于高校以及内部组织场域的研究

有研究基于利益相关者对大学场域圈层结构进行划分，认为部分与大学场域发生关系的政府、校友、用人单位、社区、投资者等构成大学场域的外圈层，而几乎全部与大学场域发生联系的教师、管理者、学生构成大学场域的内圈层；并且分析了大学场域内圈层文化资本、社会资本、经济资本、象征资本4种资本与内圈层利益相关者（管理者、教师、学生）的结构关系。❷还有研究围绕场域理论关于"资本"与"权力"的核心概念，将我国大学院系组织内部的权力类型划分为政治权力、行政权力、学术权力、经济权力和象征权力，提出5种权力各尽其能，又相互制衡，形成以政治权力为导向、学术权力为核心、行政权力为保障、经济权力为杠杆、象征权力为精髓的权力结构图式。❸另外还有从制度场域对大学组织学术属性与行政属性二维性面对的矛盾与和解问题进行的研究。❹

还有学者认为大学文化生态是以"师生"为主体，在文化资本作用下形成了"教学文化""学术文化"以及"管理文化"三种生态场域的关系构型。❺同时，还有研究认为我国大学始终处于场域内外行政权力的双重规训下，"弱学术、强行政"的结构使学术本位的权力结构被倒置。❻

已有研究中关于地方高校场域的专门研究比较少，有研究从场域理论与权

---

❶ 乔元正.大学场域论释义：问题、特质与意义[J].高教探索，2015（4）：28-31.
❷ 金元平.大学场域资本的结构、位置与关系[J].经济学家，2013（2）：102-104.
❸ 刘恩永，周川.场域理论视角下我国大学院系治理结构优化研究[J].江苏高教，2019（2）：41-47.
❹ 王天力.基于制度场域的大学组织二维性的和解[J].东北大学学报（社会科学版），2013，15（2）：194-199.
❺ 张绍荣，张东.论大学文化生态场域的内在逻辑[J].高教发展与评估，2017，33（4）：9-19.
❻ 孙俊三，乔元正.论大学场域权力冲突的权利转向[J].大学教育科学，2013（5）：29-33.

利理论融合的视角进行分析，认为地方公立大学4种资本的拥有数量、质量与办学自主权之间存在正相关关系，影响其办学自主权的运作与落实。❶

（二）关于高校行为主体的场域研究

一是以高校教师为主要对象的相关研究。一部分研究关注青年教师发展，例如张俊超以一所重点高校青年教师的发展为研究对象，提出青年教师在大学场域由于资本争夺的弱势所造就的游离状态以及形成的一系列惯习。❷还有学者分析了"双一流高校"青年教师4种资本的匮乏对惯习的形塑以及惯习"潜沉"维持大学场域结构的影响。❸还有一部分研究关注教师参与大学组织管理的问题，认为高校内部治理体系的建立需要真正解决教师以文化资本参与大学内部治理的困境，建构一种沟通、信任的良性运行机制。❹还有研究从场域关系主义视角探讨了研究生导师的立德树人职责落实机制问题。❺

二是以高校学生为主要对象的相关研究。部分研究关注农村大学生在高等教育场域"底层文化资本"的可行性❻或者在大学场域文化资本弱势地位的影响，❼也关注贫困大学生在大学场域的生存异化等问题。❽还有研究从场域论的视角分析了大学生学习自由的不足与回归问题，❾基于场域与惯习的视角分析知识社会的到来对高等教育认识论基础产生的深刻影响，认为在客观主义认识论的基础上科层型大学场域和常规学习惯习受到严重挑战。❿另外，还有研究对地方

---

❶ 吕国富，靳玉乐.地方公立大学四重资本与办学自主权关系研究——基于场域与权利理论的融合[J].教育发展研究，2018，38（5）：29-39.
❷ 张俊超.大学场域的游离部落[M].北京：中国社会科学出版社，2009：10.
❸ 李学书，李爱铭."双一流"高校青年教师发展困境及其化解之道——基于场域理论视角[J].苏州大学学报（教育科学版），2022，10（3）：62-70.
❹ 孟新，李智.教师参与大学内部治理的困境及化解之道——基于场域的视角[J].现代大学教育，2018（6）：82-88.
❺ 程华东，曹媛媛.场域视角下研究生导师立德树人职责落实机制构建[J].研究生教育研究，2021（4）：10-16.
❻ 朱德全，曹渡帆.高等教育场域"底层文化资本"是否可行？——基于对农村籍大学生学业生涯的质性分析[J].河北师范大学学报（教育科学版），2022，24（2）：33-42.
❼ 秦惠民，李娜.农村背景大学生文化资本的弱势地位——大学场域中文化作为资本影响力的视角[J].北京大学教育评论，2014，12（4）：72-88，185.
❽ 胡纵宇.大学场域中的生存异化——贫困大学生成长境遇的社会学分析[J].湖南师范大学教育科学学报，2013，12（5）：90-95.
❾ 刘静，胡仁东.场域论视角下大学生学习自由的缺失与回归[J].教育理论与实践，2016，36（15）：21-23.
❿ 卢保娣.场域与惯习：大学生学习的生成性动力机制分析[J].高教探索，2014（5）：137-141.

高校文科硕士生的场域"在场"状态进行研究,认为文科硕士生是地方高校场域的"游离部落"。❶

三是关于高校管理者的相关研究。有研究运用场域理论,以不同高校场域的不同领导类型作为调节变量,分析了高校中层干部心理资本对工作绩效的影响。❷关于高校管理者的研究一般融入行政权力与学术权力关系研究中,例如有研究认为在高校内部治理中,行政权力的制度设计对管理者构建组织秩序非常重要,应合理授权,恰当行使行政权力。❸还有学者探讨了大学自治中的科层场域与科学场域的合理张力如何维持大学系统动态平衡与有机运行,希望构建大学教师与学生共生自治、管理者拥有的科层属性行政权力"弱化"的大学自治模式。❹也有研究基于场域视角,发现大学的权力博弈、利益争夺等的焦点集中在行政权力与学术权力之间,行政职员与大学教师群体之间争夺大学教育话语权,但为了各自发展的合理性采取妥协、共生的权力策略。❺

除了以上两类研究,还有其他一些相关研究在场域理论视域下对高校组织运行进行了多维度的研究,例如大学学术场域特性❻、学术不端❼、大学生求职❽等方面的分析。

四、关于场域与本科课程运行的研究

有研究试图根据"场域"理论阐释课程场域概念的内涵与特征,认为课程

---

❶ 毛金德.研究生教育场域的"游离部落"——场域视角下地方高校文科硕士生"在场"状态研究[J].学位与研究生教育,2015(8):41-46.

❷ 徐海波,丁三青.中层干部心理资本对组织公民行为与工作绩效的影响机理——不同高校场域内不同领导类型的调节作用[J].江苏高教,2021(5):48-57.

❸ 吴丁玲,胡仁东.大学组织内部治理中行政权力的制度设计——兼论学术权力与行政权力的关系[J].江苏高教,2018(9):60-65.

❹ 孙杰.大学自治:科层场域与科学场域的博弈——基于韦伯与布迪厄理论的比较研究[J].山西大学学报(哲学社会科学版),2014,37(4):114-117.

❺ 于忠海.合法性与再生产:大学学术权力与行政权力博弈反思——布迪厄场域的视角[J].现代大学教育,2009(5):7-10,57,112.

❻ 张焱,冒荣.关系的嬗变——关于学术场域开放性特性的探讨[J].现代大学教育,2013(6):1-7.

❼ 于胜刚."场域—资本—惯习"理论视角下的学术投票行为[J].现代大学教育,2015(5):34-40.

❽ 钟云华.近十年来我国大学生毕业求职渠道选择变化的逻辑——基于场域理论视角的考察[J].高等教育研究,2018(4):71-82.

是一种特殊场域，作为一种研究假设或思维方式可以为课程研究注入本体论和方法论的活力。❶ 从文献分析来看，将场域与本科课程运行相结合的研究也可以从课程决策、教学与学生学习及课程评价等方面来归纳。

（一）场域与本科课程决策的相关研究

有学者以一所地方高校作为研究案例对课程决策问题进行研究，认为课程决策是大学课程质量的关键，但现实中课程决策作为了一种权力被角逐，在权力层级之下大多数主体并未有决策权。❷ 从决策空间❸ 等维度分析课程决策质量和"水课"形成的逻辑，❹ 认为课程决策过程中更多嵌入了行政权力使得课程利益失衡。❺ 还有学者从场域视角关注现代大学知识选择过程中居于不同场域位置的利益相关者依据所持资本与权力对知识选择产生的博弈，使隐匿于知识背后的价值观等显现化。❻

（二）场域与本科课程实施的相关研究

关于场域与本科课程实施的研究，分为教学场域与学生学习场域两个维度。有研究从界定教学场域入手，对在线教学场域的冲突以及教师与学生的主体关系变化对传统教学场域稳定惯习的冲击进行了深入分析，并提出调适的对策与建议。❼ 大学课堂场域在互联网时代冲突加剧，有研究观点认为在大学课堂场域中的学生、教师、管理者三个主体代表的学习权利、学术权力与行政权力博弈，动摇了传统课堂秩序，使大学课堂出现诸多不稳定的现象。❽

还有研究从学习场域对大学教师与学生之间的主体性和主体间动态结构文化进行分析，认为形成了文化权力场域，教师角色的转换是高校文化权力关系

---

❶ 刘宗南.论课程场域[J].教育研究与实验，2013（5）：64-69.
❷ 皮武.大学课程决策权力的层级分布及其后果——以X大学的课程决策为例[J].教育发展研究，2013（7）：48-53，111.
❸ 皮武.大学课程的决策空间及其有效构建[J].现代教育管理，2013（12）：76-79.
❹ 陈太忠，皮武.课程决策：大学"金课"建设的关键环节[J].黑龙江高教研究，2021（4）：153-156.
❺ 皮武.大学课程决策的利益失衡与整合[J].江苏高教，2013（5）：84-86.
❻ 李庆丰.场域视角下的现代大学课程知识选择的实践逻辑研究[J].高等工程教育研究，2014（2）：167-175.
❼ 付达杰，唐琳.教学转场：高校在线教学场域冲突及其调适[J].高等教育研究学报，2021，44（1）：45-50.
❽ 刘斌，金劲彪.互联网时代大学课堂场域中的权力冲突与平衡[J].黑龙江高教研究，2016（11）：19-21.

的关键。❶还有研究从"双创"教育视角以大学生学习场域的认知、实践和关系对惯习的影响进行分析，认为大学生学习行为的认知依赖、实践缺位以及分离的教育教学关系造成"双创教育"困境，需要重新审视大学生学习的场域以及进行惯习重构。❷

（三）关于场域与课程评价的相关研究

有研究认为高校场域存在场域力量的压迫，教师受到考核体制中科研力量的引力，将主要精力投向科研。但在课程评价方面，以教师身份以及对学生的考核权力优势形成了对学生的场域压力，从而抑制了真实评价，学生亦乐于与教师"同谋"，保持沉默，形成评价场域主体的互动策略❸，也为"水课"续存提供了惯习牵引力。还有研究认为在高校场域中对场域主体的忽略，对评价客体和利益关系人服务的回应式关注不够，评价处于静态孤立状态，应改变仅基于"绩效责任"的"教学问责"式评定方式。❹

第三节 地方高校本科课程运行场域研究的核心概念界定

一、地方高校的界定

从1992年开始，我国对高等教育的管理方式推行了由原来"条块分割"逐渐向"条块结合"过渡的新举措，从而使得部委所属高校的数量减少，地方高

---

❶ 程玮.论学习场域视角中大学师生的文化权力关系[J].黑龙江高教研究，2012，30（10）：76–78.
❷ 雷金火."双创"教育中大学生学习优化：场域审视与惯习重构[J].教育发展研究，2022，42（Z1）：67–74.
❸ 潘浩，皮武.场域压迫、主体共谋与大学"水课"的生成逻辑[J].江苏高教，2020（8）：49–54.
❹ 赵庆荣.我国大学课程教学回应式评价方式取向的省思[J].中国高教研究，2013（3）：102–106.

校的数量增多，初步形成了中央和地方政府两级办学的新格局。❶《中华人民共和国高等教育法》第十三条规定："省、自治区、直辖市人民政府统筹协调本行政区域内的高等教育事业，管理主要为地方培养人才和国务院授权管理的高等学校。"目前我国高校划分为人才培养层次、高校隶属关系、重点建设项目三个传统分类标准。在现实划分中，由于三类分类标准交叉使用，我国学者在地方高校的定义方面并不一致，也无统一的概念。一般情况下认为地方高校是指由地方政府投资和主管的地方所属的普通高等学校，亦即国家部委所属高校之外的所有普通高等学校。这些院校主要面向区域经济和社会经济发展，培养区域亟须的应用型专业人才，地方高校在发展定位和类型上，主要分为以教学为主的教学型大学或教学科研并重的"教学研究型"高校。❷

本书所选择的地方高校是指省级人民政府主办，服务面向省级区域，人才培养规格以本科教育为主，拥有硕士博士授予权的公立"教学研究型"地方综合性本科院校，不包括"985""211"工程和"双一流"建设高校以及扩招以来升格的新建地方本科高校。

二、本科课程的界定

斯塔克（Joan S. Starkhe）和拉图卡（Lisa R. Lattuca）在《塑造大学课程：语境中的学术计划》中探讨大学课程的定义时，将课程定义为行动中的学术计划，除了学习内容以外，着重强调学生的学习过程，探讨了提升课程教学效果的途径与方法。他们将大学课程作为一种学术计划，包含学术计划的创建、实施、评估和调整等问题，并且分析这一学术计划的大学情境和学术领域以及外部的社会情境，将大学课程放在一个关系情境中去考察。❸

国内高等教育学者较多从大学课程包括哪些内容和活动的视角来界定课程。潘懋元先生和王伟廉教授认为教育是一种目的性活动，课程是指学校按照一定

---

❶ 曹赛先.高等学校分类的理论与实践[D].武汉：华中科技大学，2004：159.
❷ 程肇基.地方高校服务区域经济建设研究——以江西省为例[D].武汉：武汉大学，2015：24.
❸ 莉萨·拉图卡，琼·斯塔克，黄福涛.课程：学术计划[J].清华大学教育研究，2019，40（3）：33–45.

的教育目的所建构的各学科和各种教育、教学活动的系统,高等教育课程是有目的、有组织计划和学科体系的。杨德广、谢安邦两位教授在其主编的《高等教育学》中采用了潘先生对课程的界定。关于大学课程的界定一般从学校规定的可见课程计划或教学规划文本来理解。

但张楚廷先生认为课程范围不只是局限于显性的课程活动,学校情境中一切与课程有关的文化都应该归入课程概念之下,显性课程和隐性课程都属于学校课程的范畴。❶依据这种课程阐释,大学里一切对学生产生影响的活动都属于大学课程。姜国钧教授认为大学课程是大学生在大学教师的指导下体验、选择和创造的生存智慧。❷关于本科课程(大学课程、高等教育课程、高校课程)的理解,学术界的界定均有各自的视角,最终旨归均为促进学生成长需要哪些知识规划与环境要素,从"课程"最初的内涵来看,既包括课程计划也包括课程实施的过程,课程计划是经过一系列动态的思考与探索后的静态表现,课程实施进程除了通过动态的活动执行课程计划外,也一定实现或叠加了诸多环境因素的影响,本科课程不是线性的课程计划执行,是复杂而又灵动的以知识为载体的交往过程。

但在具体研究中,无法对这复杂而又灵动的过程做确切的描述,为了更好地找到研究的着力点,有必要对其做一个操作性层面的界定,通过文献阅读并将其与研究需要相匹配,本书将其界定为:作为高等教育一个层次的本科课程,主要指地方高校纳入人才培养方案的课程体系所包含的课程,即本科人才培养过程中的显性课程。诚然,本书并不完全局限于探讨本科课程的显性功能,拟聚焦于围绕显性课程所构成的主体关系,也关心本科课程的价值与隐性功能。

三、本科课程运行的界定

由文献综述可知,与课程运行相似度高且使用频率较高的概念是"课程管理",关于课程管理的概念界定也可以分为两种视角。第一种视角是侧重于宏观行政管理视角的理解,例如刘居富认为课程管理是指导和检查学校的课程实施,对

---

❶ 张楚廷. 课程是什么[J]. 当代教育论坛,2011(2):1.
❷ 姜国钧. 大学课程与教学论[M]. 北京:电子工业出版社,2017:18.

第一章 绪论

学校开展领导工作等，[1]郭德红认为发达国家课程规划、实施、评价和更新等制度更完善，运行过程更具有弹性、规范性与合理性，是一种形成性的课程管理模式。[2]第二种视角注重学校组织机构层面的管理，但这一层面也有两种不同的理解。一部分学者认为课程管理是对实施环节中与课程相关的人、财、物等的管理，[3]保障课程的实施，[4]运用管理方法保障课程目标的实现，[5]不包括课程编制和决策环节。

另一部分学者认为课程管理包括课程编制与决策、课程实施和课程评价等环节，例如顾明远在《教育大辞典·第一卷》中界定课程管理是对课程编订、实施、评价的组织、领导、监督和检查；[6]王伟廉在《高等学校课程研究导论》一书中提出：就整个课程领域来说，最关键和最核心的活动或环节就是三个：课程编制、课程实施和课程评价；[7]唐德海列举了各种关于课程管理的阐释，涉及的主要关键词为课程编订、课程实施和课程评价，提出了大学课程管理研究的基本领域包括课程生成系统、课程实施系统和课程评价系统。[8]

国内使用"本科课程运行"概念的学者并不多，叶信治教授指导的一篇硕士论文《美国大学课程运行机制研究》认为大学课程运行是把课程设置、课程编制、课程实施和课程评价等活动整合起来的概念，从而使这些课程实践环节作为一个连续体而有机转化、动态展开；大学课程运行的概念有助于人们把大学课程视为一个动态系统，从整体上和动态上对其加以把握；同时在论文中也将课程设置、课程编制统称为课程生成。[9]郭德红在研究美国大学课程管理运行机制时，认为美国的本科课程管理运行机制以选修制和学分制为核心，包括课程规划、课程实施、课程评价等管理环节[10]。

本书使用"本科课程运行"而没有使用"本科课程管理"，在这里有必要进行

---

[1] 刘居富，肖斌衡.现代学校管理引论[M].武汉：武汉测绘大学出版社，1999：141-142.
[2] 郭德红.中国大学课程管理制度演变研究[M].北京：中国书籍出版社，2018：16.
[3] 廖哲勋.课程论[M].武汉：华中师范大学出版社，1991：328.
[4] 张圻富.大学课程论[M].南京：江苏教育出版社，1992：23.
[5] 许象国.基础教育课程管理概论[M].上海：上海教育出版社，2002：45.
[6] 顾明远.教育大辞典（第一卷）[C].上海：上海教育出版社，1990：263.
[7] 王伟廉.高等学校课程研究导论[M].广州：广东高等教育出版社，2008：156.
[8] 唐德海.大学课程管理的理论与方法研究[M].北京：中国科学技术出版社，2002：5-8.
[9] 林丽燕.美国大学课程运行机制研究[D].福州：福建师范大学，2015：7.
[10] 郭德红，袁东.美国大学本科课程管理运行机制分析[J].国家教育行政学院学报，2010（2）：86-91.

阐释。"运行"一词在《现代汉语词典》中的解释为"周而复始地运转",与"运转""运作"意义具有相似性。"运转"是指沿着一定轨道行动,也指机器转动,还指组织、机构等进行工作。"运作"指组织或机构进行工作或开展活动。关于课程的研究,不少学者也用课程运作来研究课程的整个生成、实施与反馈过程。例如,代建军认为课程运作具体所指是课程决策、课程设计、课程实施与课程评价各环节有机转化和动态展开的过程。❶皮武认为大学课程的质量是在课程诸环节完整运作过程中体现出来,既涉及静态的知识经验组织,又涉及动态的教师对课程的重构与加工。❷由于本科课程的工作具有周期性,且一个周期的结束为下一个周期课程更好运转提供了框架与经验,是一种具有改善性的周而复始的活动,因此本书采用了"运行"一词。课程管理更侧重于对组织或情境中各种资源的调度,从主体上讲,课程管理更关注掌握课程资源分配、课程过程监管的管理人员的行为。

相比于"课程管理","课程运行"更强调围绕"本科课程"所开展的活动、发生的行为以及形成的关系,更关注课程利益相关者。"运行"二字对于本书所界定的问题来讲,更能突显相关主体,情境意蕴更为丰富,注重多主体的活动场域。

综上所述,这里将本科课程运行范畴设定为课程决策、课程实施、课程评价三个环节。这里不再探讨三个概念学理层面的内涵,主要根据本书界定的场域以及专家咨询法界定的关键事件与观测点,对三个环节进行操作性定义:课程决策主要指课程体系及课程设置的决策,本书主要指人才培养方案修订以及本科教育教学规划方案,与课程实施、课程评价有关的过程管理决策工作不纳入课程决策研究范畴;课程实施主要指在日常教学过程中各主体的参与状态,主要包括课程教学过程;课程评价指对课程实施过程教与学效果的评价,不包括对课程决策的评价。

四、本科课程运行场域的界定

"场"的概念来源于物理学领域。后被引入社会科学领域,起初以心理学家

---

❶ 代建军.我国课程运作机制研究[M].南京:南京大学出版社,2013:1.
❷ 陈太忠,皮武.课程决策:大学"金课"建设的关键环节[J].黑龙江高教研究,2021,39(4):153-156.

勒温提出的"场动力论"而知名。这一理论认为人是一个场，人的心理活动是在一种心理场或生活空间中发生的。在勒温的动力场理论中有一个重要概念，叫生活空间，它表示各种可能事件的全体，是在一定时候决定个体行为的全部事实的综合，包括人与环境，当然这里的环境不仅是现实的客观环境，更倾向指代心理环境，即与人的需求相结合并在人头脑中实际发生影响的环境，❶也可以说是一种心理场。勒温关于"场"的理论以心理学问题为研究对象，真正将场域概念普遍化并将其确定为社会学理论的当数法国社会学家布迪厄。

从概念内涵来看，"场域"比"场"的观念更能有效地突显关系，相当于将研究对象置于一个具有相对疆界的范围内，可以更准确地把握与剖析研究对象，更立体透辟地分析场域与人、人与场域、场域与场域、场域中的人与人等纵横交错的关系。❷在布迪厄繁杂的跨越诸多学科边界的理论体系中，"场域"是贯穿其理论体系的核心概念，尤其是在其社会实践理论中，场域、资本与惯习共同构成了实践理论的框架。一个场域可以被定义为在各种位置之间存在的客观关系的一个网络或一个构型。❸在布迪厄看来，一个分化了的社会，并不是一个浑然整合的总体，而是由遵循着自己的运作逻辑的不同游戏场域组合而成的，也就是说，世界是由众多相对自主的小世界构成的，也就是他所认为的客观关系的空间，即场域。❹

场域的界限只能通过经验研究才能确定，场域的构建并不是通过一种强加行为来实现的，是由一定的客观关系联系在一起的，在这种联系方式下，这些（物质或符号）关系结构在某种机构或组织中能发挥作用；只有通过对每一个这样的世界进行研究，才能估量它们具体是如何构成的，效用限度在哪里，哪些人卷入了这些世界，以及是否形成一个场域。❺

本科课程运行是大学场域中围绕本科课程进行的一系列活动构成的客观关系，卷入其中的主体有与大学场域发生关系的政府、校友、用人单位、社区、投资者等大学场域的外圈层利益相关者，以及几乎全部与大学场域发生联系，

---

❶ 黄希庭，郑涌. 心理学导论[M]. 北京：人民教育出版社，2015：104.
❷ 马维娜. 局外生存：相遇在学校场域[M]. 北京：北京师范大学出版社，2003：22.
❸ 皮埃尔·布迪厄，华康德. 实践与反思[M]. 李猛，李康，译. 北京：中央编译出版社，2004：133-138.
❹ 宫留记. 布迪厄的社会实践理论[D]. 南京：南京师范大学，2007：26.

构成大学场域内圈层结构关系的教师、管理者、学生等主要的利益相关者。❶其效用在于通过共同努力发挥本科课程培养人才的功效，效用限度在于本科课程场域的效用是大学科研场域、社会服务场域等其他场域所不能代替的。因此，本科课程运行具有构成场域的条件，形成了一个自主的小世界，是具有相对独立的自身逻辑和法则的"社会小世界"。

这种自身逻辑和法则包括其本身被划分为决策、实施、评价三个具有工作时序的环节，三个不同时序的环节在运行过程中也构成不同的客观关系。为了更好地分析课程运行场域的实然状态，本书将地方高校本科课程运行主场域分为三个次级场域（课程决策、课程实施、课程评价）进行分析，再分析本科课程运行主场域的特征，并仅将本科课程内圈层的利益相关者（管理者、教师、学生）作为场域行动者进行分析。

第四节 研究目的及对当下本科教育的意义

一、地方高校本科课程运行场域研究目的

"洞见或透识隐藏于深处的棘手问题是艰难的，因为如果只是把握这一棘手问题的表层，它就会维持原状，仍然得不到解决。"❷列宁也曾说，"如果从事实的全部总和、从事实的联系去把握事实，那么，事实不仅是'胜于雄辩的东西'，而且是证据确凿的东西。如果不是从全部总和、不是从联系中去掌握事实，而是片段地随便挑出的，那么事实就只能是一种儿戏，或者甚至连儿戏都不如"。❸然而，文献综述呈现给我们的研究图景更多是理论层面的现象分析与

---

❶ 金元平.大学场域资本的结构、位置与关系[J].经济学家，2013（2）：102-104.
❷ 皮埃尔·布迪厄，华康德 著.实践与反思[M].李猛，李康，译.北京：中央编译出版社，2004：1.
❸ 列宁.列宁全集（第23卷）[M].北京：人民出版社出版，1990：279.

学理探讨，国内在关于本科课程问题上采用案例研究法系统深度分析的研究仍较少。本书力图在现实图景基础上对地方高校本科课程运行做深度的"现场观察"与问题透析。

本书通过对本科课程运行案例资料的收集，深度刻画地方高校本科课程运行的现实状态，为我们理解本科课程问题提供丰富的参考资料。同时，通过一系列研究手段从场域视角对地方高校本科课程运行各环节进行具体观照，深度分析场域关系结构与问题，以利于对本科课程运行场域进行深层的理论思索与优化路径探析。

二、地方高校本科课程运行场域研究意义

（一）理论意义

1. 为大学课程理论研究提供新的视角

课程是决定本科教学质量的关键，如何提高本科教学质量，只有真正探讨现存的问题才能寻找恰当的路径。专注于静态理论和"应然"理想的学理探究为大学课程研究提供了图景，但大学课程实际是不断处于这样一种无终极的运行过程中的。本科课程运行场域的探寻有助于大学课程理论研究与实践层面的研究相互呼应。

2. 为人才培养模式构建提供新的解释路径

改革就是对问题的消解以及新模式的构建。从本科课程运行实践出发的研究为破解移植型或经验总结型的课程改革研究提供更为宽广的视角，也为教学改革的发展演变提供了内在的影响机制。还可以为大学本科课程改革处于"内卷化"状态提供一些现场描绘，并从场域视角为大学人才培养模式改革提供新的更为现实的解释路径。

3. 有助于本科教学质量评价体系的科学化与合理化

如何关注过程是评价的难题，场域理论视角更多从行动者的认知模式和行为

方式去考量课程运行行为。大学课程场域主体行为的惯习是如何被形塑的，为本科课程教学质量评价体系的人性化和合理化考量提供社会学层面的反思。也可以说为模糊性较强的本科课程教学评价带来更为细密的科学与合理的现实考察。

（二）实践意义

1. 有助于地方高校对本科课程运行进行中观层面的探索

对地方高校本科课程运行实景背后的作用规律进行观照，有利于处于其中的行动者更好地进行自身反思。更为主体理解和改进自身行为提供清晰指导，自身在课程中如何被制度、他者和组织文化所形塑，自身行为又如何反作用于制度、他者以及组织文化。为地方高校本科课程运行提供一种微观层面的"管窥"和重新审视。

2. 为地方高校"一流本科"建设提供有益的现实观测

"一流本科"建设要求各类型高校分类定位，地方高校要在自己的领域和层次办出水平、办出特色，没有对自身的研究就无特色和水平可言。所有初衷良好的政策或改革，没有力透纸背的理解以及有效的实践终究只是泛起表层的涟漪。本书或许可为地方高校在"一流本科"建设背景下改革本科教学提供一些深入的、具体的实践反馈。

第五节　主要内容与主体框架

一、地方高校本科课程运行场域研究的主要内容

地方高校本科课程运行是高校组织内部运转的一个子系统，作为大学场域

中的一个小世界，有自己的运行规则与机制。本书主要目的是探究地方高校本科课程运行的实际状况，并了解其运行背后的机制，避免过于注重总体现象的描述与宏观的思辨；并试图通过对本科课程运行场域的深度描画，建构自身场域关系结构，对问题进行场域视角诠释；然后，基于场域视角的分析，提出优化地方高校本科课程运行机制的相应策略。简言之，本书将质性研究中的案例研究法、扎根理论三级程序编码以及内容分析法相结合，围绕地方高校本科课程运行"怎么样"（How）、"为什么"（Why）以及"如何改进"（How to Improve）三大主要问题进行研究。本书阐述的主要内容如下：

（一）地方高校本科课程运行场域的"实然"

依据对本科课程运行场域的划分，并界定清楚对不同环节的主要观测点以及关键事件，使研究具有可操作性，选择具体的研究案例。依据主要环节、观测点和关键事件，通过深入现场的研究方式调查并厘清其运行的现实状态，探索不同高校的真实场景，基于真实的资料与数据，探索其实然。"描画"地方高校本科课程运行的实然状态。

（二）地方高校本科课程运行场域的"逻辑"

在对数据分析基础上，归纳数据之间的关系结构，建构不同环节的场域模型。分析各个次级场域的特征，包括场域位置分析、场域关系结构分析以及行动者惯习分析。最后根据各个次级场域的研究，构建地方高校本科课程运行总场域关系结构。

（三）地方高校本科课程运行场域的"优化"

基于本科课程运行场域实然状态的分析以及对地方高校本科课程运行的场域分析，进一步分析本科课程运行场域问题，基于问题探析与诠释，提出优化本科课程运行场域的相应策略。

二、地方高校本科课程运行场域研究的主体框架

从场域视角对地方高校本科课程运行进行解读与分析，主要以地方高校本科课程运行的事实与现场作为研究的观测对象，探索本科课程运行场域的实然、逻辑与优化路径。基于这一研究目的，研究的基本思路为"提出问题—问题深描—分析问题—解释问题—提出策略"。依据这一研究思路，本书建构了研究的主体框架，具体如图1-7所示。

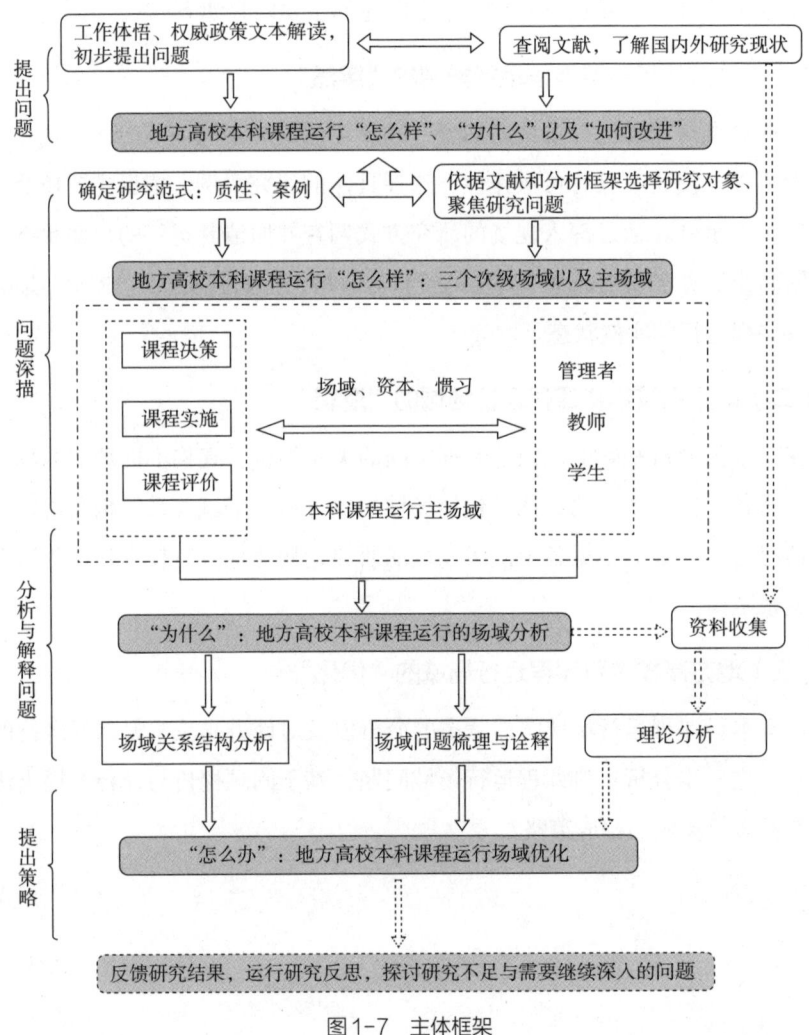

```
提出问题：
  工作体悟、权威政策文本解读，初步提出问题  ⇄  查阅文献，了解国内外研究现状
        ↓                                      ↓
  地方高校本科课程运行"怎么样"、"为什么"以及"如何改进"

问题深描：
  确定研究范式：质性、案例  ⇄  依据文献和分析框架选择研究对象、聚焦研究问题
        ↓
  地方高校本科课程运行"怎么样"：三个次级场域以及主场域
  ┌─────────────────────────────────────────┐
  │ 课程决策                                  │
  │ 课程实施    场域、资本、惯习    管理者     │
  │ 课程评价                         教师     │
  │                                  学生     │
  │         本科课程运行主场域                │
  └─────────────────────────────────────────┘

分析与解释问题：
  "为什么"：地方高校本科课程运行的场域分析 ┈┈→ 资料收集
        ↓              ↓                         ↓
  场域关系结构分析   场域问题梳理与诠释       理论分析

提出策略：
  "怎么办"：地方高校本科课程运行场域优化
        ↓
  反馈研究结果，运行研究反思，探讨研究不足与需要继续深入的问题
```

图1-7　主体框架

第二章

地方高校本科课程运行场域的研究方法

对于一种现实存在的社会活动，要描绘其"怎么样"以及"为什么"时，必然要深描图景，明了身处其中的实践者的活动由来，深刻理解行动者的实践逻辑。案例研究法为解决这类问题提供了良好的解释力。❶所有案例研究都始于相同的目的：渴求接近或深入理解他们真实世界中的某一或某组"案例"；狭义的目标是形成一个宝贵而深刻的理解，即对案例有独特见地，希望理解现实世界的行为及其含义，并激发新的研究。❷

案例研究法具有其他研究方法所不具备的可以提供充分描述与解释的特征，而且案例研究方法倾向于在自然情境中收集数据。正因为这种数据来源的多重性，罗伯特·K.殷认为案例研究方法有自己的研究设计、数据收集和分析过程，既不是质性研究的一种，也不是定量的准实验设计。❷但案例研究目前在学术界被界定为质性研究的情况占绝对优势。由于案例研究收集到的数据都是零散甚至杂乱无章的，为了对这些数据进行系统分析，需通过一些数据分析手段梳理资料，因此本书采用扎根理论这一质性分析方法进行了访谈数据分析。案例研究法与扎根理论的结合使用也是很多案例研究所采用的一种研究策略。但案例研究法涉及的具体研究方法包括但不仅限于质性分析手段，包括一切有利于深入获知案例真实情况的方法。

第一节 案例设计

案例一般是指含有问题和疑难情境在内的真实发生的典型性事件。案例研

---

❶ 罗伯特·K.殷.案例研究：设计与方法（原书第5版）[M].周海涛，史少杰，译.重庆：重庆大学出版社，2017（1）：13.

❷ 罗伯特·K.殷.案例研究方法的应用（第3版）[M].周海涛，夏欢欢，译.重庆：重庆大学出版社，2014：4-22.

究的操作性定义主要是指深入研究现实生活环境中正在发生的现象，用多种手段系统地收集资料，并展开深入分析，探讨该现象背后的各种问题。案例研究虽然不如定量研究有严格的研究设计程序和研究假设，但一项好的案例研究要在研究开始阶段做好设计。案例研究设计的一般步骤为：确定"案例"，选定研究设计类型，在设计中使用理论。❶

一、确定研究"案例"

为了深入探究地方高校本科课程运行场域的程序、状态与现实情景，需对研究对象做一个整体的描绘，如果主要目的为追求研究的推广性与科学性，理论上应该对本书所界定层次的地方高校进行地域、类型等分层随机抽样并进行调查分析才可能获得本科课程运行的整体样貌，并选取合适的案例开展研究，使得研究具有更好的外部效度。但本书限于各种因素无法实现大样本的调查，最终依据方便性抽样原则在中部某省抽取了4所符合本书概念界定的地方高校作为研究案例。相比于追求广泛科学性与推广性的抽样方法，这几所高校对于笔者来说，能够尽力获取较为全面与详细的信息，或许具有更好的内部效度。

本书选取的案例高校均为我国中部某省省属本科院校，该省属于经济欠发达省份，高等教育的发展在全国范围内竞争力不占优势，但本科教育已有较长的历史积淀。本书将所选取的四所高校分别命名为A校、G校、N校、S校，其中A校和S校以理工类学科专业见长，G校和N校以人文社科类学科专业见长。虽然各案例校均有代表学校特色的学科，但每所高校都拥有多个学科，并在多个学科拥有硕博学位授予权，已然发展成为地方综合性大学，是省域内人才培养、科学研究、社会服务等方面排名前列的高校，对省域经济社会发展尤其本科层次人才培养具有举足轻重的作用。4所高校具体的基本情况如表2-1所示。

---

❶ 罗伯特·K.殷.案例研究方法的应用[M].3版.周海涛，夏欢欢，译.重庆：重庆大学出版社，2014：23.

表2-1 案例高校基本情况一览表

学校代码	本科教育办学历史	学科与专业	本科生规模	师资情况
A校	办学历史溯源于20世纪初。本科教育起源于20世纪40年代	拥有理学、工学等9大学科门类。6个一级学科博士点，20个一级学科硕士点，9种专业学位授权点。60个本科专业。1个国家重点学科，4个省一流学科，11个省级一流专业，11个国家一流本科专业建设点，4个国家一类特色专业建设点，9个省级特色专业	全日制在校生总规模约为2.3万人。普通本科全日制在校生2万余人，本科生占比90%左右	专任教师近1 200人，具有博士、硕士学位人员占比80%以上，其中博士学位占比约55%。具有高级职称的专任教师近500人，占专任教师的比例40%以上，其中正高级占15%左右、副高级占30%左右
G校	办学历史溯源于20世纪50年代末。本科教育起源于20世纪80年代	拥有哲学、经济学等10大学科门类。17个一级学科硕士点和11个硕士专业学位授权点。67个本科专业；国家特色专业2个、国家级一流专业建设点6个、一批省一流专业、省品牌专业、省特色专业和省级一流专业建设点	全日制在校生总规模约为2.1万人。普通本科全日制在校生1.9万余人，本科生占比90%	专任教师1 200余人。具有高级职称的专任教师600人，占专任教师的比例约为50%；具有研究生学位（硕士和博士）的专任教师约800人，占专任教师的比例为65%左右
N校	办学历史和本科教育均溯源于20世纪40年代初	拥有法学、教育学等10大学科门类。12个一级学科博士点，1个博士专业学位授权点，33余个一级学科硕士点，18种专业学位授权点。86个本科专业；其中国家级一流专业建设点近26个、国家级专业综合改革试点项目2个、国家级特色专业6个；省级一流专业建设点23个、专业综合改革试点项目8个、特色专业10个、品牌专业25个	全日制在校生总规模近3.5万人。普通本科全日制在校生近2.7万人，本科生占比约80%	专任教师约1 700人。其中具有高级职称的专任教师约1 000人，占专任教师的比例约为59%；具有研究生学位（硕士和博士）的专任教师约1 500人，占专任教师的比例约为90%
S校	办学历史和本科教育均溯源于20世纪50年代末	拥有工学、管理学等7大学科门类。2个一级学科博士点，22个一级学科硕士点。1个专业硕士学位点，5个交叉二级学科点。73个本科专业，国家特色专业3个、国家卓越工程师培养计划专业6个、国家一流专业15个、省一流专业20个	全日制在校生总规模近2.8万人。普通本科全日制在校生2.4万人，本科生占比约85%	专任教师约1 500人，具有博士学位教师600余人，占比约为40%；具有高级职称教师数约为750人，占比约为50%

注：表中数据源于各校本科教学质量报告或学校官网。

从上表可知，4所高校均以本科教育为办学主体，在研究生教育方面也有丰富的积淀与发展，均定位为教学研究型大学。从该省高等教育发展规划来看，A校和N校是发展第一方阵内的高校，S校和G校处于发展第二方阵。总体来看，

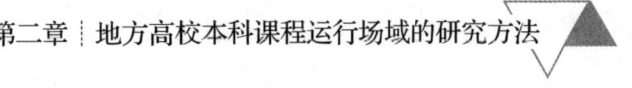

这4所案例高校均符合本书对地方高校的界定。

二、选择案例研究设计类型

一般来讲，案例研究有单案例和多案例两种具体设计方法，单案例和多案例又分别有两种设计类型，如图2-1所示。

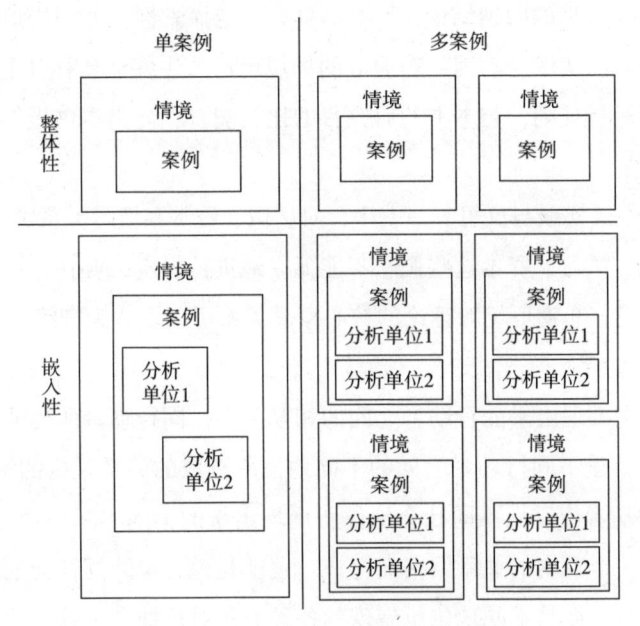

图2-1 案例研究设计的基本类型❶

多案例研究设计通常比单案例设计更难实施，但可靠的数据可为研究结果提供更多的信息，一个普通的多案例设计可能需要两个或两个以上案例，这些案例有目的地测试产生可被复现相同结果的条件，也可能包括有目的的对比案例。❶由于本书只是对4所高校的本科课程运行场域进行研究，研究相同情境中不同案例的同一分析单元（本科课程运行），因此本书属于整体性的多案例研究。

---

❶ 罗伯特·K.殷.案例研究方法的应用[M].3版.周海涛,夏欢欢译.重庆：重庆大学出版社,2014：9-33.

三、选择研究设计理论：场域理论

在案例研究中，理论对案例研究的重要性主要有：一是在进行探索性案例研究时界定探究的对象；二是界定将要用到的"案例"性质；三是在进行描述性案例研究时，定义什么是完整的恰当的描述；四是在进行解释性案例研究时，提出竞争性的理论。恰当地运用理论，有助于划定案例研究的边界，做出有效的设计和合理的归纳结论。❶本书具有一定探索性，即探析地方高校本科课程运行场域的实然与动因，布迪厄的场域理论关注各个具有自主性的小世界自身逻辑与运行规则，与本书的研究目的比较契合，能为本书提供较好的分析路径。

布迪厄在《实践与反思》一书中，对场域、资本和惯习关系做了详细阐释，他认为场域、惯习、资本这些概念不能孤立地进行界定，要在其构成的理论体系中进行界定；布迪厄场域理论的核心概念关系可以表达为实践=场域+［（资本）（惯习）］。❷

在场域中表现出来的行动者之间的相互关系，同行动者所处的不同社会地位密切相关，受不同行动者所处的不同地位所造成的关系架构的影响，但是，只有不同行动者依靠由不同社会地位所展现出来的不同实际力量之间的对比，场域才作为一个现实的关系网络而存在。也就是说，单纯的社会地位并不能造成实际的场域，而是不同地位所展现的各种力量对比抽离了社会地位构成的空洞和抽象的框架，赋予场域实际意义；场域的核心就是贯穿于社会关系中的力量对比及其实际的紧张状态。❸

场域中的资本包括文化资本、社会资本、经济资本以及象征资本（或符号资本），场域与资本紧密相关。大学场域以文化资本为主，关于文化资本，布迪厄认为有三种形态：身体化的、客观化的和制度化的。身体化的文化资本主要

---

❶ 罗伯特·K.殷.案例研究方法的应用[M].3版.周海涛，夏欢欢译.重庆：重庆大学出版社，2014：9-33.
❷ 皮埃尔·布迪厄，华康德.实践与反思[M].李猛，李康译.北京：中央编译出版社，2004：132-163.
❸ 高宣扬.布迪厄的社会理论[M].上海：同济大学出版社，2004：139-151.

指个体经过多年研习而在身体内长期稳定地内化的禀性、才能、修养、口味❶等内在素养结构；客观化的文化资本主要指个体拥有的文化产品，可以是收藏类也可以是客体化的科研成果等文化财产；制度化的文化资本一般指由正当的制度体制或合法程序所赋予的学术等级或学历等级。至于社会资本，则是指某个个人或群体，凭借拥有一个比较稳定、又在一定程度上制度化的相互交往、彼此熟识的关系网，从而积累起来的资源的综合。❷

经济资本一般指代可以直接转换为金钱的资本。象征性资本是一种不易外显的资本，主要表现为影响力，用以表示礼仪活动、声誉或威信资本的积累策略等象征性现象。❷在场域中，存在一种机制，"推动"拥有一定数量资本的确定行动者们采取这样或那样的策略，要么起而颠覆，要么退而维持，或者，还可以加上一种，就是漠然视之，远离游戏，❷这种机制被解释为惯习。惯习是在场域中通过资本作用形塑而成的。关于资本、惯习以及场域自身的相互关系与作用机制的诠释与解读需与社会各个具体小世界结合起来进行分析。

四、运用场域理论的适切性分析

本书对运用场域理论在高等教育领域开展的相关研究进行初步梳理后发现，场域理论在高等教育研究中具有适应性。同时对于场域与本科课程运行相关的文献梳理结果显示，在本科课程决策、课程实施以及课程评价环节均有学者认为存在权力"争夺"、场域压迫、利益"共谋"等现象。围绕本科课程运行，不同主体形成了一种特殊的关系，并且构成了高校场域内相对自主的小世界。

首先，用场域理论分析本科课程运行符合场域基本要素的要求。在本科课程运行过程中，存在着学术权力与课程权力的争夺，权力争夺对应的是本科课

---

❶ 何晓芳. 大学治理场域中的资本、惯习与关系[J]. 大连理工大学学报（社会科学版），2012（9）：112-116.

❷ 皮埃尔·布迪厄，华康德. 实践与反思[M]. 李猛，李康译. 北京：中央编译出版社，2004：132-163.

程运行主体不同资本的较量。阿普尔倡导课程研究不仅要关注"什么知识最有价值"，更要关注"谁的知识最有价值"，❶阐明了课程决策中利益、资本与权力所折射的阶层关系。李庆丰认为在国家层次、大学层次以及课堂层次三个层面的利益主体凭借各自所拥有的资本数量和质量，在不同层次的场域中占据不同位置，获取不同的参与知识选择活动的权力，以各自所持资本和权力为基础的知识价值观及其背后的利益博弈由此展开；在大学内部存在大学课程设计场域以及大学课堂教学场域。❷课程权力本身包括课程决策权、编制权、内容选择权、实施权和评价权等，这些权力归属于不同的权力主体，形成课程权力体系，在权力与利益角逐中形成的冲突构成了场域的结构。❸

其次，引入场域理论可以更深入地透视本科课程运行的主体关系。场域本身是一种关系视角，本科课程运行是一种复杂的实践活动，构成一种实践场域，任何实践都是由实践者进行的，对本科课程运行进行分析必然要对行动主体依据各自所占据的场域位置、所拥有的资本而展开的各种权力、利益之争及相互影响而形成的各种关系、过程和结果开展研究。❷在场域中，个体在环境与他人的影响下，在组织或个体身体内部积淀而形成的惯习表现为认知态度、生存心态与行动策略等。例如，在高校办学自主权逐步下放，高校组织内部的"有权不会用"、在课程设置上的"亦步亦趋"，衍射了在高等教育场域中高校管理者的行为惯习。因此要分析本科课程运行的图景与背后成因，从主体关系视角的分析有助于进一步勾画场域的运转表现与逻辑。场域理论综合分析了场域、资本与惯习对某种社会实践的影响，而且通过综合考察可以细致入微地探讨"社会结构—行动者"如何互动统一，无疑是深入分析某种社会实践随场域及其支配逻辑变化的中层理论。❹只关注现状与问题的研究，所聚焦的往往是行动者行为的表现与结果，对于行动者之所以如此行动的动机与情境缺乏阐释。本科课程运行的问题是内外部各种因素综合作用所导致的，但所有影响作用的落脚

---

❶ 迈克尔.W.阿普尔.国家与知识政治[M].黄忠敬，等译.上海：华东师范大学出版社，2006：6.
❷ 李庆丰.场域视角下的现代大学课程知识选择的实践逻辑研究[J].高等工程教育研究，2014（2）：167-175.
❸ 练志宁，谢冬兴.高校体育课程演进的冲突论分析[J].武汉体育学院学报，2013（6）：96-100.
❹ 宫留记.布迪厄的社会实践理论[J].理论探讨，2008（11）：55-58.

点均在课程运行的主体上,基于场域中承载主体进行的研究可以更好地反思本科课程运行的实践。

第二节 构建分析框架

依据布迪厄场域理论,结合文献综述与核心概念的界定,构建本书的分析框架,为后续研究框定探究的边界与对象。

一、确定研究具体场域

布迪厄认为世界是由无数个场域构成的,场域具有鲜明的实践情境性,每个场域的规则都不可化约为其他场域的规则,每个场域都具有独特的实践逻辑。场域是一种关系视角,可为研究提供一种方法论视角,场域提供的更多是以场域观念武装起来的关系性思维方式,为地方高校本科课程运行的研究提供一个分析框架,由此引发对其的反思与改进。

布迪厄所阐释的场域并不是作为单一实体而存在的,他所指出的社会世界由多元场域构成,庞大的场域可以被分解为诸多次一级的场域;每个次级场域在遵循其上一级场域的整体性逻辑的前提下,有着它自身的内在逻辑、法则和规律。❶大学场域主要分为教学场域、行政场域与服务场域。❷本科课程运行属于教学场域,是一个整体的场域,但由于其运行包含了几个子环节,且每个环节中的场域逻辑存在差异,因此主体的位置关系、行为方式与行为内容也是不同的。由此,本书为了更全面细致地分析运行的实然状况,将其划分为地方高校本科课程运行的主场域以及课程决策、课程实施、课程评价三个次级场域。

场域的存在是由行动者、行动者拥有的资本力量以及主导行动者采取行动

---

❶ 迈克尔·格伦菲尔. 布迪厄:关键概念[M]. 林云柯, 译. 重庆:重庆大学出版社, 2018:90.
❷ 于胜刚. "场域—资本—惯习"理论视角下的学术投票行为[J]. 现代大学教育, 2015(5):34-40.

的惯习所构成的。❶在由物理空间与意义空间构建起的有边界的区域之内，主体才是使场域真正存在的要素，不同场域圈层内真正产生影响与作用的主体也必须予以界定。本书主要关注地方高校内圈层主体构成的本科课程运行场域，因此，其主体主要包括管理者、教师和学生（图2-2）。

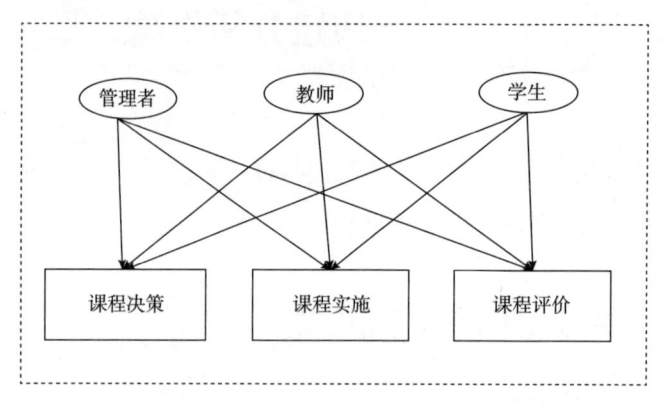

图2-2　地方高校本科课程运行主场域与次级场域示意

这里需要厘清管理者、教师以及学生的具体指代。在目前我国高校的行政管理模式下，管理者有行政层级之分。本书的管理者主要指代与本科课程决策、实施、评价密切相关的人员，包括校长、分管教学副校长以及学校教务处人员，还有学院层面的院长、分管副院长以及教学管理工作人员，不包括教研室主任（教研室主任不纳入行政级别）；需要说明的是学院的院长和分管教学副院长一般具有专业学术背景，在场域中处于管理者与教师的中间地带，有时也表现为教师的身份；但为了分析方便，对其不做特别的界定。教师在本书中主要指不具有行政职务的专任教师。学生是指全日制正规本科教育的本科生。

二、研究场域的主要内容

场域虽然是指一种客观的位置关系，但其并不是一种物理空间，而是一种具有独立性的社会空间。所谓社会空间就是由人所构成的特定社会关系，是一

---

❶ 赵冬梅.场域理论下教师专业发展机制研究[D].上海：上海师范大学，2017：36.

种由主体拥有资本（或权力）决定的位置关系，处于不同位置的个体在场域中产生不同的影响。在本书中，场域主要指本科课程运行决策、实施、评价环节中管理者、教师、学生三大主体通过资本（或权力）决定的位置、采取的互动策略等所形成的关系构型。而在场域中，关系构型的筹码就是资本的积累，它既伴随场域的进程，同时也是场域的产品。❶在本科课程运行场域中，管理者、教师和学生都拥有自己独特的场域资本，也在场域中生产或追逐资本。

因此，本书围绕本科课程运行对地方高校内圈层的利益相关者（管理者、教师、学生）与资本相互形成的场域惯习及背后动因进行研究。粗略的分析框架可以表述为图2-3。

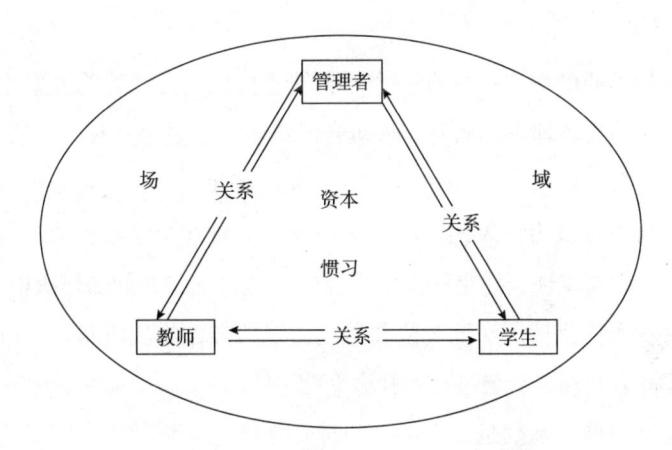

图2-3 本科课程运行场域分析基本路径

在布迪厄看来，场域研究有三个必不可少又内在关联的步骤：分析与权力场域相对的场域位置；勾画行动者或机构所占据的位置之间的客观关系结构；分析行动者的惯习。❷

本书共有一个主场域、三个次级场域，先分析三个次级场域，再分析主场域。无论主场域还是次级场域，均遵循先分析位置，勾画行动者之间的客观关系结构，再分析行动者惯习的分析路径。需要说明的是，图中所表示的三大主

---

❶ 迈克尔.格伦菲尔.布迪厄：关键概念[M].林云柯，译.重庆：重庆大学出版社，2018：86.
❷ 皮埃尔·布迪厄，华康德.实践与反思[M].李猛，李康，译.北京：中央编译出版社，2004：143.

体之间的关系并不是固定的，即在场域中的位置并不是永久不变的，而是随场域的转换而流变的。由此在不同场域中，三者所拥有和追逐的资本也是变化的，在不同场域中所形塑的惯习也是不同的，必须结合具体场域进行分析。

第三节　具体研究方法

一、扎根理论的研究方法

在社会科学质的研究中，有一个著名的建构理论方法称为扎根理论，扎根理论并不是一种实体理论，而是一种研究的路径或者说是一种"方法论"。起源于格拉斯和斯特劳斯在20世纪60年代在一所医院里的一项实地观察研究，这一方法的形成与以杜威为代表的实用主义以及芝加哥社会学派有关；美国的实用主义强调行动的重要性，注重对问题情境的处理，主张在问题解决中产生方法；芝加哥社会学派广泛使用实地观察和深度访谈的方法收集资料，强调从行动者的角度理解社会互动、社会过程和社会变化。❶

扎根理论的理论基础是社会学中的符号互动论和哲学中的实用主义，前者认为，社会、现实和自我都是由人们的行动和互动建构的，因此需要通过行动者的视角理解他们的世界；后者认为，事实和价值是相互关联的，有用的知识才是真知识，丰富多变的世界需要通过观察、实验等系统的方法从不断变换的经验事实中提炼理论。❷试图从实际情境与行动者角度去理解与解释问题正是本书的初衷，因此，采用扎根理论三级编码方法对案例研究过程获取的数据资料进行分析是合适和可取的。

目前，学术界认为扎根理论有以格拉斯为代表的经典扎根理论、以斯特劳

---

❶ 陈向明. 质的研究方法与社会科学研究[M]. 北京：教育科学出版社，2001：328.
❷ 科宾，施特劳斯. 质性研究的基础：形成扎根理论的程序与方法[M]. 重庆：重庆大学出版社，2015：3.

斯为代表的程序化扎根理论以及以卡麦兹为代表的建构型扎根理论三个流派，程序化扎根理论是目前研究中运用较多的流派，本书亦采用程序化扎根理论的编码方式。

本书主要采用三级编码的步骤对访谈资料进行分析，开放式编码过程包括贴标签、概念化、副范畴三个环节，在开放式编码结束后进行主轴性编码，最后进行选择性编码，归纳出能够统领其他范畴的核心范畴。通过编码，归纳出核心类属，进行数据分析与文献对话。

在对数据资料进行分析的过程，采用Nvivo12Plus版分析软件辅助进行编码资料与工作记录存档。Nvivo是一款功能强大的质性资料分析软件，能够对多种来源的信息进行分析，尤其在开放性编码阶段，能够为研究者提供较多的编码分类，并能够帮助研究者保存编码过程中的数据与编码思路。

二、其他研究方法

案例研究将会从多种来源的证据中获益。[1]正因为收集资料的多元渠道，在研究过程中会采用多种具体技术层面的研究方法。

（一）文献法

文献的梳理与归纳是任何科学研究不可或缺的环节。一般需要通过了解所研究问题的前人研究图景，寻找问题或突破点。本书通过对大量的相关学术文献包括政策文件等的查阅、分析与整理，感知与发现问题，这一部分主要以学校图书馆相关学术资源库国内外文献、国家关于本科课程与教学改革的政策文件，以及所选取案例学校本科教学尤其是与本科课程相关的文件政策、会议记录、新闻报道等原始资料为分析文本。

（二）内容分析法

内容分析法是对已记录归档的文本进行分析的一种研究方法，是一种分析

---

[1] 罗伯特·K.殷.案例研究方法的应用[M].周海涛，夏欢欢译.重庆：重庆大学出版社，2014：11.

文本的手段。[1]为了更好地对所选取案例高校的课程运行进行了解，在收集与本科课程教学相关的校本资料的基础上，本书采用内容分析法对收集到的案例高校相关文本文档类资料以及观察记录类资料进行分析。对从文本层面了解案例高校本科课程运行的实际状况提供框架认识，并为访谈资料结论提供互证的证据。

（三）问卷调查法

在深入案例进行研究分析之前有必要做整体了解与观照。本书在研究开展前结合另一个研究课题对本科课程运行整体情况做过一部分调查。问卷采用李克特5分量表，主要从课程决策参与情况、课程体系合理性、课程实施的状况以及课程评价合理性等方面进行调查问卷（具体内容见附录1）。请各校教务处相关老师将问卷发放给4所学校的教师，回收问卷1 219份，通过筛选得到有效问卷932份。关于课程运行总体评价具体调查结果如表2-2所示。

表2-2 关于本科课程运行状态初步调查

课程运行状态	学校本科课程决策程序是科学规范的		本专业正在实施的本科课程体系（人才培养方案）是科学合理的		学校采取的课程实施监控策略与教学评价方式是科学合理的	
问题选项	频数	比率/%	频数	比率/%	频数	比率/%
非常符合	97	10.4	95	10.2	87	9.3
比较符合	409	43.9	443	47.5	398	42.7
不是很了解	364	39.1	347	37.2	365	39.2
比较不符合	46	4.9	36	3.9	60	6.4
非常不符合	16	1.7	11	1.2	22	2.4
总计	932	100	932	100	932	100

从调查数据可以看出，依据"非常符合"和"比较符合"两个选项来判断，教师的认可度并不高，课程决策程序科学规范认可累计百分比为54.3%，本专业正在实施的课程体系科学合理性认可度累计百分比为57.7%，课程实施监控

---

[1] 周翔.传播学内容分析研究与应用[M].重庆：重庆大学出版社，2014：5.

策略与教学评价方式认可累计百分比为52%。有将近40%的教师认为自己对学校这三个运行环节状况如何并不了解。说明作为课程实施的关键主体不关心或没有很好的途径关注本科课程运行状态。正如一位帮助发访问卷的老师所言：实际认可的比率可能会更低，因为由教务处发放的问卷，很多老师答题时会有一定顾虑，其实很多老师并不会关心课程运行的问题，通常他们只关心自己的课程是否按要求完成。数据调查说明，在总体上所选择的几所地方高校在本科课程运行方面很可能存在场域不优的问题。

（四）专家咨询法

专家咨询法也叫德尔菲法，根据初步的假设框架与具体工作流程，邀请相关研究者或有经验的专家对具有可操作性的研究"观测点"与"关键事件"进行评估与筛选。本科课程运行是一个复杂的系统，但任何事物都有关键节点，在具体研究中，部分观测点可以更精准地挖掘问题与透视事物本质，需要做进一步的探讨与框定。本书在整体扫描4所高校本科课程运行样貌的基础上，通过对本科课程运行事件的梳理，根据前文文献综述，将本科课程运行分为决策、实施、评价三个主要环节，在这三个环节中分别有多种与课程相关的事件发生，将这些事件尽可能全面地罗列，并制定专家咨询表（见附录2），邀请5位包括教学运行管理者以及高等教育学学者在内的专家，采用专家咨询法，由专家进行重要性排列，对研究"观测点"与"关键事件"进行锚定。"观测点"和"关键事件"也构架了本书的核心概念"场域"所指代的具体内容，是本书现场观察以及深度访谈集中关注的事件与场景。经过两轮专家咨询，按照专家对事件重要度和可观测的全面性等评价指标，筛选出的关键事件如表2-3所示。

表2-3 本科课程运行"观测点"与"关键事件"表

运行环节	纳入分析的文本（文本类）	观测点（观察记录）	关键事件（访谈）
课程决策环节"观测点"与关键事件	①人才培养方案指导意见； ②课程体系结构构成，课程颗粒度计算	人才培养方案修订工作会议（学校、学院、教研室）	①在人才培养方案修订与课程设置中的参与情况； ②对人才培养和课程体系中的问题看法与态度

续表

运行环节	纳入分析的文本（文本类）	观测点（观察记录）	关键事件（访谈）
课程实施环节"观测点"与关键事件	课程教学管理、监控制度主要文件：听课制度，课堂教学纪律	课堂教学实况：教学场景、教师和学生的行为表现	①课程教学的状态与想法；②课程教学改进建议
课程评价环节"观测点"与关键事件	①教师课程教学质量评价；②对学生课程学习结果考核文件	无	①关于课程考核的认识与想法；②关于教师课程教学工作评价的认识与想法；③关于"学生评教"的认识与想法

同时，向专家咨询和确定《教学管理人员访谈提纲》《教师访谈提纲》《学生访谈提纲》的问题，访谈采用半结构化的方式，因此在访谈过程中能够捕捉更多信息，让被访谈者能够"畅所欲言"；整个提问过程在整体框架范围随机应变，采取较为灵活的提问方式，访谈提纲在提问时仅作为参考使用，没有精确划分到具体的小事件。这也是质性研究访谈法的特征所在。

在专家咨询过程中，有专家认为课程信息应该是高校对社会进行公开的一项内容，比如国外高校的课程设置计划与课程内容等都能很方便地在网站上下载，探究地方高校在本科课程与教学方面向大众传递什么信息，也是一个可以分析的内容。本书在数据收集过程中，采纳了这一建议。由于目前国内地方高校几乎对课程决策在决策之后没有进行评价的工作，因此，专家建议在课程评价环节只考察课程教学效果。

（五）观察法

由于要深入情境才能真实了解怎么样及为什么的问题，观察法可以为研究问题的展示与分析提供真实的场景资料。本书对经过专家咨询法筛选出来的与本科课程运行相关的决策会议现场、课程实施教学现场、课程评价的现场等具体事件进行观察与记录，部分观察资料由于无法到现场，通过有关人员提供的内部视频进行收集。

（六）访谈法

语言是思想的表达，通过语言沟通洞察主体的想法与内心意愿是一种有效路径。访谈法除了可以获得个体通过语言表达的信息，现场访谈还可以获得一些非言语信息，例如表情与无意识动作、在工作环境中行为方式都可以折射一些重要信息；在剖析主体行为背后动因与意愿的需求方面，面对面的访谈能带来更多的信息，也是田野调查的主要形式。本书主要采用现场面对面的形式进行深度访谈，结合部分书面访谈与电话访谈。现场访谈主要为根据"关键事件"的参与者进行深度访谈，例如课程决策会议的参与者，课堂教学和评价活动主体等。为了确保访谈过程更加有效，在访谈提纲确定好以后，分别选取一位教学管理人员、教师和学生进行测试访谈，测试之后删除和重组一些问题，最后得出针对教学管理人员、教师和学生的三份访谈提纲。当然这些问题仍然只是访谈的一个半结构化提纲，在访谈过程中会根据访谈情境以及所涉及的话题比较自然展开，并不拘泥于访谈的提纲框架（具体见附录3）。

第三章　资料收集与分析

本章主要根据研究设计，对4所案例高校进行资料收集，包括深入现场开展访谈调查、观察记录以及通过相关人员收集文档类资料。首先采用程序化扎根理论三级编码方法对收集到的访谈资料进行分析，并构建访谈数据的关系图，然后进行案例间数据的逐项复制，通过不断比较、修正得出访谈数据的分析结论。最后，通过内容分析法对访谈数据的分析结论进行验证与修正。

第一节　收集研究所需资料

科学研究中逻辑和观察都不可或缺，并与科学研究的理论、资料收集和资料分析紧密相关；科学理论处理的是科学的逻辑层面，资料收集处理的是观察层面，资料分析则是比较逻辑预期和实际观察并寻找可能的模式。[1]案例研究方法作为一种质性、归纳的实证研究，在收集资料方面一般可以从六种来源获取证据，主要有文件、档案记录、访谈、直接观察、参与性观察、实物证据等。遵循案例研究多种资料来源原则和质性研究范式要求，本书主要通过文件资料收集、观察以及深度访谈三种方式获取一手研究资料。采用扎根理论的编码方法对访谈所收集的资料进行三级编码分析，提炼核心类属概念；对文件资料与观察记录中作为三角互证的资料进行分析，以验证或修正访谈资料的分析结论。

鉴于资料收集的可能性以及三角互证的需要，本书收集的资料类型有三种表现形式：访谈类资料、文件文档类资料、现场观察记录资料；所收集的数据资料又可划分为课程决策、课程实施、课程评价三个方面；主要关注管理者、教师、学生三大主体。

---

[1] 艾尔.巴比.社会研究方法[M].11版.邱泽奇，译.北京：华夏出版社，2009：12.

一、核心资料——深度访谈类资料

访谈资料是本书的核心资料,为了确保访谈对象具有代表性,对访谈对象的选择也遵循了有关科学原则。

代表性原则。在针对教师进行访谈过程中按职称、教学评价情况、学科专业、是否为教研室主任等标准选择访谈对象,在选取对象过程中尽量涵盖不同类型的教师。对管理人员访谈对象选择过程中,主要按职务、与课程运行相关性、管理岗位性质等标准进行选择。邀请学生参与访谈过程,主要根据学科专业、学业成绩等标准进行选择。

可行性原则。虽然典型个案原则希望尽量使所选择的访谈对象能够代表地方高校管理人员、教师和学生等不同群体,但在实际访谈过程中,有些个案代表并不太愿意参与到访谈过程中,尤其是对自己所在学校的课程问题谈及个人想法,会有诸多顾虑与不便,在管理人员和教师访谈对象确定环节,这种情况无法避免。因此,在选择访谈对象过程中,采取可行性原则,按照样本选择的规定,首先选择自己平日比较熟悉、关系较好的访谈对象进行访谈,再通过第一批访谈对象介绍其他访谈对象,这样更容易将研究进行下去。诚然,所有参与访谈的对象均完全出于自愿,在访谈之前,笔者会清楚说明访谈的意图以及对他们隐私的保护等,由其决定是否愿意作为本书的访谈对象。

根据以上原则,最终确定52位访谈对象,管理人员共12位,每所高校各3位,编码为M-学校代码+编号,每所高校既有学校教学管理部门人员,也有学院层面教学管理人员。教师20位,编码为T-学校代码+编号,每所高校各5位,针对专业以理工类为优势的A校、S校选择理工科教师3位,公共课教师1位,人文社科类专业教师1位;针对以文科类专业为优势的G校、N校选择人文社科类专业教师3位,理工科类专业教师1位,公共课类教师1位。选择学生20位,编码为U-学校代码+编号,在以理工类为优势的两所高校选择理工科类专业大三或大四年级4位学生,人文社科大四年级学生1位;在以文科类专业为特色的两所高校选择4位大三或大四学生以及理工科类专业大四学生1位;之所以大部分选择大三、大四年级学生,主要考虑大学生到了高年级学生面临就业、今后发展等问题，对大学学习的体悟可能会更全面。为了提高研究的信效度，从52位访谈者中选择了12位访谈对象的访谈资料作为理论饱和度检测的数据（4所高校分别选择管理人员1名、教师1名、学生1名）。访谈对象具体情况见表3-1和表3-2。

表3-1 访谈对象基本情况一览表（管理人员与教师）

学校代码	访谈对象代码	性别	工（教）龄	职称或职级	学历	专业所属大科类	岗位职责
A校	M-A1	男	36	正处级（教授）	博士	理工科类	管理岗（兼专技岗）
	M-A2	女	21	副处级	硕士	理工科类	管理岗
	M-A3	女	29	副处级	硕士	人文社科类	管理岗
	T-A1	女	36	教授	本科	理工科类	专职教师
	T-A2	男	17	副教授	博士	人文社科类	专职教师
	T-A3	男	25	教授	博士	理工科类	专职教师
	T-A4	女	17	讲师	硕士	理工科类	专职教师
	T-A5	女	19	副教授	博士	人文社科类	专职教师
G校	M-G1	男	22	副处级	硕士	理工科类	管理岗
	M-G2	男	17	副处级	博士	人文社科类	管理岗
	M-G3	女	17	副处级（副教授）	硕士	理工科类	管理岗（兼专技岗）
	T-G1	男	20	教授	博士	人文社科类	专职教师
	T-G2	女	15	副教授	博士	人文社科类	专职教师
	T-G3	女	14	讲师	硕士	人文社科类	专职教师
	T-G4	男	10	副教授	博士	人文社科类	专职教师
	T-G5	女	17	副教授	硕士	理工科类	专职教师
N校	M-N1	男	29	副厅级（教授）	博士	人文社科类	管理岗（兼专技岗）
	M-N2	男	25	副处级	硕士	理工科类	管理岗（兼专技岗）
	M-N3	男	19	正处级	博士	管理学	管理岗
	T-N1	女	30	教授	本科	理工科类	专职教师
	T-N2	男	19	副教授	博士	人文社科类	专职教师

续表

学校代码	访谈对象代码	性别	工（教）龄	职称或职级	学历	专业所属大科类	岗位职责
N校	T-N3	男	13	讲师	硕士	人文社科类	专职教师
	T-N4	女	17	副教授	博士	人文社科类	专职教师
	T-N5	男	15	讲师	博士	人文社科类	专职教师
S校	M-S1	男	29	正处级（教授）	博士	理工科类	管理岗（兼专技岗）
	M-S2	男	19	副处级	博士	理工科类	管理岗
	M-S3	男	19	副处级（副教授）	博士	理工科类	管理岗（兼专技岗）
	T-S1	女	22	教授	硕士	理工科类	专职教师
	T-S2	男	15	教授	博士	理工科类	专职教师
	T-S3	男	18	副教授	硕士	人文社科类	专职教师
	T-S4	女	20	教授	博士	理工科类	专职教师
	T-S5	男	11	讲师	硕士	理工科类	专职教师

表3-2　访谈对象基本情况一览表（学生）

学校代码	访谈对象代码	性别	学科	年级
A校	U-A1	女	农学	大四
	U-A2	男	管理学	大四
	U-A3	男	工学	大三
	U-A4	男	工学	大四
	U-A5	女	农学	大四
G校	U-G1	女	文学	大四
	U-G2	女	教育学	大四
	U-G3	男	管理学	大四
	U-G4	女	法学	大三
	U-G5	男	理学	大四

续表

学校代码	访谈对象代码	性别	学科	年级
N 校	U-N1	男	文学	大四
	U-N2	女	管理学	大四
	U-N3	男	教育学	大三
	U-N4	女	经济学	大四
	U-N5	男	理学	大四
S 校	U-S1	男	工学	大四
	U-S2	女	工学	大四
	U-S3	男	理学	大四
	U-S4	女	理学	大三
	U-S5	男	管理学	大四

注：学校编码用到字母 S，学生编码避开英文首字母"S"，选择了"U"作为代码。

二、配合访谈进行研究的资料——文档类资料

在研究过程中，为了进一步验证依据案例高校访谈数据推导出的构念模型与关系结构，本书对4所高校学校主页关于本科课程与教学新闻报道资料、课程与教学相关文件制度以及案例校本科课程运行的现场观察资料进行收集与整理。

（一）学校官网相关新闻报道类文档

国外高校一般会将本校的本科人才培养计划、课程设置安排以及主要教学内容，包括修读要求等放在主页链接栏目中，公众可以非常方便地获取这些课程信息，但国内高校一般将人才培养方案尤其是具体课程信息作为学校内部资料，一般不予以公开。新闻报道与主页展示的相关文档，体现了学校对课程与教学的关注点，是高校组织认为比较重视的且具有标签作用的一种形象展示与信息传达。根据专家建议，为审视案例高校对本科课程的关注点，本书收集了4所案例校2020—2021学年官网主页关于本科课程与教学的报道与介绍（具体见附录8），通过对这类反映学校向大众传递何种课程信息的公开文档的分析，"窥见"学校课程运行理念与策略。

（二）本科课程与教学相关文件制度

本书主要通过整理4所地方高校的课程与教学管理制度，分为课程决策、课程实施、课程评价三个模块进行归类，由于4所高校并未将所有关于本科课程与教学的相关制度文件在教务处官方网站上列入，笔者获得的是各校相关人员提供的纸质或电子汇总册，页数为300~600页不等，通过一一与各校相关人员核对，确认所选择的管理制度均为仍在执行生效中的文件，再从中认真筛选出与课程教学相关的文件，A校26份，G校31份，N校36份，S校36份（具体见附录5）。本科课程运行是一个具有整体性的系统安排过程，管理文件并不是绝然针对某一个环节的。但为了更好地对应分析的问题，本书仍然将所收集到的相关制度文本进行了分类整理。文件分类主要通过标题与内容，以及咨询相关学校的有关管理人员，界定文件划归于决策、实施、评价其中的某一个模块。同时，由于文件繁多，且重复内容频现，通过专家咨询法，针对各环节抽取了几份具有代表性的文件进行分析。

三、确定观测点之后收集的资料——观察记录类资料

根据专家咨询法确定的"观测点"和"关键事件"进行观察记录。所收集的资料多为现场观察收集，部分主要通过相应学校网站上的信息和图片，或者通过许可途径获得的现场资料和现场记录信息，也有小部分是内部课堂视频资料，除官网资料外的其他资料在转换成可分析的文档类资料后，均进行了删除处理，以确保信息的机密性（表3-3）。

表3-3 观察记录收集的具体资料情况

运行环节	事件	观测点	份数
课程决策	学校人才培养方案研讨会	会场落座的位置；谁是主发言人；参会人员的发言次数与发言时长；结论怎样；由谁公布结论等	12份（A校、G校、N校、S校各3份）
课程实施	课堂现场观察记录	教师讲课的状态，学生的抬头率，师生互动的次数等	16份（A校、G校、N校、S校各4份）

四、原始资料分析过程说明

本书对访谈收集的原始资料，采用扎根理论的三级编码方法，分为课程决策、课程实施、课程评价三个次级场域进行构念关系模型的探索。然后再对文档类以及观察记录类资料进行分析，与访谈资料所得出的构念关系形成互证或修正结论。

本书涉及4个案例，遵循案例研究"先案例内后跨案例分析"的原则，依照这种分析路径，有助于更好地分析案例间的异同，发现不同地方高校本科课程运行更具体的图景。

案例内分析是将每个案例作为独立分析单元，逐一对案例进行分析。本书首先对A大学进行分析，再对其他3所大学进行分析，在案例内首先建立起初步的数据关系模型。数据分析主要是深入阅读原始资料，利用Nvivo质性分析工具辅助数据管理与分析，并做好内容整理与备忘录，分析的主要技术是扎根理论的三级编码方法。

在完成4个单案例分析之后，再进行跨案例分析，由于本书所选取案例的类别属性一致性较强，不具有显著的差异性，本书主要采用案例研究的"逐项复制"技术，而没有采用"差别复制"技术。通过"逐项复制"探索案例之间的共同关系模式，依据共同关系模式归纳出结论。

由于在研究过程中发现文件制度类内容繁杂，重复内容多，编码规则与访谈资料编码规则存在差异，另外在调研过程中发现，文件制度内容与现实运行情况存在较大差异。因此本书采用文本分析手段分析文档类与观察记录类的资料，没有将其打散或与访谈资料同时编码。

第二节 | 原始访谈资料分析加工

一、运用扎根理论进行案例内分析（A校）

本书首先选取A大学进行分析，将管理人员、教师和学生的访谈资料依据扎根理论进行三级编码。按照同样的方法，再依次对其他三所高校进行编码分析（图3-1）。

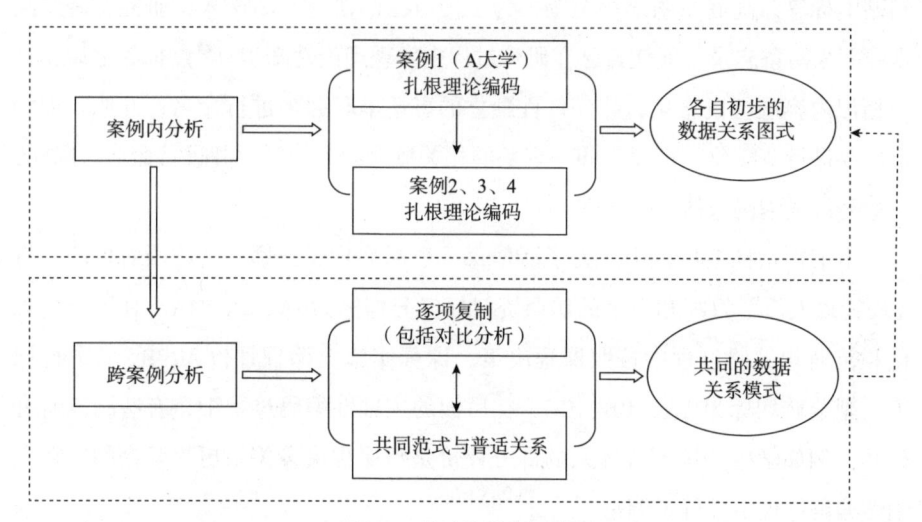

图3-1 访谈资料分析过程

对资料进行逐级编码是扎根理论中重要的一环，其中包括三个级别的编码：首先进行开放式登录（开放式编码），在开放式编码过程中主要通过"贴标签—概念化—副范畴"三个步骤对原始资料进行分析与提炼；然后进行关联式登录即主轴式编码，主要整理副范畴之间的关系，提炼概括性更高的主范畴；最后进行核心式登录，又称选择性编码，即选择能够概括其他范畴的核心类属。

本书在具体编码过程中，为了避免个人编码的主观性、随意性以及局限性，邀请了一位在相关研究工作中使用过扎根理论的研究者，帮助笔者对这些资料进行"背靠背"编码；编码结束后对编码结果进行比较，分别对三级编码中出现的分歧进行充分探讨，确定最后的代码。

（一）开放性编码

在开放式编码过程中，研究者要求以一种开放的心态，尽量"悬置"个人的"倾向"和研究界的"定见"，将所有资料按其本身所呈现的状态进行编码。是一个将资料打散、赋予概念，然后再以新的方式重新组合起来的操作化过程。开放式编码开始时编码的范围比较广，需要对内容进行逐字逐句地编码，给语句贴上标签，随后不断缩小范围，为了使自己的研究不断深入，研究者需要经常停下来写备忘录，促使自己在研究过程中发现理论性知识。❶贴标签之后就是将相似内容进行概念化，将一件件独立的事情串联起来进行命名；开放式编码最后要进行范畴化，把属于同一现象的相关概念归为一类，并进行命名。因此，一般开放式编码包括三个步骤。

本书在贴标签过程中，为了清楚每一个标签是属于哪一类访谈对象的，将A校管理人员、教师和学生的访谈资料标签分别标为gA、tA、sA。在进行概念化和范畴化编码过程中按照课程决策、课程实施、课程评价A、B、C进行标识，副范畴均标为AA、BB、CC，在后面的主轴性编码过程中，有些副范畴有归并，例如学生关于课程体系的部分评价是与课程决策关系更为紧密的，在主轴性编码过程中进行了调整。

1. 贴标签

这一步主要将原始资料中与课程决策、课程实施、课程评价紧密相关的内容进行标签化。访谈资料大部分以词句为单位进行标签化。

以对A大学某公共课教研室主任（编号T-A1老师）关于课程决策的一段访谈资料为例，在这段访谈资料中，共标记出18个标签，具体情况如下：

---

❶ 陈向明. 质的研究方法与社会科学研究[M]. 北京：教育科学出版社，2000：332-333.

在《教育部关于职业院校专业人才培养方案制订与实施工作的指导意见》（以下简称《人才培养方案》）出台之前（tA1《人才培养方案》出台之前），我很少收到他们说你提提建议之类的通知（tA2很少有提意见的通知）。如果个别学院领导很重视教学，我们之间又比较熟悉，就会咨询我有没有建议（tA3熟悉的学院领导会打电话咨询下我）。一般没有正式的途径要求一定要征求我们的意见（tA4没有正式的途径征求意见）。按照学校规定去做的情况比较多（tA5按规定去做）。我作为教研室主任，出于对学生负责的态度有时也会努力推动一些工作（tA6为了对学生负责，努力推动一些工作）。上一次《人才培养方案》修订工作开展时，我发现学校经济学类专业的同学在考研数学上遭遇困难较多（tA7经济类学生考研数学困难较多），我和他们院长相熟就直接去找他沟通，（tA8和经济学专业学院院长熟，找院长），我对他说经济学类专业的学生数学考研难度较高，能否在你们学院尝试数学分层教学（tA9要求在经济学专业搞分层教学）。院长在认真考虑之后，欣然接受了我的提议（tA10院长接受意见），进行了分层教学，针对那些有考研需求且数学基础较好的同学开设难度较高的课程。后面同学反映这项举措确实对他们考研有帮助（tA11数学分层教学对学生考研有帮助），这让我感到很欣慰，这项决策帮助到他们了（tA12个人决策帮助到学生很欣慰），但我也没办法让它成为一种长期措施，一个教研室主任能做的太少（tA13教研室主任能做的太少）。另外，《人才培养方案》研讨会有时也会请我们列席会议，会议上争论的焦虑是课时量（tA14课时量是争论的焦点），学院领导都希望本学院的课程能够占比较高，一是老师们都有工作量要求，二是凸显本院的重要性（tA15学院领导争论的目的是满足老师工作量或者凸显学院的作用）。分管副校长和教务处处长会记录他们的要求，最后综合考虑（tA16分管副校长和处长考虑课时量平衡）。《人才培养方案》每一版变动都不太大（tA17修订变动不大），教育部要求的课程要确保（tA18上级要求的课程一定会确保的）。课程是否重要和领导是否重视关系很大，领导重视的课程就比较重要（tA19课程和领导的重视度关系很大）。

  笔者采用的是先手动逐句以括号形式贴标签，然后在NVivo中将括号中内容逐一编码为初级节点的方式。

在贴标签过程中，笔者不断思考，每贴完一份访谈资料，便根据资料与自己的思考在NVivo撰写备忘录，便于后文的概念化与范畴化。例如针对T-A1老师的访谈资料，第一次撰写的备忘录内容有：

关于T-A1老师访谈资料的备忘录：

T-A1老师是一位年近退休的公共高等数学课教师，刚评上教授职称，在采访过程中她很感谢近些年国家和学校对教学的重视，以她并不突出的科研业绩，她一直以为自己会以副教授职称退休。她担任教研室主任近20年，目前已经辞去职务。整个交谈过程她很真诚，由于她和笔者是同一个党派的成员，又拉近几分距离。整个访谈过程很轻松，我们像老朋友一样聊天，寒暄过程中也看得出她很喜欢教学。我们聊了90多分钟，我获得了很多信息。她真心希望高等数学等课程能帮助到学生。在关于课程决策的表述中，标签tA1~tA5是她对工作经历中参与课程决策的客观表述，tA6~tA13是她对自己工作过程中作为教研室主任努力推动决策的描述，tA14~tA18是她参与研讨会时观察到的现象。tA1~tA5表明A大学《人才培养方案》实行自上而下的管理模式，基层教学组织更多是执行，当然也不完全是这种情况，有些院长还是会私下咨询，也就是受人际关系影响做课程决策的人会不同。tA6~tA13表明由下而上去推动决策也是有可能的，但这种可能性依靠的是个体教师与决策者能否沟通，这种推动的影响"因人而异"，影响因素包括推动者本身是否具有师者的责任感，以及推动者与沟通对象的人际关系。但这种推动不具有持久性，不如自上而下的规制化有力量。tA14~tA18展示的学院争夺课时量现象，本质是对学生时间的争夺，在最后的决策过程中，具有话语权的是学校课程管理的领导者，领导者使用话语权的策略是平衡，用来维持平衡的工具较多是上级具有合法性的政策工具。

2. 概念化

贴标签时基本采用访谈者的原始词句作为标签，数量庞杂，所收集的A大学资料，共贴出标签1000多条。为了从中析出本质性内容，依据扎根理论，进行更高一级的节点编码，归类具有相似含义的标签。例如，标签tA3"熟悉的院长会征求意见"、tA8"和院长比较熟"这两个标签反映了决策度与教师个人人际关系（社会资本）有关，将其概念化为"人际关系影响决策参与的可能度"，后续的编码中也出现了一些类似的表述，在此一并归类。在针对课程具体实施的访谈中出现了"老师不提问""课堂沉默""不好意思回答"等反应课堂互动情况的标签。对于"老师不提问"之类的标签可以将其概念化为"无互动的教授"，"课堂沉默"等概念化为"单向的课堂学习"，将"不好意思回答""不敢回答"之类的标签概念化为"怕出错的回应"或"不敢表达的隐性回应"等。同时在后面的标签分析中，不断比较标签之间的逻辑关系，将相似的标签归为同一概念。

概念化可以将杂乱无序的标签进行初步的升华，如果要提炼出概念所反映的问题或现象，必须进行进一步归纳。将概念升级，归纳出副范畴。

3. 范畴化

在概念化的基础上，将属于同一现象的概念归类，并对归类的类别进行命名并范畴化。比如，在对课程评价的相关标签概念化以后，发现其中的"打高分是共识""评价老师没有差异""老师都有付出"这两个概念反映学生评价教师课程教学时"在评教行为上的认可"，因此将其范畴化为"宽容的评教行为"；"被老师知道对自己不利""对老师对自己都好"两个概念都解释了学生无差别打高分的原因，将其范畴化为"利益考量的评教动机"；"私下关系好""不刁难我们""接触多"这几个概念表达的是有些老师虽然课可能上得不好，但和我们私底下关系较好，此外还有班主任等老师与学生日常接触多以及有些老师平日里很好说话，不刁难学生等情况，将其范畴化为"师生人际关系对评教的影响"。

由于两位编码人员的代码差异，在后面的互相比较与协商过程中，对这些编码和范畴均进行了调整。同时三大主体的访谈资料在正式范畴化过程中对这些概念和范畴也做了一些修订，例如用更为简洁的词句概括了副范畴的名称。

关于开放性编码的过程，仅以上述T-A1老师关于课程决策访谈资料开放性编码作为示例（表3-4）。

表3-4 A校访谈数据开放性编码示例

原始数据	贴标签	概念化	范畴化
在《人才培养方案》修订指导意见出台之前	tA1《人才培养方案》指导意见出台之前	A1 指导意见出台之前	被动决策
我很少收到提建议之类的通知	tA2 很少有提意见的通知	A2 教研室意见不被重视	
一般没有正式的途径要求一定要征求我们的意见	tA4 没有正式的途径征求意见		
按照学校规定去做的情况比较多	tA5 按规定去做	A3 教研室主任按章行事	
如果个别学院领导很重视教学，我们之间又比较熟悉，就会咨询我有没有建议	tA3 个别熟悉的学院领导会打电话咨询下我	A4 人际关系影响决策参与的可能度	人际决策
我和他们院长相熟就直接去找他沟通	tA8 和经济学专业学院院长熟，找院长		
院长在认真考虑之后，欣然接受我的提议	tA10 院长接受意见		
我作为教研室主任，出于对学生负责的态度有时也会努力推动一些工作	tA6 为了对学生负责，努力推动一些工作	A5 教师推动决策的动力	
上一次《人才培养方案》修订工作开展时，我发现学校经济学类专业的同学在考研数学上遭遇困难较多	tA7 经济类学生考研数学困难较多		
我对他说经济学类专业的学生数学考研难度较高，能否在你们学院尝试数学分层教学	tA9 要求在经济学专业搞分层教学	A6 教师决策内容	
进行了分层教学，针对那些有考研需求且数学基础较好的同学开设难度较高的课程，后面同学反映这项举措确实对他们考研有帮助	tA11 数学分层教学对学生有帮助	A7 教师推动决策积极作用	
这让我感到很欣慰，这项决策帮助到他们了	tA12 个人决策帮助到学生很欣慰	A8 教师有成就感	
但我也没办法让它成为一种长期措施，一个教研室主任能做的太少	tA13 教研室主任能做的太少	A9 教师决策的局限性	
会议上争论的焦点是课时量	tA14 课时量是人才培养方案争论的焦点	A10 学院争夺课时量	争夺课时
学院领导都希望本学院的课程能够占比高一些，一是老师们都有工作量要求，二是凸显本院的重要性	tA15 学院领导争论的目的是满足老师工作量或者突显学院的作用		
校领导或处长他们不是这个学科的，不理解它的重要性	tA147 领导理解自己的学科	A11 领导关注的课程受重视	身份决策
课程是否重要和领导是否重视关系很大，领导重视的课程就比较重要	tA19 课程和领导的重视度关系很大		
院长在认真考虑之后，欣然接受我的提议	tA26 院长接受意见	A12 院长的决策作用	
……	……	……	……

注：表中的概念和范畴，在对管理人员以及学生的访谈资料全部打散编码后标注的序号基础上有改动。

通过将学校管理者、教师和学生的访谈资料全面打散，按照上面的编码程序，在开放性编码阶段，与两位编码者协商后，共手动提取163个概念，并将这些概念进行范畴化，得到46个副范畴。由于篇幅较长，开放性编码形成的概念和副范畴具体见附录6。

（二）主轴性编码

主要根据副范畴之间的逻辑关系，进行类聚分析，进一步提炼副范畴所能表达的事物之间的本质联系与规律。一般情况下，副范畴之间可能存在并列关系，因果关系或者时序关系等。本书中，通过对访谈资料的编码以及对访谈原始资料的反复阅读，在副范畴之间确定的关系主要有两类：并列关系，因果关系。

一是并列关系，指的是副范畴之间反映或再现了同一现象、问题或规律等。例如，主范畴"形式决策"包括"平衡决策""维持现状""方便决策"三个副范畴，反映的都是决策过程中管理者的工作方式。因此，副范畴之间是并列关系。

二是因果关系，指的是副范畴之间存在前因后果的关系。例如，主范畴"制度内卷"包含"制度虚设""制度'游戏化'""制度过'刚'"三个副范畴，反映管理者在对课程实施环节进行监控过程中，频繁使用制度工具，但对制度工具的使用出现流于表面、不科学、管理者和教师均不尊重制度等问题。因此，整个制度工具在课程实施场域产生的实效较为低下。制度不断出台，威信力却逐渐减弱，最终形成"制度内卷"的局面。因此，两个范畴之间为因果关系。

本书在开放性编码过程中按照课程决策、课程实施、课程评价三个部分进行分类编码。剔除无关信息与概念，经过主轴性编码后，共获得22个主范畴，课程决策环节7个主范畴（1~7）；课程实施环节8个主范畴（8~15）；课程评价环节7个主范畴（16~22），如表3-5所示。

表3-5 A校访谈数据主轴性编码涌现的主范畴

编号	主范畴	包含的副范畴	关系说明
1	科层机制	自上而下、文件加持、被动决策	主范畴"科层决策"指自上而下的课程决策机制，具有"发号施令"的特征，文件或制度就是规制行为的普遍工具，高校管理层级制下，学院和教研室、教师按规定执行课程修订方案。因此，副范畴之间为因果关系
2	学生"被出场"	反馈不畅、非正式信息	主范畴"学生'被出场'"指课程决策缺乏一种有效的课程阐释机制，学生的反馈被阻断，缺乏正式渠道传导课程决策的信息给学生。因此，副范畴之间为并列关系
3	形式决策	平衡决策、维持现状、方便决策	主范畴"形式决策"指管理者在各种诉求间求平衡，维持课程运行的形式化合理，避免过多麻烦的"方便"工作法则。因此，副范畴之间为并列关系
4	漠视决策	漠视决策	主范畴"漠视决策"指教师作为决策的"被命令者"，意见不被重视，索性"置身事外"
5	"瓜分"时间	争夺课时、时间效率低下	主范畴"'瓜分'时间"指在课程决策场域中学生时间成为争夺的关键，导致课程多，但学生课程收获小的局面。因此，两个副范畴之间为因果关系
6	身份作用	身份决策、人际决策	主范畴"身份作用"指课程决策中管理者的身份职务对决策具有重大影响，少部分教师也会利用自身的人际关系寻求通过有身份职务的管理者实现"决策理念"。因此，副范畴之间为因果关系
7	问题"悬置"	课程非科学、矛盾的规定、学习需求未关注	主范畴"问题'悬置'"是指一轮课程决策之后，教师和学生包括管理者都认为希冀通过修订人才培养方案解决的问题并没有解决，不是新的方案带来新的问题，而是老的问题"悬置"。因此，副范畴之间为并列关系
8	制度"内卷"	制度虚设、制度"游戏化"、制度过"刚"	主范畴"制度'内卷'"指针对课程日常运行不断出台制度，企图以制度工具促进课程教学，但制度条款过细且制度不落地，管理者和教师均违背制度，导致制度内卷失效。因此，副范畴之间为因果关系
9	良好课程	有效受欢迎的课程特征、良好的课堂互动	主范畴"良好课堂状态"指受到学生欢迎的课程、课堂拥有良好的互动状态。因此，副范畴之间为并列关系
10	课程"困境"	"满堂灌"、沉默课堂、实践课程"水"、教师敷衍课堂	主范畴"课程'困境'"指课程日常教学存在客观条件不足与教师主观能动性不足等问题，现实课堂沉默、教师敷衍课堂等现象。因此，副范畴之间为并列关系
11	教学相长欠缺	教学相长欠缺	主范畴"教学相长欠缺"指在课程日常教学过程，针对教学内容的探讨少，学生不会提问，老师回避超出自己知识与能力范围的问题
12	自主学习不足	课外学习"悬浮"、合作学习能力不足	主范畴"自主学习不足"指学生课外的时间管理、学习习惯、合作学习状况不佳。因此，副范畴之间为并列关系

续表

编号	主范畴	包含的副范畴	关系说明
13	责任感不确定	个体教学良知、教学压力	主范畴"责任感不确定"指教师源于"良知"与"情怀"的个体责任感以及对课程效果的担忧与教学压力体验。因此,副范畴之间为因果关系
14	自我效能感低	教师自我效能感低	主范畴"自我效能感低"指教师课程教学的自我感知与评价,主要感知到"无力"改变现实和实践能力差等
15	"游离在场"的参与	应对不满意课程的行为策略、应对不满课程的心理策略、自寻有效的学习途径	主范畴"'游离在场'的参与"指学生应对不满意课程采取的身体不在场与"身体在场"的逃离策略,以及默认顺应的心理策略,因此为了应对不满意的课程学习采取转移学习场所(比如其他学习平台)、转移学习领域(换专业)、考研、自学等方式提升学习成效。因此,副范畴之间为因果关系
16	评价支持缺失	相关职能机构功能缺失、管理者意图为依据、论证评价缺失	主范畴"评价支持缺失"是指领导的想法就是依据成为一种"约定俗成",从课程决策开始就自带科学不足的特征,相关职能部门应该承担的决策支持功能"悬置",学校关于课程决策、实施包括结果的评价缺乏科学的论证与信息反馈机制,惯例成为依据。因此,副范畴之间为并列关系
17	评教的有限作用	评教的有限作用	主范畴"评教的有限作用"指各种关于课程教学的评价存在能对教师教学起到督导与区分作用,理论上有存在的必要性,但现实中作用是比较有限的
18	失真的评教	督导只"督"不导、教师"表演式"应对、同行评价虚设、学生评教不客观	主范畴"失真的评教"指评教中各方回避问题、心知肚明而不言说,以及教学评优中教师的"表演"被严肃认可等问题。因此,副范畴之间为并列关系
19	简单量化评价	评价手段单一量化、评价结果作用"小"	主范畴"简单量化评价"指评教的手段简单量化,评价结果无利用标准与解决机制。因此,副范畴之间为并列关系
20	"利益考量"的评价	人际作用的评价、"师生共谋"的评价	主范畴"'利益考量'的评价"指在评价过程中不损害人际,互不为难,规避客观评价可能带来的风险。因此,副范畴之间为并列关系
21	"非科学"的课程考核	区分度弱的课程考核、"浅层"能力考核	主范畴"'非科学'的课程考核"指对学生课程考核"水"分多,容易通过,考核的多为识记层面的浅层能力。因此,副范畴之间为并列关系
22	制度"掣肘"制度	制度"掣肘"制度	主范畴"制度'掣肘'制度"指评价制度本身不一致,以及维持已经失效的制度不做改进与调整,制约了其他制度的有效性

(三)选择性编码

选择性编码是在主轴性编码的基础上提取核心范畴(也称核心类属),核心范畴能够将大部分研究结果囊括在一个比较宽泛的理论范围之内。通过对概念和范畴的不断比较,寻找他们之间的逻辑关系。

根据前文对课程决策、课程实施、课程评价的划分，在对A校进行选择性编码过程中构建了3个数据结构图和3个典范模型。为了更清晰地阐述选择性编码的关系结构模型，本书在构建数据结构图之前，分别对各环节的主范畴做内涵阐述。

1. 课程决策场域的选择性编码

主范畴"科层机制"指课程决策环节自上而下以文件形式发起人才培养方案修订，在层级机制下，学院和基层教学组织、教师被动进行课程决策的工作模式。

主范畴"学生'被出场'"指课程决策之后，学校并没有正式规范的途径让学生了解自己所学课程的整体体系与教育意图，修读过程包括毕业时对课程提出的意见与建议无法得到真正关注。

主范畴"形式决策"包括"平衡决策""维持现状""方便决策"3个副范畴，是指管理者在课程决策过程中尽力做到各种要求的平衡，并没有成熟的课程革新与设计理念，只求维持现状，不出岔子和大问题就好。对于触及学校现有的体系与教学稳定的问题则不敢或不愿尝试解决，以付出成本最小、最方便的方式进行调整是最佳选择。

主范畴"漠视决策"是指教师包括教研室主任等在课程决策中处于被动地位，他们在声音难以被倾听与关注、只需按章行事的情况下，对课程决策采取"事不关己"的冷漠态度。

主范畴"'瓜分'时间"是指课程决策过程中积极而又具有争议的关注点就是对课时的"争夺"。在有基本教学工作量要求的情况下，学院之间、教研室之间、教师之间最关心的问题是我的课时是否减少了？同时上级部门以文件形式框定的课程一般不存在商量余地。争夺的结果就是开设的课程越来越多，学生的时间被课程填满，但"学得浅""没学到东西"，课程学习效率低。

主范畴"身份作用"是指管理者的特殊身份在课程决策中的话语权和决定作用，例如分管教学副校长、教务处处长、学院院长等。因为承认身份作用，有些教师如果想要实现自己课程决策的想法，会利用与具有课程决策权的管理者的人际关系去实现一些决策想法。

主范畴"问题'悬置'"是指一轮课程决策之后，教师和学生包括管理者都认为希冀通过修订人才培养方案解决的问题并没有解决，不是新的方案带来新的问题，而是老的问题"悬置"。

通过对课程决策环节主范畴的不断比较、修正，发现这一环节的核心范畴可以用"'行政主导'的分离决策"来概括（表3-6）。

核心范畴"行政主导的分离决策"共包括7个主范畴，其形成机制及作用路径如图3-2所示。

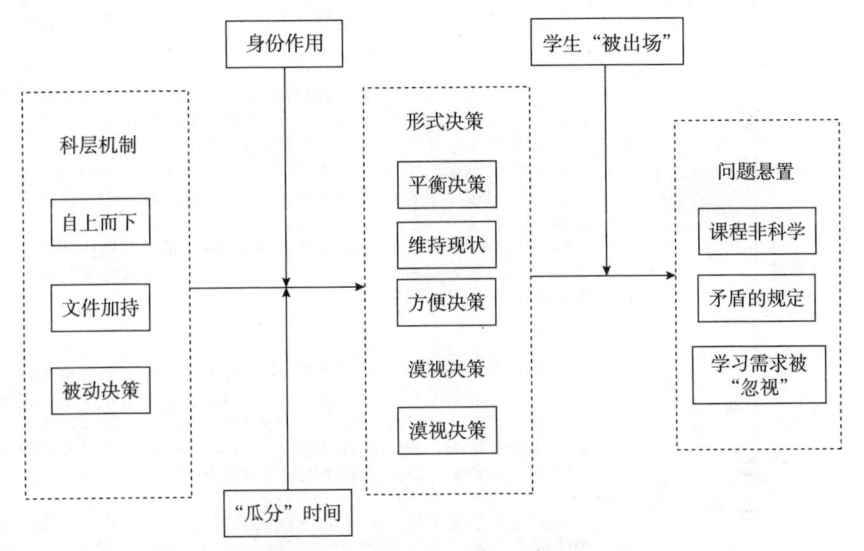

图3-2 核心范畴"'行政主导'的分离决策"访谈数据结构图

表3-6 核心范畴"'行政主导'的分离决策"典型关系结构

核心范畴	典型关系结构	典型语句援引（对个别原话作了整理）
行政主导的分离决策	科层机制→形式决策	到底怎样的课程体系才合适，我们也不是很了解，那现在的也不一定就差，只要上级要求的、专业标准里要求开设的都有，也不会出什么大问题，尽量不要做太大的改变，太复杂的变化也不一定能带来更好的教学效果（M-A2） 劳动教育课程之所以能开设，是因为国家强调要开展劳动教育，我们另外一门课程向学校提出开设就没有被同意。自上而下容易，自下而上则要有文件加持，教务处也认为有上级文件就有依据，决策起来就简单（T-A5） 每个学院都觉得自己要开设课程，自己的课很重要，领导和管理部门则平衡诉求，尽量确保课程安排平稳（T-A2）

续表

核心范畴	典型关系结构	典型语句援引（对个别原话作了整理）
行政主导的分离决策	科层机制→漠视决策	学校怎么规定就怎么做，每次方案修订都差不多，卸任教研室主任后，发在群里的方案，我也很少查看（T-A4）
	身份作用的强化作用	如果有重要领导认为该课程很重要，课程就会比较容易开设（T-A1） 当时想实施"分层教学"，正好我和经济管理学院的院长相熟，最后也成功实施了（T-A1） 课程改革方面的东西如果真的要做点东西并被看到，得到领导的认可和支持很重要，但领导也不可能对每个学科、每个专业都非常了解，而且最终拍板这些课程方案的是校长办公会而不是学术委员会或教授委员会，这就强化了一种由身份决策的科层机制（T-A2）
	"瓜分"时间的调节作用	每次开《人才培养方案》修订商讨会，其他方面大家提建议也比较少，按照方案去做。大家争论得比较多的就是课时问题，有些公共课学院老师多，需要满足工作量要求（M-A3） 传统学科学院，专业课也需要多开设，加强学生的专业学习。专业学院内也不是每位教师的科研业绩都那么好，也希望多上一些课（T-A3） 对时间的"瓜分"在一定程度让大家都能够参与到决策中，最起码学院、教研室和教师可能会关注到课程决策改变了什么，在参与度上有一定的调节作用（M-A2）
	形式决策、漠视决策→问题"悬置"	我的感觉是每次人才培养方案调整，课程体系修订基本都是形式上的改变，很少有大的理念革新，有时有一些改变也是上级政策变化或者形势所驱，其他差不多层次的学校都已经改变，不改会跟不上节奏。这样就导致很多课程的问题没法真正通过修订方案和体系来解决。例如课程体系列了许多专业选修课，其实根本没有开这么多课，还是固定的几门专业选修课（T-A3）
	学生"被出场"的强化作用	我们是工学类专业，希望自己能够到真实的企业看看，实践课程能够扎实些，这些想法我们刚开始也会向学院和老师反映，但一般反映后也没用，就干脆不说了。大一的时候也比较懵懂，不知道自己的专业到底是要培养什么样的人，就是按照课表上课（U-A5） 都说现在的学生很有个性，可我有时觉得他们很"乖"，他们不会关心我来到这所学校四年，学校有没有负责任地对我产生一些重要的、有效的能力和认知方面的影响。即使是那些学霸型的孩子，都不会提这些。既然学生不较真，学校的安排就不用管它合理与否，能敷衍就敷衍。我觉得很多老师，尤其是公选课教师，应该都是这样的想法，所谓"以学生为中心"只不过是说辞（T-A3）

2. 课程实施环节的选择性编码

主范畴"制度'内卷'"是指针对日常课程实施不断出台制度，试图通过制度来规范和监控日常课程实施过程，制度是管理者管控课程的重要工具，但制定者和被监控对象均可能违背制度，致使制度无法落地，同时也存在部分制度管控过细反而失效的问题等。

主范畴"良好课程"是少部分受到学生欢迎，任课教师知识面广、不照本宣科、教学方式方法灵活的且具有良好互动状态的课程，是课程实施中一种较好的状态。

主范畴"课程'困境'"是指日常课程教学中由于客观条件和主观因素导致的较普遍存在的不良课程状态，教师"满堂灌"、敷衍课堂，学生沉默等。

主范畴"教学相长欠缺"是指学生不会提问，老师回避超出自己知识与能力范围的问题，不能助益教与学。

主范畴"自主学习不足"是指培养方案课程安排多，课外学习时间少的问题，同时也和个体的时间管理策略不合理、不会合作等学习习惯相关。

主范畴"责任感不确定"是指课程实施过程中，教师的文化资本包括责任感等个体素养作用的发挥显著依赖"教师个体自觉"的特性。

主范畴"自我效能感低"是指教师在课程实施过程中存在由于主客观原因对自身教学成效与教学水平评估不高的特性。

主范畴"'游离在场'的参与"是指学生在课程实施过程中表现出既"接受"又"抗拒"不能满足自己发展需要的课程模式，虽然他们认为不合理，但还是表现出"接受"；同时在实际行动中又采取"逃课"等身体不在场或者"身在心不在"的"在场"隐性逃离，内心不信服老师、觉得课程无用的应对策略；还有为了实现个体时间的效益，寻求更有用的学习途径，通过转移学习平台或转移学习领域，例如使用慕课平台或者转换专业以及通过考研等方式进行学习。

通过对课程实施环节主范畴的分析、修正与归纳。归纳出"'游离在场'非确定性参与"核心范畴，如图3-3所示，以及核心范畴"'游离在场'非确定性参与"的典型关系结构（表3-7）。

```
                          制度"内卷"
  ┌─────────────────┐           ┌─────────────────┐      ┌─────────────────┐
  │   教学相长欠缺    │           │   课程"困境"    │      │   自我效能感低   │
  │  学生不会"问"   │           │   "满堂灌"      │      │  教师自我效能感  │
  │  教师回避问题    │──────────▶│   沉默课堂      │─────▶│ "游离在场"的参与│
  │  自主学习不足    │           │   实践课程"水"  │      │  应对课堂的行为策略│
  │  课外学习"悬浮" │           │   教师敷衍课堂  │      │  应对课堂的心理策略│
  │  合作学习能力差  │           └─────────────────┘      │  自寻有用途径    │
  │  责任感非确定    │                                    └─────────────────┘
  │  个体教学良知    │
  │  教学压力        │
  └─────────────────┘
```

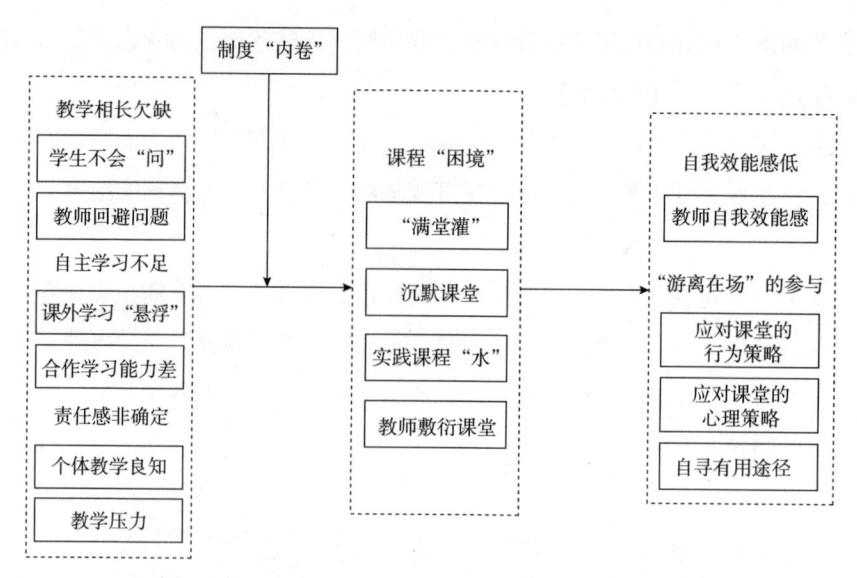

图3-3 核心范畴"'游离在场'非确定性参与"数据结构图

表3-7 核心范畴"'游离在场'非确定性参与"的典型关系结构

核心范畴	典型关系结构	典型语句援引（对个别原话作了整理）
"'游离在场'非确定性参与"	教学相长欠缺→沉默课堂	我们的孩子不会问问题，一是根本不会提问，二是他们问的问题很简单。我在某985大学读博士时，当助教，他们的学生提的问题真的很犀利，能激发我的思考，甚至经常难倒我和我导师。但在我们学校的课堂，我提的一些激发他们思考的问题，他们就经常低下头，整个课堂都很沉默。不过我的课堂相对而言抬头率还是比较高，简单的问题他们会回答（T-A2） 我属于成绩比较好的学生，会经常思考我专业中一些应用型问题，有些很好奇或者搞不懂的问题，我就会去问老师。不过，遗憾的是，老师会给我讲一大堆理论，他们的理论储备确实挺好的，但即使我没听懂，他还是不讲实际的问题，我就不好再问了（U-A1）
	自主学习不足→"满堂灌"与责任感非确定	我也尝试过让学生们自己去做主题研究，然后课堂上我们一起交流，我也尝试过一段翻转课堂，但最后课堂呈现效果都不是很好，学生们的自主探究兴趣和能力不够，有些同学抄别人的论文来讲，有些同学讲得特别浅，学生们课后没有认真思考的习惯；他们也会说自己课外时间不够，不过确实课程挺多，也有些无奈吧（T-A3）
	责任感非确定→实践课程"水"	实验课和实习实践这些课程太松了，虽然有些老师还是非常认真的，但是学生反映的是大部分老师都不负责任。比如实验就去看看，学生自己操作，实验员也是开开门，提醒下安全，感觉实践类的课比较"水"，除了客观条件，老师的责任感很重要（U-A3）

续表

核心范畴	典型关系结构	典型语句援引（对个别原话作了整理）
"'游离在场'非确定性参与"	责任感非确定→教师敷衍课堂	上完大学四年，要问我哪些课程印象特别深，我真得想想。有几门是非常好的，比如《××气象学》等，但大部分课程留给我的印象是老师比较敷衍，就念PPT，照本宣科（U-A1）
	制度"内卷"的强化作用	学校也很想改变本科课程教学这些问题，尤其在一流本科教育建设的背景下，因此这几年出台了很多文件，但是这些制度很多都不落地。比如听课制度，领导们自己都不听。此外领导如果在开学初去听课，有关部门还会通知学院，学院再通知到教师。制度是虚设，制度不执行，还不如不要，否则反而形成制度不重要的认知（T-A2） 我觉得学校的制度要么表达太宏观，要么管得太细，比如现在对意识形态问题的检查，可以通过把控教材和教师的言行来处理，但全程这样监控教学过程，真的让我们觉得自己好像是被监管的对象，教学需要灵动与交流，管控过细反而影响课堂效果（T-A4）
	课堂"困境"→自我效能感低	自从来到学校工作，在教学上就比较认真，想对得起自己的学生，但说实话，经常感到无力与无奈。比如，课堂上你努力地想要学生积极思考，于是认真备课，但最后也不知道学生们到底从课堂上获得了什么，尤其是自己实践能力方面也不是很强，没机会锻炼。另外就是虽然我的教学做得比较好，但感觉别人并不认为这很重要，觉得教学好也就是那么回事。所以我能理解为什么那么多老师会敷衍课堂（T-A1）
	课堂"困境"→"游离在场"的参与	有的老师整堂念PPT，我还发现有的老师的PPT是从百度上下载下来的。PPT我自己也会看，不需要老师讲，这样就不大信服老师以及老师讲的东西，所以我会自己看书或者到慕课这些平台上找优质的课程听课（U-A1） 有些公选课，老师管得不严，我又不感兴趣，干脆就不去上课了。有些同学还修了双学位，我曾经还想过要转专业，后来选择了考研，我觉得考研才让我和很多同学真正学到了些东西（U-A5） 因为觉得课堂上难有很大的收获，专业知识学得也不好。我认为大学不仅是学知识，所以就另外培养自己一些兴趣和爱好。大二时，我在B站上对罗翔讲法律产生了兴趣，就开始自学法律，今年考上了某省属大学的法学研究生。从工科类专业转考文科，是我所在学院这些年唯一一个（U-A4）

3. 课程评价的选择性编码

主范畴"评价支持缺失"是指从课程决策环节开始缺乏科学的决策支持，整个课程评价体系标准没有经过科学的论证，学校相关研究机构职能缺失。领导的想法与意见或其他高校的做法是评价标准出台的主要依据。

主范畴"评教的有限作用"是指教学评价只能对特别差与特别好两个等次产生一定的区分作用并对教学具有一定的监督作用，实际上不能帮助教师真正发现问题，提高教学水平和能力。

主范畴"失真的评教"是指课程评价未能真正勘测教师教学的水平与能力。评价活动中表演成分较多，评价者与被评价者虽然心知肚明，却也认为是"正常"的，在这场表演里可能扮演着"失真"角色。学生评教也不客观不真实。

主范畴"简单量化评价"是指课程教学评价方式单一，定性评价缺失，定量评价类的表格成为主要的评价手段，定量评价类表格关注的也是一些外显的观测行为，评价使用效果不佳。

主范畴"'利益考量'的评价"是指在评价过程中评价主体照顾人际面子以及师生各自为利益妥协的"共谋"，也包括督导、同行以及专家等因为顾忌被评价者面子而产生的非真实反馈等。

主范畴"'非科学'课程考核"是指对学生课程学习效果的考核区分度差，为了保持较高的考试通过率，大多数课程倾向于考核学生的低阶能力，不能很好地促进学生的成长与发展。

主范畴"制度'掣肘'制度"是指评价制度之间的矛盾与不共频。有些制度已经需要改进与革新，但仍然维持现状。这种做法影响了其他制度的有效实施。

通过对课程评价环节几个主范畴及其所包含的副范畴与概念的分析与比较，提炼出"失真评价"核心范畴，如图3-4和表3-8所示。

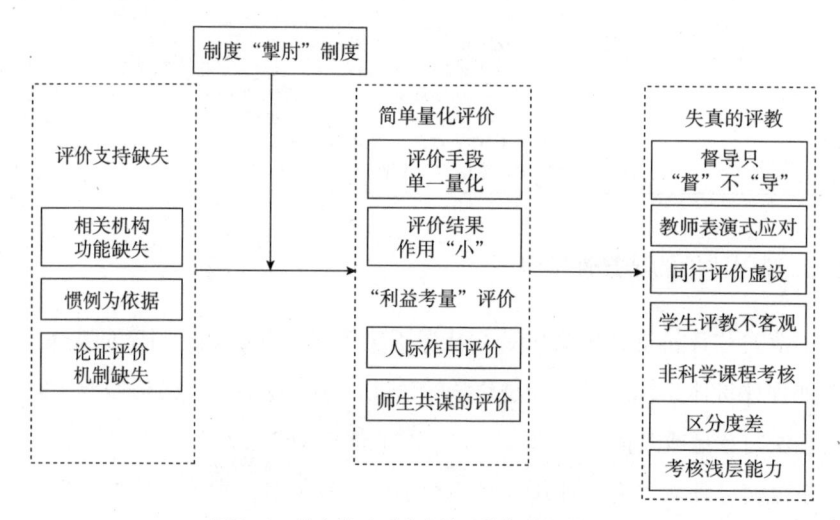

图3-4 核心范畴"失真的评价"数据结构图

表3-8 核心范畴"失真的评价"的典型关系结构

核心范畴	典型关系结构	典型语句援引（对个别原话作了整理）
失真的评价	评价支持缺失→简单量化评价	学校从课程决策开始就缺乏科学的标准，现在高校的考核跟风，评价标准不是放之四海而皆准的，学校有高教所还有教育学相关专业，可是我们的标准没有校本论证机制。上级部门或者学校领导说要开展这个评价，那就借鉴或者直接改动上级的文本。没有科学评价支持，定性评价难实施，所以一般就采用打分那个客观的东西，结果出来了，大家也没话说（M-A3）
	评价支持缺失→"利益考量"评价	评价标准都不知道是否可靠，评价表里用的词语或者话术，没有日常表现来支持，还有学生考试的试卷虽然有审核制度，教学院长就负责签字，这个试卷的信效度如何，教师自己也没底。所以教师和学生等评价主体在评价的时候难免考虑人际关系，还有会不会给自己或别人带去麻烦（M-A2）
	制度"掣肘"制度的干扰作用	学校惯于用文件和制度来推动工作，但各部门甚至同一部门，出台制度时没有论证，就会出现这个制度影响那个制度实施的情况。比如由于学生评教这几年被"上有政策，下有对策"给弄得没啥用了，优秀教师评价以这个为主，老师们就有意见。两年以后不再以学生评教分数作为重要指标体系，可学生评教制度没改，后来的教学评优就回到以教研项目、指导学生竞赛这些量化的因素为依据，我觉得这就背离了教学评优的初衷（T-A4）
	简单量化评价→失真的评教	作为学校在职教学督导，我经常去听课，碰到熟悉的人会比较真实地反映一下情况，但多数情况，我也不了解任课老师，就不进行反馈了，因为怕伤及别人的自尊。教学评估中心给的表格起初也就是一个打分表，从今年开始才增加了一栏写其他建议（T-A1）
	简单量化评价→非科学课程考核	关于对学生的考核，学校有一些要求，主要是要做试卷分数分析。平时成绩计算起来非常麻烦，老师们没有那么多时间，一般就看期末考试，可试卷又不能出得太难，因为课堂的效果比较一般。所以平时成绩基本没有差别，考试成绩又没有区分度（T-A4）
	"利益考量"评价→失真的评教	据我了解我们一般都会给老师打高分，这好像是常识或者说是共识，虽然有的老师讲得不那么好甚至不太负责任，但只要不为难我们，就会打高分，因为这么做对老师有好处，对我们没坏处。此外也会担心老师知道了会对自己不好，以后或许毕业论文或者哪个环节还会撞上（U-A4） 我作为学生代表，参加过我们专业几个老师的优秀教师评选相关的示范教学，老师在示范教学的表现和平时课堂很不一样，所以我觉得老师们对待这些评优的表现挺具有"表演性"的，就觉得老师即使具备把课上好的能力，但在平时真的没有那么"用力"（U-A2）
	"利益考量"评价→非科学课程考核	有些老师也会讨好学生，改卷的时候手比较松，因为对自己的课程教学效果也没底，怕学生给自己不好的评价。自从没有清考制度后，为了毕业率和就业率，有关部门还会要求学院传达考试难度不要太高，尽量让学生通过的建议。所以期末考试对学生来讲一般不构成学习压力，没有区分度，考的也以一些识记的简单知识为主（T-A3）

二、其他案例校数据分析

在完成对A校所有访谈数据的编码之后，本书依照A校数据编码的过程与程序，按照访谈顺序对N校、S校、G校的访谈数据分别进行了编码分析。

（一）N校访谈数据编码结果

对N校访谈数据进行编码分析，编码结果具体见附录7，和A校相比，对N校访谈数据编码涌现的不同主范畴有：学习指导信息不全、评价结果过度"使用"、制度"替换"制度。但提炼出来的概念、副范畴甚至主范畴与A校大体相似，通过对编码获得的主范畴的不断比较、对比与修正之后，仍然能够采用对A校数据选择性编码之后获得的三个核心范畴对其内容与意义进行统摄。

（二）S校访谈数据编码结果

在完成对N校数据分析之后，继续对S校的访谈数据进行编码，编码结果见附录7。在对S校的数据进行分析过程中，共涌现了三个新的主范畴：管理规制为"核"的决策机制、信息有限、制度效力不足。虽然管理规制性较强，但仍然是由教学管理部门发起与最终决策的。同时，在课程决策中对规制化的前期调研工作结果进行的科学整合仍显不够。在提供给学生信息方面，学生仍处于一种"出场"状态。制度效力不足主要是指评价制度效用不够的问题。通过对编码结果的反复对比、推敲，这三个新的范畴仍然可以被统摄在核心范畴的解释范围内。

（三）G校访谈数据编码结果

最后对G校的访谈数据进行编码，编码结果见附录7。编码过程中，未出现新的主范畴。对三个环节的核心范畴仍然可用对A校选择性编码的结果来解释。或许编码工作进行到一定阶段，数据的饱和度越高，越难出现新的主范畴。

三、跨案例分析

（一）案例校间主范畴的差异

鉴于本书所选取的案例相似度较高，三级编码之后未发现显著的差异，预期为不同案例之间的构念关系具有统一的模式。但4个案例之间在概念、副范畴和主范畴之间还是存在一些差异，因此有必要进行对比分析，以增强案例研究的稳健性与可靠性。

由于编码过程数据较为复杂，本书仅对有差异的主范畴进行比较分析。如表3-9所示。

表3-9 案例校主范畴差异比较

主范畴	A校	N校	G校	S校
学习指导信息不全		√		
学生"被出场"	√			
信息有限			√	√
管理规制的决策				√
评价结果"过度"使用		√		
制度"掣肘"制度	√			
制度"替换"制度		√		
制度效力不足			√	√

在A校分析过程中出现过的主范畴在这部分不再做说明，仅对新涌现的主范畴做如下说明：

"学习指导信息不全"是指N校虽然有学习指导制度，成立了校院两级学习指导机构，但接受访谈的师生认为机构职能发挥存在问题，对于学生理解学校课程体系以及课程安排的指导不足。同时，N校为公共选修课和专业选修课设置的"挂牌选课"制度，对于课程与教师信息的公布不够清晰。

"评价结果'过度'使用"主要是指N校过度精细化计算量化的评价结果，并与教师业绩考核、奖金发放等利益相关联，导致教师教学压力较大。

"制度'替换'制度"是指由于N校对本科教学的重视度相对较高，在课程评价制度方面的更新较多，但在一波波制度更新之后，教师的反馈更多是"折腾"。

"信息有限"是G校和S校在对课程信息方面除了信息不畅外，公共选修课的信息非常有限且不足。

"制度效力不足"是指评价制度的设置较为合理，但执行起来效力不足。例如G校的教师教学能力测评制度，S校本科教学质量提升年等相关制度均未真正发挥效力。

"管理规制的决策"是S校访谈数据中涌现出来的新范畴，四所高校中，S校是在《人才培养方案》出台前工作做得最多最全面的一所高校，非常强调方案出台的前期论证，这与该校专业以要求较高的工科专业为主相关，但最后论证的资料在管理层的整合还是存在一些问题，例如进行了有关跨学科基础课程的合理开设方案探讨，最后还是按领导的意思或惯例执行。但S校在决策前期"管理规制"规范性比较突出，因此将其作为主范畴的标签。

（二）逐项复制分析法

案例研究遵循复制逻辑，复制逻辑包括"逐项复制"与"差别复制"。[1]由于本书所选择的案例相似度较高，因此仅采用"逐项复制"进行分析。逐项复制主要是根据研究问题选择特定的类别或维度，寻找案例之间的相似点，通过持续比较案例间的关系结构，反复提炼，进而构建关系模型。

本书对本科课程运行的三个环节分别进行逐项复制。

1. 课程决策环节逐项复制

本书通过对A校访谈数据的分析，归纳出了地方高校本科课程决策环节的数据结构图，初步梳理了课程运行的实然图景，构建了主范畴所代表的构念之间的结构关系（图3-5），分别是：

a.科层机制在"身份作用"强化和"'瓜分'时间"的调节作用下，使得课程决策最终表现为管理者"形式决策"和教师"漠视决策"的行为策略与生存心态；

---

[1] 罗伯特·K.殷.案例研究：设计与方法[M].5版.周海涛，史少杰，译.重庆：重庆大学出版社，2015.

b.形式决策和漠视决策最终导致地方高校本科课程决策成为一项效率低、科学性不足的例行工作，同时，学生"被出场"在这一关系结构中起到"强化作用"。本书将其他三所案例校继续纳入研究，进行分析，得出了相似的数据结构关系图。

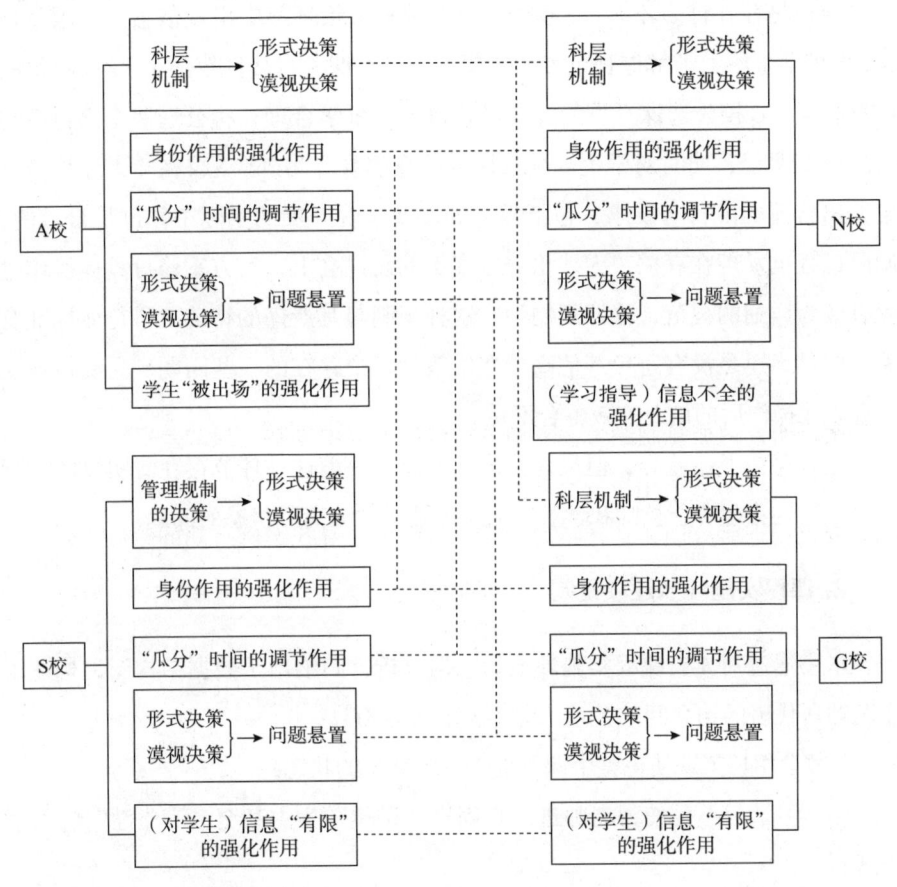

图3-5 课程决策环节的逐项复制

注：虚线代表具有逐项复制关系

从课程决策环节逐项复制的结果来看，通过逐一复制，总体上构念间的关系可以成立。由此，本书认为，上图课程决策构念之间的关系具有一定的稳健性和普适性。差异较大的是关于学生在决策中被关注的状态，A校的访谈资料反映学生无论是接收有效课程决策信息还是反馈课程信息的渠道都较少，即使进行反馈也很少得到回应。N校是四所高校中唯一设置了校院两级学习指导中心并实施了所有选修课"挂牌选课"的高校，希望能够对学生学习进行指导，贯彻"以生为本"的理念，但在实际实施过程中，对于如何通过学习指导让学生真正参与课程决策、选择课程，以及在挂牌选课的课程与教师信息公布的实践方面还是存在许多不足。S校和G校在课程决策环节中出现信息"有限"现象，S校学生不太了解课程设置的意图（工科类课程衔接性较强）、学校提供的信息缺失。G校公选课开设的标准设置得不够科学合理，将公选课全部付诸购买的网上课程，同时对学生缺少选课的信息引导。另外，S校在《人才培养方案》出台前的准备与要求，包括教务处以及学院开展的实际工作也是最多的，调研过程也发现在有关《人才培养方案》的研讨会上，对方案修订具体操作过程有较为详细的规范，强调规制性。这种规制与其严谨的特殊工科行业标准有关，但最终还是没有避免其他高校在决策过程中存在的一些问题，主要体现在对规制化操作后的信息有效整合不足。

尽管存在上述差异，但最终都论证了课程决策这一环节存在着明显的"行政主导"且管理者、教师和学生三大主体处于"分离"状态的问题。

2. 课程实施环节逐项复制

本书通过对A校课程实施环节的数据分析，归纳出了数据结构图，构建了主范畴所代表的概念间的关系（图3-3），分别有：

a.教学相长欠缺使得整个课堂处于"沉默"的状态；

b.自主学习不足使得老师进一步固守"讲授"为主甚至"满堂灌"的教学方式；

c.教师的责任感非确定导致了两个非常明显的现象："实践课程'水'"以及教师敷衍课堂；

d.管理者试图通过"制度"工具来改善课程实施现状，但制度工具使用"内卷化"，对课程实施现状改善小，甚至加剧了课程的游离状态；

e."满堂灌"式的"讲授"、教师敷衍课堂等现象形成的课程困境，形塑了教师"教学自我效能感低"的生存心态以及学生"游离在场"的行为策略。继续将其他三校数据分析结果纳入分析，进一步验证课程实施构念之间的关系，导出结果如图3-6所示。

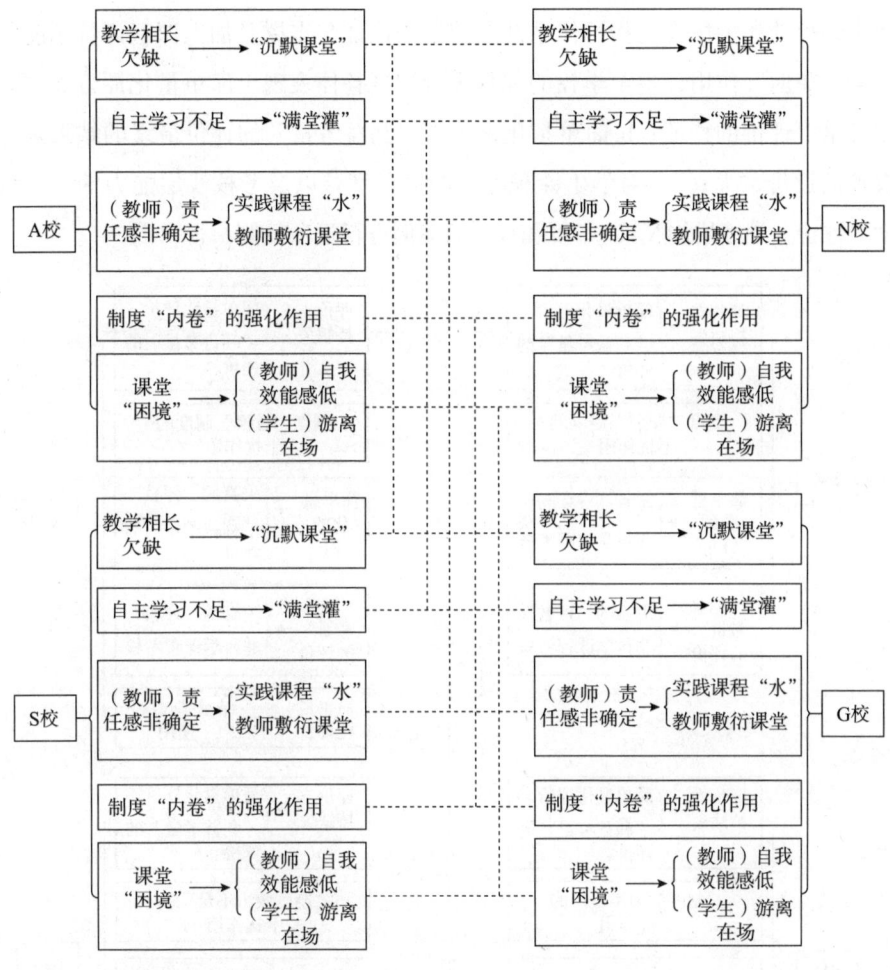

图3-6 课程实施环节的逐项复制

注：虚线代表具有逐项复制关系

从逐项复制的结果来看，课程实施环节四所高校主范畴所代表构念之间的关系存在高度的一致性，有力地验证了构念模型。需要说明的是，课程"困境"中的几个副范畴被提取，丰富了本书对模型的理解，例如，课程"困境"包括了"沉默课堂""满堂灌""实践课程'水'"以及"教师敷衍课堂"四个副范畴。

3. 课程评价环节逐项复制

图3-4展示了A校课程评价环节构念之间的关系，可以简单概括为：a.关于课程评价的相关标准与指标体系缺乏前期的论证与支撑，加上课程评价制度之间的"掣肘"作用，整个学校的课程评价制度整体表现出简单量化评价和"利益考量"评价的特征；b.简单量化评价与"利益考量"的评价最终的结果是对教师的评价"失真"，对学生课程考核的区分度差以及考核浅层能力的"非科学"评价。继续增加N校、S校和G校的案例进行逐项复制，得出图3-7。

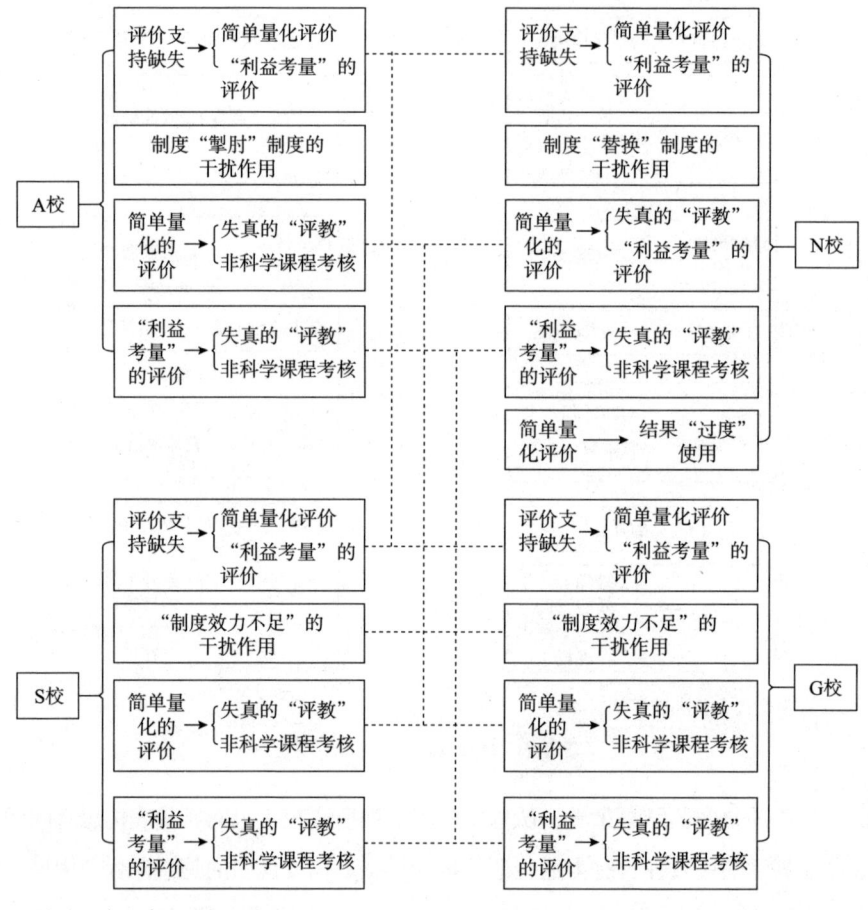

注：虚线代表具有逐项复制关系

图3-7 课程评价环节的逐项复制

从课程评价环节的逐项复制来看，四所高校之间存在一定的差异，突出表现在制度的作用方面。A校的评价制度更多是制度之间存在矛盾的"掣肘"问题，这也与其制度出台时没有科学论证有关；N校在评价制度方面则表现出管理者不断更换评价工具以加强评价有效性的特征；S校和G校则更多表现出制度效力不足，有些制度出台以后一直没有实施。另外，本书发现N校主要校领导非常重视通过评价考核与奖励措施激发教师的工作能量，尤其热衷于用"指标"工具来提升办学水平，在教学方面虽然奖励力度不如科研方面，但管理思路较为相似，出台的各种课程与教学评价考核制度也最多。因此，在收集到的访谈资料中也很明显地出现了"评价结果过度使用"这一主范畴，尤其是被访谈教师较多谈及这一问题。但在总体上N校课程评价环节仍然和其他学校存在共同模式。

第三节　对文档类资料进行内容分析

在本书中，文档类资料主要指各案例高校管理文件中与课程教学相关的文本、学校主页上关于课程与教学的相关新闻，还包括研究者深入本科课程运行现场收集的观察资料等。制度文件是管理者对待一项工作的理性认知载体，从文本中可以分析出校内管理部门的对本科课程运行的管理思路及其理解，从管理的架构中也可透视三大主体的场域位置。新闻类相关报道反映了学校对课程与教学的关注重点。现场观察资料提供了深化理解本科课程运行现实的实际场景资料。

文档类资料从理论上讲，也可纳入访谈资料一起进行编码分析，但在研究过程中，笔者发现，案例高校的被访谈者均反映文档制度文件与现实执行情况有较大差距，同时出于对访谈数据结论"三角互证"的考虑，本书将文档类资料单独进行分析。由于文本多样，总体采用了内容分析方法对各类资料进行分析。

内容分析法本身只能描述信息特征或者识别信息特征之间的关系，另外，内容分析方法是构成全面理解人类行为的整体之必需。内容分析法，有时也被称为文本分析法。孙绵涛教授认为内容分析法一般只分析信息的内容，不分析信息源的文本形式，但文本分析法既分析内容也分析文本形式。因此本书将这一部分所做的分析称为内容分析。

也有学者认为内容分析法是一种通过一系列程序对文本进行有效推论的研究方法，这些推论有关信息的发送者、信息本身及信息的受众。❶内容分析法又可以分为描述型、推论性、预测型等不同类型，本书在这一部分主要采用描述型内容分析法，目的在于清晰地勾勒出信息本身的特征，分析文本内容所涉及的诸多变量信息，并不主要推论或预测这些分析结果与信源或信宿之间可能存在的关系。❷

一、对案例高校官网有关课程与教学的新闻报道分析

官网新闻信息和已形成文本档案资料的教学管理政策，本身有一定框架与结构，可以更直观地比较信息内容与理解发布者的意图。笔者仔细阅读了4所案例高校官网主页2020—2021学年关于课程与教学的相关报道，其关注主题与侧重点相似度较高。

本书对收集到的四所高校关于本科课程与教学的80余份报道，根据报道主题词、报道内容、关键词或主题内容占比等3个方面对4所高校关于本科课程与教学的宣传进行归类分析，具体见附录8。

通过对新闻报道进行初步的文本归类分析，可以发现，4所高校对本科课程与教学宣传的重要信息点体现为以下4个特征。一是对国家高等教育当前政策热点的回应，例如有关"课程思政"的报道数占比最高；二是重点宣扬学校的课程建设成果，"一流课程""金课"等政策热点也是报道中出现较多的主题；三是对教师的报道侧重于获得教学竞赛和评优奖项的事迹宣传；四是校领导的"在场"状态是报道中出现较多的主语，在"课程思政""日常工作会议""开学

---

❶ 罗伯特．菲利普．韦伯．内容分析法导论[M]．2版．李明，译．上海：格致出版社，2019：19．
❷ 金伯莉．纽恩多夫．内容分析方法导论[M]．2版．李武，等译．重庆：重庆大学出版社，2020：40–41．

和期末工作"三项工作中均有校领导的隆重"在场",在"教学评优""督导培训"等活动中也有较多提及校领导的出席。显而易见的是,在这类报道中,学生的学业指导与学习状态、课程实质信息以及课程教学实际的研讨活动较少被作为重要信息传输给受众,课程的关键信息处于缺失状态。

二、本科课程运行相关制度分析

本书在整理4所案例高校本科课程与教学制度之后,根据专家的建议,选取了部分具有代表性的文件进行内容分析。

(一)课程决策部分制度分析

在关于课程决策管理文件选择的专家咨询过程中,专家一致认为《本科人才培养方案修订指导意见》最能直接反映学校的本科课程决策理念与课程设置方式。另外,专家认为在"一流本科教育"的背景下,关于本科教育的理念规划也具有较为宏观的决策属性,建议对这一类规划文件也进行分析,有助于从本科教育规划中更清楚认识本科课程运行的理念。因此本书选择了以下制度进行分析,见表3-10。

表3-10 本科课程决策相关制度(部分)

文件类型	文件名	时间/年
人才培养方案指导意见	《A大学关于修订普通本科专业人才培养方案的指导意见》	2018
	《N大学关于修订2019版本科人才培养方案的指导意见》	2019
	《G大学关于修订2018版人才培养方案的指导意见》	2018
	《S大学2019版本科人才培养方案修订指导意见》	2019
本科教育规划	《A大学深化本科教育教学改革实施方案》	2019
	《G大学一流本科教育实施方案》	2019
	《N大学建设一流本科行动计划》	2019
	《S大学"本科教育质量提升年"行动计划》	2020

1.《人才培养方案指导意见》分析

大学的《人才培养方案》修订在本质上是一次课程决策行动。❶本科课程决策的基础工作为课程体系构建，课程体系是指构成某一学段、学科、专业的课程及其之间的关系，❷是本科人才培养方案的主要组成部分。本科《人才培养方案》是高校本科教育的指导性纲要，4所案例高校《人才培养方案》一般将4年定为一个修订周期，通过分析人才培养方案修订指导意见，可以更好地理解和验证案例高校课程决策的工作程序与方法。对于《人才培养方案》指导意见，主要从指导思想、修订原则、学分要求、课程结构、组织机构、工作程序与修订时限等方面进行汇总分析。

通过对4所高校本科《人才培养方案》指导意见的汇总分析（具体见附录9），可以获知4所高校本轮《人才培养方案》修订时间较为接近，A校和G校为2018年，N校和S校为2019年。

在指导思想方面，4所高校均强调了国家的政策与人才培养要求，"立德树人""本科专业国家专业标准""一流本科教育""专业认证"等国家新近的本科教育要求被提及最多。

在修订原则方面，4份《人才培养方案》均既有宏观的人才培养要求亦有关于课程设置的具体要求，"知识能力""创新创业""大类培养""学科融合"等词句出现频率高。四年制本科教育学分数要求在140~170，学分计算方法基本一致，16个理论学时为1学分，16个实践学时记为0.5学分，同时对学分构成做了类别划分。

在课程结构方面，主要强调通识教育与专业教育并重，有高校还提出了"拓展课程"与"个性课程"。指导意见对所有专业的人才培养方案结构提出框架要求，4所高校的结构内容基本相同，其中，S校、G校明确提出了要设置毕业要求与课程对应的矩阵图。

在工作组织机构方面，4所高校均设有2级机构，分别为学院组织层面的工

---

❶ 陈太忠，皮武. 课程决策：大学"金课"建设的关键环节[J]. 黑龙江高教研究，2021，39（4）：153-156.

❷ 徐同文. 大学课程设计[M]. 北京：教育科学出版社，2011：67.

作小组以及学校层面的决策与指导机构。学校层面的决策指导机构一般是学校教学指导委员会或校长办公会，修订工作的主要管理部门为学校教务处。

从工作程序看，各高校《人才培养方案》制定工作均由教务处发起，学院层面按照指导意见要求，根据专业人才培养要求对各专业人才培养方案进行修订成稿，其中包括完成走访用人单位、参照兄弟院校《人才培养方案》进行校友调查、征求学生意见等工作后形成《人才培养方案》的修订稿。

在学院对完成修订工作时间要求方面，2所高校从文件下发到完成不到1个月的时间，1所高校为2个半月，1所高校为5个月，其中包含寒假假期时间。

课程体系与课程结构体现了课程制定者对"什么知识最有价值"的判断，也体现了课程设置与开发过程中资源条件状况与制定者的能力水平。❶课程体系与课程结构是课程决策的重要内容，有必要对案例高校的课程体系与课程结构进行梳理。

课程体系主要指不同类型与性质的课程组成的系统，课程结构主要指各类型课程的比例关系。4所高校课程体系大同小异，通识课与专业课、必修课与选修课、理论课与实践课为大分类，课程层次方面呈现公共课、专业基础课（或者学科基础课）、专业课（包括主干课）"三段式"的传统课程模式，具体情况见附录10。

但不同的学校对于课程类型的理解存在差异，A校和S校将通识课程定为国家课程，即国家要求开设的公共课程，包括思政类、外语类、计算机类等工具性课程。A校将公共选修课设为拓展类课程而未纳入通识教育范围，通过分析2020—2021学年的全校课程计划表，发现其中开设的专业选修课均为各个专业的必修课程，真正选修的课程仅为6个学分的公共选修课；S校除了专业选修课，其余课程均为必修，通识教育部分没有选修课程。G校和S校的个性化培养设置在专业选修课范畴内，要求全校学生跨专业选修一些相近专业的课程；N校的个性发展课程指向第二课堂等课外实践与能力培养。由此推论，地方高校对于通识课程的认识比较模糊，对促进学生个体全面发展的课程体系如何设置缺乏

---

❶ 文雯，周璐，芮振华，陈龙飞.形似与神异：中美研究型大学课程体系比较——以两所顶尖研究型大学计算机本科专业为例[J].高等工程教育研究，2022（1）：175-181.

研究。有学者对清华大学与MIT某一专业的课程体系进行对比，在通识课程方面，清华大学课程数明显少于MIT，但在专业领域课程数比MIT多出将近一倍，说明我国大学专业课程知识内容整合水平比较低，对通识教育重视度又不够，这种现象在地方高校更为突出❶。

4所高校都强调了学分的最高阈值，共同的做法是压缩学分总数，但学分总数减少并不代表学生教学计划内课程学习的负担减轻，很多时候可能是减负后的加压，课程总学分与总门数"一降一升"的必然后果是单位课程学分减少。❷因此衡量学生计划内课程负担需要看每门课程留给学生的探究空间，一般采用"课程颗粒度"来测度。"课程颗粒度"在量化维度上，是指每门课程的学分值，学分值越高，颗粒度越大；在质化维度上，指课程对相关知识的整合程度，课程知识整合程度越高，颗粒度越大；颗粒度越大留给学生深入探究的空间越大。❶本书从4所案例高校均选择了1个专业的本科课程来测度课程颗粒度，具体测度结果如表3-11所示。

表3-11 案例校本科课程颗粒度

学校代码	专业名称	总学分	实践学分	理论课程门数	平均颗粒度
A校	农学	160.1	33.6	65	1.95
N校	公共事业管理	147.0	30.0	57	2.05
S校	电气工程及其自动化	170.0	39.0	55	2.38
G校	历史学	160.0	42.0	58	2.03

注：平均颗粒度=（总学分−实践学分）/理论课程门数

从计算结果看，4所案例高校的课程颗粒度均较小，除了S校的电气工程及其自动化专业课程有8门4学分以上的课程，其他3校的3个专业极少出现4个学分以上的理论课程。专业课程多，知识内容拆分过细，导致课程整合度低，使得课程颗粒度整体较小。课程颗粒度小与各个学院专业都希望多开课程、争

---

❶ 文雯，周璐，芮振华，陈龙飞．形似与神异：中美研究型大学课程体系比较——以两所顶尖研究型大学计算机本科专业为例[J]．高等工程教育研究，2022（1）：175-181．

❷ 丁洁琼．减负与加压之间：本科课程数量的变迁——学分制是如何失灵的？[J]．清华大学教育研究，2020，41（3）：129-139．

夺课时，学校将一切教育要求课程化以及学校对本科课程体系缺乏系统研究，对知识选择随意化、碎片化等现象有关。

2. 本科教育规划类制度文本分析

4所高校的本科课程与教学规划文本制度出台存在差异，例如G大学和N大学近年出台的相关制度文本均有4份，但S校仅有1份关于本科课堂教学质量提升的实施方案。但G校的人才培养规划有一半内容是关于研究生和继续教育的规划，N大学的"十四五"人才培养规划也包含了其他层次人才的培养，因此分析过程中只作为参考文档，不列入本类分析范畴。同时根据时间节点的相近性，在征询相关专家意见后，重点对4份与一流本科教育规划相关的制度文本进行内容统计与分析。

由于4所高校制度文本具有不对应性，本书拟对这4份文本分学校做单独分析，再做节点对比分析，以期从中探求异同。经过初步的编码，4份文档初步编码后获得父节点和子节点具体情况见附录11。

制度文本编码，主要以文件的主条款与分条款作为父节点和子节点，该编码方式更能如实地反映制度出台者本身的意图。通过简单分析可知：

A大学在本科教育教学改革实施方案中将注意力主要放在了教师队伍与教师育人能力培养上，达到15.48%的覆盖率；其次是关注课程建设问题与课程体系问题，覆盖率为10.37%，再其次是人才培养模式和创新创业实践平台，覆盖率为9.11%。

G大学将主要注意力放在一流本科课程建设上，覆盖率为14.21%；其次是学生实践创新能力，覆盖率为14.08%；再其次是教师育人能力和一流本科专业建设，覆盖率分别为12.75%和10.15%。

N大学着重强调本科教育教学改革工作举措，本科教学规范和拔尖创新人才培育计划覆盖率29.04%，激发本科教学主体积极性覆盖率为17.08%，专业、课程和质量文化建设覆盖率11.27%，其中教师、课程（包括立德树人子节点的思政课程和与课程思政有关的内容）也是整个文本中提及最多的内容。

S大学方案中最关注的也是一流课程建设，覆盖率为11.07%，同时将思政课程与课程思政分别单列，覆盖率达到了6.15%；其次为一流专业建设，覆盖率为8.88%；再其次为教育国际化和学生创新创业能力培养，覆盖率分别为7.29%和6.64%。

由此，可以看出，4所高校在本科教育规划中将本科课程建设、教师教学能力、专业建设等放在突出地位。同时，本科教育教学规划的出台都带有明显的上级政策驱使的动力因素，在制度出台的原因中无一例外均提及了国家关于本科教育的会议与精神等，带有一定的政策性，均回应了2018年全国高等学校本科教育工作会议的"四个回归"。在保障措施部分，均着重强调组织领导的作用，成立了由校长为首的本科教育教学工作组织机构，除此之外，N校还在举措中提出了学校领导要将主要注意力聚焦于本科教学。落实学院主体责任和加大经费投入也是4所高校提及的主要保障措施。

3. 课程决策文本隐性编码的内容分析

内容分析法包括显性编码与隐性编码。显性编码指对明显的、表面的内容，即能够直接看到或听到的词语、画面和图像等进行编码，但显性编码较少考虑这些词句在文中的含义，因此编码的效度存在不足，特别是那些宏观的需要去解读意义的文本资料。《人才培养方案指导意见》以及本科教育规划类文件相对来说内容较为宏观，因此可以将前面做的分析视为显性编码分析，但要更深入地分析文件制度发布者的理念与行为背后的动因，有必要进行隐性编码分析；隐性编码分析也称为语意分析，指研究者寻找文本中潜藏的、隐含的意义，包括对文本的正向或负向情感分析。❶

为了更好地梳理课程决策环节4份人才培养方案指导意见以及4份本科课程与教学规划隐含的理念与行为策略，本书从4所高校分别邀请了熟悉本书的1位教学管理者和1位教师对所在学校的2份文档进行了隐性编码（也可以理解为是一种评价调查），8位编码人员事先都与研究者进行过较深入的沟通，表示完全能够理解参与工作的主要意图，并表示匿名评价能够保持客观与中立的态度。人员代码规则为：G代表管理人员，T代表教师；AG为A校参与隐性编码的管

---

❶ 金伯莉.纽恩多夫.内容分析方法导论[M].2版.李武，等译.重庆：重庆大学出版社，2020：301.

理人员，AT为参与的教师，其他3校的参与人员代码设置方式以此类推。参与此次编码的8位人员在前期均未接受本书的访谈，编码人员具体信息见表3-12。

表3-12　课程决策文本隐性编码人员信息

人员代码	工龄/教龄	所属学校	岗位性质	职务或职称
AG	13	A校	教学管理岗	正科级
AT	17	A校	专职教师	副教授
NG	12	N校	教学管理岗	正科
NT	18	N校	专职教师	副教授
GG	10	G校	教学管理岗	科员
GT	21	G校	专职教师	副教授
SG	9	S校	教学管理岗	科员
ST	15	S校	专职教师	副教授

根据内容分析法和访谈数据得出的结论，邀请访谈资料的编码研究者，和笔者一起制定了课程决策环节内容分析隐性编码的维度表，如表3-13所示。

表3-13　案例校课程决策环节文件隐性编码记录汇总表

文件名	合法性	合理性	校本适应度	民主性	话语权	执行度	"重视"度	PA_0
A校指导意见	(3, 3)	(1, 1)	(2, 1)	(2, 1)	(1, 1)	(1, 1)	(2, 2)	0.71=10/14
A校本科规划	(3, 3)	(1, 1)	(1, 1)	(1, 1)	(1, 1)	(2, 2)	(2, 1)	
N校指导意见	(3, 3)	(2, 1)	(2, 1)	(2, 1)	(1, 1)	(1, 1)	(2, 1)	0.57=8/14
N校本科规划	(3, 3)	(2, 2)	(2, 2)	(1, 1)	(1, 1)	(3, 1)	(2, 2)	
S校指导意见	(3, 3)	(2, 2)	(2, 1)	(3, 2)	(1, 1)	(2, 2)	(2, 2)	0.64=9/14
S校本科规划	(3, 3)	(1, 1)	(2, 1)	(2, 1)	(1, 1)	(2, 2)	(2, 1)	

续表

文件名	合法性	合理性	校本适应度	民主性	话语权	执行度	"重视"度	PA_0
G校指导意见	(3,3)	(2,1)	(2,1)	(2,1)	(1,1)	(2,2)	(2,2)	0.64=9/14
G校本科规划	(3,3)	(1,1)	(1,1)	(2,1)	(1,1)	(1,1)	(2,1)	

注：①合法性是指文件出台更多是由上级主管部门相关制度或者学校的工作惯例所推动；②合理性是指通过调研或出于校本改革需要出台的制度文件；③校本适应度是指文件制度是否具有明显的校本特色，与其他学校的制度有无大的差异；④民主性指文本制度出台前是否进行了广泛的调研与认证工作；⑤话语权是指文件赋予主体的话语权（1代表管理者，2代表教师，3代表学生；谁拥有最大话语权就选择哪个数字）；⑥执行度是指文件在颁布之后被执行的程度；⑦重视度指文件出台后被重视与认可的程度；⑧除话语权之外，其余选项均按3-1等级由高到低打分，比如合法性的强调特别突出，说明合法性高，写上数字3，觉得合法性强调较少写数字1，觉得合法性强调适中写数字2，实在觉得无法评判的写数字0；同时，表格括号中的数字，前面的数值为管理人员评分，后面的数字为教师评分。

8位参与者隐性编码的过程为：首先，认真阅读本校的2份文件以及其他3校的文档制度，结合文件回忆自身工作经历与日常观察体验；然后，认真思考隐性编码维度的内涵，并口述给研究者，不清楚的地方向研究者提出来；最后，对本校的维度表进行打分。2位编码员均不知晓本校另外一位编码员的信息，评价编码为背对背进行。

因为本校的编码员之间具有背景的相对一致性，对本校情况比较了解，而对其他学校情况只能通过文本推敲。因此，最后在回收的8份维度表中，仅对同属一所学校的两个编码员对本校文件制度评判信度系数的一致性进行计算。本书采用内容分析法中的"简单一致性"评判编码员间的信度系数，主要是衡量对于一个给定的变量，不同编码员对类目赋值的一致性。百分比一致性是简单一致性计算的一种常用方法，是直接用编码员间达成一致的总数除以样本总数的一个简单比率，公式为

$$PA_0=A/n$$

式中：PA_0——观测到的一致比例；

A——两位编码员相同的总数；

N——两位编码员为检验信度所编码的所有样本的总数，即能实现的最大一致数，也可以说是A的最大值。❶

---

❶ 金伯莉.纽恩多夫.内容分析法导论[M].2版.李武,等译.重庆：重庆大学出版社,2020：174.

根据计算结果，最后得出编码系数见表3-13。

从上表可以看出，无论是学校课程管理者还是教师，对本校的决策制度文件在评判维度上一致性较高，信度系数一致性均超过了50%，因此，在一定程度上呼应了通过访谈数据对课程决策得出的结论。

第一，4所高校管理者和教师在两个文件的评判上对合法性无一例外全部给了最高分3分，都认为话语权在管理者，在一定程度上呼应了访谈数据得出的结论：行政主导，自上而下的决策。第二，在大多数维度上，管理人员的评价好于教师的评价，说明在决策中管理人员与教师存在分离状态，也能从一定程度上解释教师对于决策的漠然态度。第三，虽然本书对指导意见与规划文件进行了详细的罗列，从字面上看，文件本身不存在逻辑问题，但在评判过程中，参与者均认为其执行度和校本适应度不高（N校评价稍高之外）。换言之，就是文本制度比较空洞，难以落实，决策是由行政人员主导的形式决策。A校参与访谈的管理人员反映，虽然A校在指导意见中将各专业的专业选修课列为选修课，但在执行过程中，所有专业选修课都是固定的，并没有开出课程让学生选修。G校的教师向研究者反映该校在指导意见中写到除了10门学位核心课程，其余专业课程均可跨学科跨专业选修，但现实中这种选课方式在G校目前是不可能实现的。由此也可以推断，"为何学生在决策过程中总'被出场'，因为制度与实际不符，让学生具有知情权反而引来麻烦"（GT原话）。第四，N校在评定过程中，管理人员对整体制度文件的评价均较高，这和本书在访谈过程中获得的数据信息具有一致性，N校非常注重学校整体实力提升，近些年在国内各大排行榜的排名上升较快，学校推出的本科课程与教学改革措施较多，并且在各种课程教学项目获批数量方面比其他3所高校均高出较多，NG管理人员在填表时对学校制度持肯定态度，但也认为这是一种"强力推动"（NG原话），NT教师对制度的评价则与其他学校并无差异。N校的教学整体上规范性更强，例如挂牌选课、设立学习指导中心等，但制度实施没有联动机制并形成整体改革，效果仍然没有达到一个新的高度。第五，关于本科规划制度，8位编码人员均表示，规划大多数情况是由教务处某几位工作人员执笔完成，至于是否符合学校的实际，能产生多少效果，并未经过深入的调研。有的评价者反馈甚至连学校的发展规划处都并未参与规划制定，因此，虽然前面分析得出的节点超过60%的内容都在阐述本科课程与教育改革举措，但都是"照着上级文件在学舌"（SG原话）。第六，S校指导意见民主性维度评价最好，和前面访谈数据获得的S校在指导意见出台时对学院及各专业意见的广泛收集相一致，S校也是唯一一所给予近半年时间给学院和各专业展开人才培养方案论证的高校。其他几所高校在人才培养方案论证中同样要求学院提供企业走访、校友座谈以及毕业生满意度调查表等材料，但整个方案要求的修订时间均不超过3个月，有的甚至只有1个多月的时间，最后"提交的都是一个完成任务的形式文本，可能教务处也没精力去认真审核"（NG原话），验证了形式决策。

（二）课程实施制度文件分析

课程实施、课程评价文件相比于课程决策部分的文件，规定与表述更为详细具体，因此对这几部分的文件均仅做简单的归纳分析。

根据专家的意见，本科课程实施部分主要选取了"听课制度"和"课堂教学管理文件"进行分析。具体纳入分析的文件见表3-14，N校有关听课制度和课堂教学管理纪律均分散在《本科教学工作规程》文件中。

表3-14 本科课程实施相关文件制度（部分）

序号	文件名
1	《A大学听课规定（2019年修订）》
2	《A大学课堂教学纪律实施办法》
3	《N大学本科教学工作规程》
4	《G大学关于本科教学听课制度的规定》
5	《G大学本科教学工作规程》
6	《S大学关于进一步加强课堂教学管理的若干规定》
7	《S大学听课制度》

通过对文件内容进行分析，提取文件表述的重点，辅以各校情况的分析，根据实地调查情况对照听课制度规定进行评判，具体见表3-15。

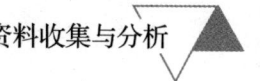

表3-15 案例校听课制度规定与执行情况对比分析

案例校	参与范围	校领导次数（不少于）	次数最多（不少于）	听课要求	约束机制
A校	所有党政管理干部及在职教师	每学期2次	4次（教研室主任）	不得事先通知被听课者；完整听完1课时；填写听课记录本	校长检查其他校领导，其他领导干部由教学评估中心检查；教师和一般管理人员由所在单位领导检查
A校执行情况	所有人员都领取了听课记录本	开学第一天领导们出场听课	不确定，少部分教研室主任完成	事先告知情况普遍	校长不参与检查，学院不检查，偶尔评估中心发布通知检查
N校	所有副处级以上领导干部以及教务处、学院教学管理人员，所有在职教师	每学期2次	4次（部分相关职能部门副职以及教研室主任）	做听课记录；完整听完1课时；不得事先通知被听课者；填写课堂教学听课表	校领导、各职能部门领导听课记录由教学评估中心保存；其他人员由各单位保存；听课情况纳入年终考核
N校执行情况	所有人员都领取了听课记录本	开学第一天领导们出场听课	大部分能完成	事先告知情况普遍；表格基本不填写	只有检查时才上交记录；在年终考核中并无具体指标系数
S校	所有党政管理干部及在职教师	每学期1次	8次（教务处、学生处、人事处、学科发展处主要负责人）	做好记录；反馈意见给教师；存在严重状况的反馈给学院和教务处	无
S校执行情况	所有人员都领取了听课记录本	开学第一天领导们出场听课	不能完成	听了的能做记录；突出的问题遇到才会反馈	无
G校	所有党政管理干部及在职教师	每学期6次	8次（教务处领导、各教学学院院长、分管教学副院长）	每次完整听完1课时；使用统一听课记录本记录；反馈意见给教师以及学院或教务处；推广好的课程教学经验	教务处负责对学院和有关部门听课制度执行情况进行检查、监督
G校执行情况	所有人员都领取了听课记录本	开学第一天领导们出场听课	不能完成	反馈意见很少；推广好的经验较少	偶尔发布通知对听课记录进行检查

从表中的对照情况，可以发现听课制度是一种"必需配置"，但制度与执行情况出入较大。校领导听课的目的不是检查教学质量，而是开学初"隆重视察"以示对教学的重视，与前面对主页新闻报道分析一致；文件规定"不能事先通知被听课者"，但制度制定者自己违反规定。由此，我们可以看出，听课制度的实际执行情况与访谈数据中的制度虚设、制度游戏化导致的"制度内卷"相一致。

另外对案例高校关于课堂教学纪律管理的分析，4份文件都在对教师与学生的外在行为表现进行约束规定，例如N校的课堂教学纪律管理在《本科教学规程》中只用了几百字来阐述，但有近一半在用"不得"来进行阐述，A校在课堂纪律管理中用了较长篇幅强调学生的课堂行为，"不得""必须"等规定性语气词出现了近50次，有些规定非常细致，比如学生的坐姿。这些均印证了课程实施过程中的制度过"细"、过"刚"的分析结论，从文件中窥见的课堂是一个严苛的"规训"场所。

（三）课程评价制度文件分析

由于4所案例高校的课程教学质量评价文件均涉及了包括学生评价在内的多方评价，根据专家意见，本书选取案例高校"课程教学质量评价"文件作为分析对象，具体制度文件见表3-16。

表3-16 本科课程评价相关制度文件（部分）

序号	文件名称
1	《A大学课堂教学质量评价实施办法》
2	《N大学教师本科课堂教学质量评价办法（2020年修订）》
3	《S大学课程教学效果评价办法》
4	《G大学关于进一步做好教师教学质量综合评价工作的指导意见》

同样按照对文件的理解确定了分析的主要观测点，具体分析结果见表3-17。

表3-17 案例校课程评价制度分析

分析维度	A校	N校	S校	G校
自我评价		√		√
学院（同行）评价	√	√	√	√

续表

分析维度	A校	N校	S校	G校
学生评价	√	√	√	√
专家评价		√		
督导评价	√		√	
计入客观分数的维度	全部	学院（同行）、学生	同行、学生	全部
计入定性辅助评价的维度	×	专家评价（以教师自评和现场听课资料为依据）	×	×
学生课程考核分数是否纳入	×	×	√	×
评价表格是否有定性指标	×	√	×	×
评价结果利用	评优、职称晋升	年度考核、评优、职称晋升	×	×
学生学习效果是否纳入主要指标	×	×	×	×

案例高校在对教师本科课程（课堂）教学质量进行评价的过程中，都采用了多主体评价的方式，其中同行评价与学生评价是最核心的组成部分。4所高校中，N校的评价手段最为复杂，除了纳入量化计算的学院（包含同行）评价以及学生评价外，还要求教师每学年上传所有教学档案以及教学反思，专家依据上传的资料和听课反馈进行等级评价，作为教师课程教学评价的参考。N校也是四所高校中最注重通过考核提升办学水平的高校，该校教师认为出台的考核制度过多，不仅是在教学方面，在科研以及对二级学院的考核中都有涉及教师课程教学的指标要求，让教师觉得比较疲累，与访谈数据编码中出现的"制度替换制度"的主范畴可以说是比较吻合的。

S校是唯一将课程考核情况纳入课程教学质量评价的，对所授课程考核分数整个班级平均分在80分或85分以上的教师取消评优资格。有关访谈者反馈，他们的传统专业所要培养的是特殊工业或材料领域所需的人才，学校要求必须认真考核学生的专业知识掌握情况，这在一定程度上可以提高课程考核的区分度，但教师反映称学生分数出现区分度不等于考核真的有区分度。

同时，S校和N校关于课程教学考核结果具体如何运用并没有在文件中做出要求，和主范畴中2所高校出现的"制度效力不足"也在一定程度上可以呼应。4所高校最具共性的一点是，学生评教指标体系以及学生学习效果并未被作为整个课程教学质量评价，主要的评价指标，课程教学考核更多在关注教师的仪表仪态、行为规范与工作规范，偏离了评价的最终目的。可以说，地方高校"以学生为中心"的课程理念还未真正深入办学的核心思想中，即使是各项工作相对规范并成立了学习指导中心等机构的N校，也未能真正践行这一理念。

第四节 观察记录类资料分析

本书共收集了4所案例高校各1份人才培养方案讨论会的记录（具体见附录12）以及16份课堂教学现场观察记录（具体见附录13）。部分观察记录由相关人员提供的原始会议记录或课堂教学视频整理而成。

一、人才培养方案讨论会观察记录分析

根据现场观察、分析工作人员会议记录和现场照片的方式对所收集的案例高校4份人才培养方案研讨会观察资料进行分析，主要情况如表3-18所示。

表3-18 案例校人才培养方案讨论会观察记录汇总

观测点	A校	N校	S校	G校
会议空间形式	圆桌	圆桌（两圈）	圆桌	主席台式会场
中心人物	分管教学副校长、教务处处长	分管教学副校长、教务处处长	分管教学副校长、教务处处长	分管教学副校长、教务处处长
专职教师参与比例	4/26=15.4%	10/52=19.2%	6/36=16.7%	7/40=17.5%
学生参与比例	0	0	0	0
专职教师发言时间	0	15分钟左右	25分钟	0

续表

观测点	A校	N校	S校	G校
会议内容	布置任务为主、征求各学院意见	征求对于挂牌选课、大类培养的意见，文科类学院院长发言较积极	征求对理工科类学科基础课程优化以及课程实践内容加强的意见	布置任务为主、征求各学院意见
争论的主要问题	是否增设新的必修课、课程课时分配问题	挂牌选课时间安排、跨学科课程归属、课时分配问题	跨学科课程归属、实践课程管理以及课时分配问题	是否增设新的必修课、课程课时分配问题
会议决议方式	分管副校长指定教务处一一处理	分管副校长要求教务处针对问题做调研，然后进行处理并汇报分管副校长	分管副校长要求教务处认真收集各方建议与意见，并进行整合	分管副校长要求教务处针对建议，对可能改进的尽量改进

注：其中两份观察记录是关于人才培养方案实施过程中对方案进行微调的研讨会。

二、课堂观察记录分析

16份课堂观察记录表，部分为现场听课的记录资料，S校和G校部分非现场参与的均为观看课堂教学实录后做的记录，每所案例校各收集了4份课堂观察记录，其中1份为公共课课堂记录，1份为实践课课堂记录，1份为理工科类专业理论课程记录，1份为人文社科类专业理论课程记录。观察记录汇总分析具体情况见表3-19。

表3-19 案例校课堂教学实况观察记录汇总

课程名称	班级规模	授课方式	互动次数	抬头率/%	看其他书/玩手机/人	教师职称
大学语文	78	讲授为主	8	90	2	副教授
国际贸易理论与实务	51	讲授为主	2	50	13	讲师
C语言程序设计	47	讲授为主	2	30	15	副教授
C语言程序设计（实验）	47	自主操作、教师辅助	1	×	6	副教授
中国近现代史纲要	110	讲授为主	0	25	40	教授

续表

课程名称	班级规模	授课方式	互动次数	抬头率/%	看其他书/玩手机/人	教师职称
大学物理	78	讲授为主	5	99	0	讲师
基础英语写作	43	讲授为主	2	40	8	副教授
免疫生物学实验	46	自主操作、教师辅助	2	×	3	副教授
大学生创新创业基础	108	讲授为主	0	25	50	讲师
材料力学	45	讲授为主	2	75	6	教授
组织行为学	47	讲授为主	1	30	16	副教授
分析化学实验	46	自主操作、教师辅助	5	×	0	副教授
高等数学A	108	讲授为主	0	30	10	副教授
旅游心理学	39	讲授为主	2	50	10	讲师
卫星导航定位原理与应用	45	讲授为主	1	60	7	教授
药物分析实验	41	自主操作、教师辅助	3	×	3	讲师

注：表格中统计的抬头率以及看其他书或手机次数方法为：在课程开始后10分钟统计一次，在离课程结束还有10分钟时统计1次，算两次统计数字的平均值；由于有超过8门课程是观看案例高校提供的课程教学视频，存在观测角度和清晰度问题，数据统计不一定完全准确；抬头率的统计均为大约数值，并不精确；表格的班级规模不包括缺勤的学生，观察记录前没有和任课教师核对缺勤人数。

从课堂教学观察情况看，比较优秀的课堂有"大学语文""大学物理"以及"分析化学实验"，这几门课程的任课老师也是各校教务处推荐笔者观摩的优秀教师。"大学语文"整个课堂提问互动情况以及课后学生作业完成情况非常好，互动平台主要是学习通，任课教师对教育信息化手段应用起来得心应手，教师在整个授课过程中非常投入，幽默风趣，逻辑性强。

"大学物理"任课教师是一位年轻的女教师，课堂掌控能力非常好，更重要的是她能够将深奥的物理知识与现实生活结合起来，从日常生活中的陀螺、飞机尾桨以及花样滑冰等非常顺畅地讲到物理理论知识"角动量定理"，并引导同学们探究这些日常生活中的现象所蕴含的物理学原理。在吸引同学们好奇心的基础上，从物理理论与科技视角解释相关知识点，重视学生有意义接受学习与迁移学习能力培养。课堂上也有学生就自己的观察提出问题，没有学生玩手机，78人的课堂抬头率99%以上，只有个别同学偶尔开小差。

"分析化学实验"课程是在实验室进行，上这门课程的学生是材料相关专业的大二学生。整个实验过程非常规范，视频中显示，在上课之前，每位学生都已经拿到了操作指南，实验员也已经安排好了所有器材，任课老师早早来到实验室检查各项工作。实验课的目的以验证为主、探索为辅，在实验操作过程中，实验员和任课教师都非常积极地回答学生的问题，学生之间也时有互助与探讨，最后，任课教师对实验进行总结，表扬了其中自主思考与探索的几位同学。

相对而言，其余12门课程表现比较逊色。例如有1门实验课，整个实验过程，实验员都很沉默，并且在角落里看手机，学生也是默默操作，有几个学生在发呆，任课教师来回走了两次，下课铃响，同学们立刻收拾东西离开。理论课堂教学情况，尤其是大班公共课，除"大学语文"是中班78人，抬头率很高，其余三堂公共课人数超过100人，抬头率均在30%以下。理论课堂，教师最依赖的仍然是PPT。学生看手机的情况非常普遍，尤其是大三、大四的学生，看其他书的情况非常多。对课堂的观察也在很大程度上印证了访谈数据得出的结论，即教师"教学责任感不确定"、学生"课堂沉默""游离在场"状况非常明显。

第五节　案例研究的信效度分析

由于案例研究是实证社会研究的一种，因此在评定研究的质量时，需要满足实证研究的四种检验标准：建构效度、内在效度、外在效度、信度。❶本书力图在这四方面达到一定的质量要求。

---

❶ 罗伯特·K.殷.案例研究：设计与方法[M].5版.周海涛，史少杰，译.重庆：重庆大学出版社，2017：56.

一、案例研究的效度分析

（一）建构效度

建构效度是指对所要研究的概念形成一套正确的、具有可操作性的且成体系的研究指标，[1]是为了证明实际测量的对象与真正的研究对象一致。在实证研究中，"三角互证"是保证效度的一种方法。也就是指在研究同一经验性单位时，采用两种或两种以上的研究策略，比较不同来源的信息，以确定不同来源的信息资料之间是否可以相互证实，进一步提高研究结论的真实性与契合度。本书收集有关案例多种资料，包括深度访谈、文档资料以及现场观察资料，对文中形成的概念与范畴进行"三角测量"。同时，采用规范的扎根理论编码程序对原始数据进行编码，在编码过程中，两位研究者对原始访谈数据进行"背靠背"编码，编码完成交由第三位研究者汇总差异并提出建议，然后同前两位研究者一起修正。

（二）内在效度

内在效度是指从各种纷乱的假象中找出因果关系，即证明某一特定的条件将造成另一特定的结果。[1]本书采用扎根理论和典型关系结构构建的方法保障内在效度。在研究过程中，结合访谈数据采集到的典型关系语句进行典型关系分析。有些访谈者不方便接受录音访谈，为了减少访谈数据整理的偏差，在整理完相关访谈内容后会将访谈内容发回受访者核对，确保没有错误或遗漏。

（三）外在效度

顾名思义，外在效度是指研究的普适性与推广度。在实证研究中，案例研究的外在效度备受争议，本书所选择案例无法先分层再抽样，因此在外部效度上的确存在欠缺。但为了尽量使研究具有一定的解释力，本书选择了4所案例高校，研究中遵循案例研究复制逻辑，进行了逐项复制与对比分析。

---

[1] 罗伯特·K.殷.案例研究：设计与方法[M].5版.周海涛，史少杰，译.重庆：重庆大学出版社，2017：57.

二、案例研究的信度分析

信度表明案例研究的每一步骤，例如资料收集过程，都具有可重复性，并且如果重复这一研究，就能得到相同的结果。❶本书遵循了"提出研究问题→根据已有研究划定研究范围→通过专家咨询确定观测点→多渠道收集资料→规范分析"的研究路径，确保研究过程的科学性。

---

❶ 罗伯特·K.殷.案例研究：设计与方法[M].5版.周海涛，史少杰，译.重庆：重庆大学出版社，2017：57.

第四章

地方高校本科课程运行场域关系结构分析

根据前文对4所案例高校本科课程运行3个环节的访谈数据、文件制度以及观察记录资料的分析，对地方高校本科课程运行的实然状态有了更清晰的现实认知。本章主要依照分析框架，试图在数据分析基础上构建地方高校本科课程运行各环节的场域关系结构模型。同时，基于对各环节场域关系结构分析与解读，归纳本科课程运行主场域的整体关系结构构型。

第一节　次级场域关系结构分析

通过对4所案例高校访谈数据的逐项复制，发现基本能用同一个数据构念关系图来归纳各个环节的运行模式，即研究对象之间存在共同模式。由此，本书试图用场域理论的分析框架来构建各个环节的关系结构，在进行结构关系构建过程中，尽量结合数据分析部分获得的信息与结论进行解读。

依据场域研究的分析框架，首先分析与权力场域相对的场域位置，再勾画出行动者或机构所占据位置之间的客观关系结构，最后分析行动者的惯习。❶

按照分析框架，需要先明确场域的位置关系，位置关系是由主体在场域中拥有和追逐的"资本"决定的。不同场域或同一场域中资本力量的相互竞争、彼此拮抗的结果，形成不同程度的"资本—权力"关系。"资本"是积累起来的劳动，包括客观的物化劳动、主体的主观力量和相关的制度规则等，这种劳动作为资本被个体所占有，具有排他性，资本事实上是一种权力。❷也有研究认为在教育场域中，资本更适合被界定为利益或时间。❸因此，本书将在下文表述中将较多使用权力、利益或者时间来阐述资本。

---

❶ 皮埃尔·布迪厄,华康德.实践与反思[M].李猛,李康,译.北京:中央编译出版社,2004:143.
❷ 刘恩允,周川.场域理论视角下我国大学院系治理结构优化研究[J].江苏高教,2019（2）:41-47.
❸ 周国斌.教育局长的实践逻辑[D].长春:东北师范大学,2018:49.

第四章 地方高校本科课程运行场域关系结构分析

一、课程决策场域关系结构分析

尝试在前文课程决策环节的主范畴数据关系图和典型结构关系分析以及案例间逐项复制的基础上，探析关系结构模型。

（一）课程决策场域位置分析

从位置关系来看，大学的教师、学生、管理人员主体因素并非以静态的形式存在，而是在彼此共同构建的关系网络中确证彼此的存在。❶同时，场域位置是一种力量对比后的关系构建。在课程决策场域中，决策的典型路径是一种实践中表征为自上而下的科层机制，无疑，管理者成为场域的主导力量，占据场域最重要的位置。但在管理者中，学院的管理者（院长和分管教学的副院长）位于主导位置与非主导位置之间，主要表现为被动接受学校层面管理者的决策工作安排，但也站在教师立场争夺课程时间。管理者在这一场域最明显的是拥有合法性的政治权力，即国家对本科课程的要求与规制的发布，并以此作为课程决策的重要依据，保证课程决策行为符合国家需要和被广泛接受的社会标准。❷

制度与体制还赋予管理者对高校本科课程事务进行管理的权力，即行政权力。在调研的4所高校中，有2所高校是校长办公会，最后对人才培养方案拍板，两所高校由教学指导委员会做最后决策，但教学委员会的主席仍然是校长或者分管教学的副校长。管理者在场域中利用制度工具（文件）构建运行机制，除此之外，管理者的职务身份作用在维持场域位置关系、保持课程决策原有秩序方面也发挥较大作用，例如平衡各学院对课时的争夺，在国家课程与专业课程体系之间做出形式平衡。

对教师而言，在本科课程决策场域中，他们处于自上而下科层机制的下层，主要接受指令，他们拥有的文化资本所对应的学术权力，在场域能够争夺的位置有限。社会资本（人际资本）在决策中反而能够争取表达学术权力的空间，

---

❶ 刘恩允，周川. 场域理论视角下我国大学院系治理结构优化研究[J]. 江苏高教，2019（2）：41-47.
❷ 约翰. 范德格拉夫. 学术权力——七国高等教育管理体制比较[M]. 王承绪，等译. 杭州：浙江教育出版社，2001：12.

例如A校的高等数学分层教学可以通过教研室主任与院长相熟的"关系"推动，当院长不在"位置"上了，这种学术权力获得的空间很快被再次挤兑，分层教学可能无法持续。各校都存在的"因人设课"等现象更显示了学术逻辑在决策场域中的式微。在场域位置被挤压的状况之下，教师更多接受了场域被动的"实然"位置。

学生作为课程决策最终的效果承载者，在课程决策场域处于理论上的核心，实践上"出场"的主体。在4所高校的本科教育规划类文档中都提出，课程规划要满足学生全面发展、个性发展的需求，但在实际决策中，学生缺乏表达需求的渠道和有效途径，学校没有一种与学生沟通且帮助学生理解课程并促进课程改进的阐释机制。学生拥有的是四年的学习时间，这些时间是他们可贵的资源，也是场域争夺的一种天然资本，对课时的争夺是人才培养方案修订时被讨论与关注的最大问题。因此，虽然有时间作为资本，但其性质属于被动的被争夺的资本，学生的场域位置是边缘化或"被出场"的。

（二）课程决策场域行动者的客观位置关系结构

场域是一种力量关系，力量来源于资本，资本是排他性的权力。因此在场域客观位置关系结构中，构成相关关系的是一种相互之间的"力的作用"。根据对课程决策场域位置的分析，场域中最大的推力与斥力都来源于管理者，构建这个场域的推力是管理者对课程决策的启动与运作，以文件加持的方式，开启了一个管理者、教师和学生"入场"的场域。诚然，这种场域不是管理者随心所欲的游戏，而是高等教育本身的属性赋予的必然要建构的场域，但现实的推力是管理者被赋予的政治权力与行政权力。在课程决策这一具有较明显学术管理的场域，过度的政治权力与行政权力又形成了最大的斥力，让教师的课程权力与学生权力难以找到"资本兑换"的空间。教师选择的"半退场状态"也加强了场域管理者的主导地位。学生作为接受教育者，更无力与学校管理机制相抗，对管理者与教师均无法在决策环节形成力的作用。因此，进一步让渡了场域位置，处于被支配位置。

根据对课程决策场域资本与场域位置的分析，可以将其构成的场域位置关系概括为图4-1。

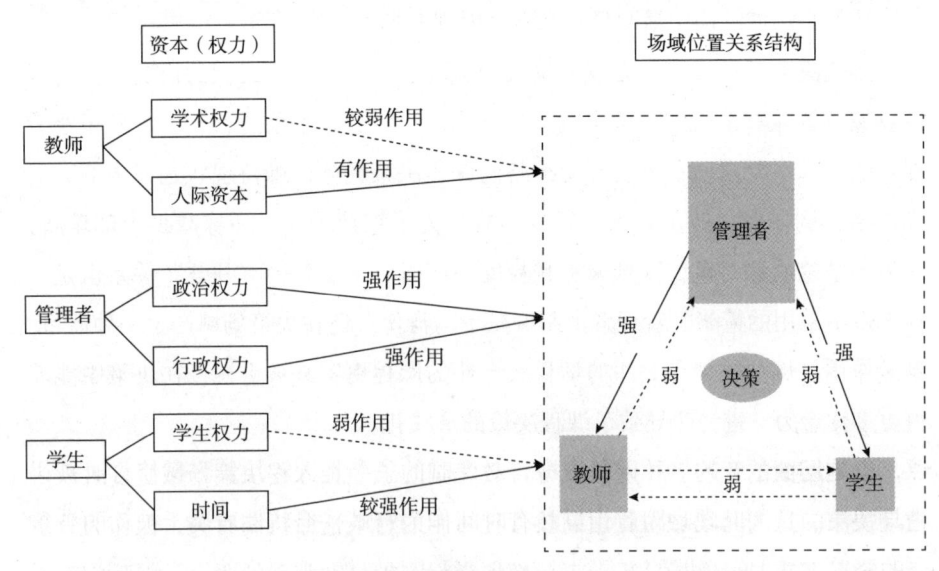

图4-1 本科课程决策场域位置关系结构示意图

注：场域位置重要性由圆圈中颜色区域大小表征。

（三）课程决策场域行动者的惯习

所谓惯习也是一种心智结构，是知觉、评价和行动的分类图式构成的系统，它具有一定的稳定性，也可以置换，来自社会制度，又寄居在身体之中；场域是客观关系的系统，也是社会制度的产物，但体现在事物中，社会科学的对象就是惯习与场域相互作用关系中产生的一切。[1]虽然两者之间是一种模糊的双向关系，但惯习是被场域形塑，并成为特定场域某种属性的东西。

管理者由于在本科课程决策场域中具有决策的发起权与决定权，在场域居于主导地位，决定了其容易采用"方便且效率高"的管理行为策略，当然，这种决策惯习还来自更大的高等教育管理场域和大学内部场域的形塑，下一章将做阐述。学校层面管理者采用的惯习有"文件加持"（惯用制度工具）、形式决策（维持现状、平衡决策、方便决策）等。制度文件具有合法性的加持，对于

---

[1] 皮埃尔·布迪厄，华康德.实践与反思[M].李猛，李康，译.北京：中央编译出版社，2004：173.

管理者来讲，是其作为上级行政意志化身的护身符，既有效又无风险，因此，这一惯习是场域结构中最明显且来自制度规范的。

形式决策是在学术权力或者说教师课程权力场域作用式微的情况下，管理者场域位置能够采用的"最实践"的方式，维持课程平稳运行、不出岔子是管理者的最基本要求。在未有理念准备的课程决策场域，维持现状是成本低廉的优选项，例如应付减负要求，减少学分，为了维持现状，还要减少内部矛盾，保障各学院的课时量，降低课程颗粒度。同时，平衡各种"利益"关系也是一种不得不采用的策略。管理者由制度赋予的身份，还在决策场域产生一种惯习：身份作用，例如校领导关注的学科、专业的课程更容易被重视，在决策中能获得更多注意力，进一步导致了课程决策的形式化。

学院层面的管理者（院长或分管教学副院长）在课程决策场域更多表现为被动决策，这与其场域位置由高校管理体制的行政任命机制有关，但作为管理者与教师双重身份的场域行动者，必须履行维护教师利益的职责，保障学院充足的课程学时是其展示自身场域位置的必然策略。因此，在课程决策场域表现最明显的是"瓜分时间"。

教师是场域的行动者，主体在场域中还会分析场域话语权，例如发现管理者的身份作用赋予了有效的话语权，在学术权力场域位置不利的时候，借用人际资本（社会资本）通过管理者的话语权实现自身的课程决策意图。同时，由于所拥有的最有价值的文化资本对场域关系能够产生的作用较弱，教师采取"隐匿"文化资本将自己从课程决策场域中在意义空间上"剥离"的策略，"漠视决策"是在场域挤兑下采用的应对方式。

学生尤其是在读或未入校的学生在形式上参与课程决策的现实可能性不大，在课程决策中一般对已毕业校友的调查是对学生需求的一种反馈式关注，但这已属于课程决策大学场域外圈层的一种参与。本书将大四学生对大学4年课程的反馈与反思纳入分析，发现关于课程信息由决策端到接收端的信息传导以及由接收端到决策端的反馈均不畅通，学生在"被出场"的场域位置，"不反馈"与"默认接受"，是课程决策场域处于被支配位置的行动者选择的一种策略。

二、课程实施场域关系结构分析

前一章关于课程实施场域的逐项复制，4所高校数据一致性程度较高。按照场域分析的框架，对课程实施场域关系结构进行分析。

（一）课程实施场域位置分析

在本书中，课程实施环节在操作层面主要界定为课程教学。在这一环节的具体场域是课堂教学场域。显而易见，在课堂教学场域中，教师与学生是主体，应处于主导地位。在仍采用传统的班级授课制为教学组织形式的课程教学场域中，虽然有"以学生为中心"的教学改革呼唤，但以教师为主导依然占据了场域的主要位置。依据本书的数据分析，发现教师在这一场域中虽然占据主导位置，但在意义结构上，存在一定的不确定性。教师主导地位在客观空间结构上是明显的，但在意义结构上需差别对待。

学生是课程实施场域存在的合理性所在，没有学生就没有这一场域存在的必要。教与学是课程实施场域的主要实践，这种实践不是主体改造客体的自然实践，而是一种具有明显主体间性的社会实践。以知识作为载体的主体交往强调主体间的互动沟通，学生应与教师同样位于主导位置甚至更应占据主体位置，对场域产生支配作用。但在调研过程中发现，学生更多时候处于接收教师"灌输"的"被动"主导位置。

管理者为教学活动提供服务，居于场域中重要但不是中心的地位，不过，在当前高校行政权力较强的场域中，管理者对课程实施场域采取了较严密的监控，比如制定听课制度、课堂教学管理纪律制度、教学信息员制度，安装教室监控器等。管理者成为课程实施场域上空一只"无形的手"。

（二）课程实施场域行动者的客观位置关系结构

在课程实施场域中，构建这一场域的力量来源于知识，即文化资本。教师是拥有文化资本的行动者，在场域中提供动力与吸引力，课堂场域的组织是文化资本聚力的表现。学生是追寻文化资本而来的，学生学习能力与教师文化资本共同在场域中活动，因此紧密的教师与学生作用关系是文化资本可以成为游戏"幻象"的关键。如果文化资本作用减弱，场域就会呈现弱聚力，为了预防这种弱聚力的产生，管理者利用行政权力构筑了该场域的一种外在"监控"，侵入教师与学生课程教与学的场域空间。由此，三者之间在位置上形成一种特定的关系结构（图4-2）。

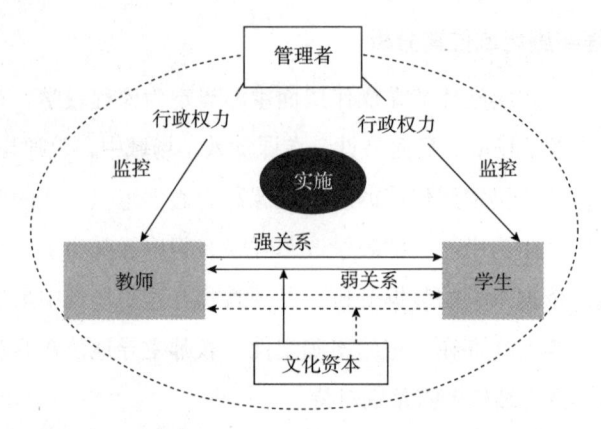

注：场域位置重要性由圆圈中颜色区域大小表征

图4-2 本科课程实施场域位置关系结构示意图

从场域位置关系看，教师和学生处于场域的主体位置，尤其是教师，在教师与学生之间发生作用的是知识即文化资本，教师的文化资本作用发挥强势时，师生的场域关系呈现强关系，在主轴性编码过程涌现了"良好课程"的范畴。"良好课程"主范畴包括的副范畴有：教师知识面广、教学方法好、懂学生、不照本宣科、提问多、鼓励学生互动等。但总体来看，课程实施场域现实表征为教师和学生关系松散，文化资本作用较弱，师生关系表现为弱关系。

以教师和学生为主体的课程实施场域之上，管理者的行政权力施加了监控力，这种监控力的初衷是保证或促进教师文化资本效力的发挥。但管理者的监控还加持了政治权力的履行，在对教师课程意识形态管控的更高政治要求下，行政权力成为师生课程关系场域的重要场域力量。这种监控力某种程度上成为斥力，例如在访谈过程中有老师谈道：过度的监控使我觉得时时在监控下，我得注意我的每一句话，我的言行，还怕被断章取义，教学自由丧失，也掠走了我的教学热情。

（三）课程实施场域行动者的惯习

课程实施场域与文化资本关系特别密切，两者的相互作用，形成了两大主体的生存心态与策略。教师在课程实施场域中在教学的自由属性与行政的教学监控下被形塑了一定的惯习。由于教学自由属性，教师的责任感处于自发状态，小部分教师出于较强的个体责任感，乐于教学，采取的行为策略是充分发挥文化资本的功能与学生进行知识交往的实践；大部分教师责任感欠缺，采取"敷衍课堂""放逐文化资本"的行为策略，将自己囿于课程困境却泰然处之，在课程实施场域体会到较低的自我效能感。

处于场域中的个体惯习是被关系形塑的。"教学相长欠缺"，学生作为课程实施场域的主要行动者，随着教师文化资本作用发挥的效力而采用了不同的策略。在良好课程场域，教师的积极参与使得学生的"课堂沉默"与"游离在场"的策略明显减少，但在大多数呈现困境的课程中，学生对场域采取既"接受"又抗拒的场域策略，在场域中直接转场寻求个体学习的有效途径。

惯习还是一种历史积淀的结果，学生在课程场域的惯习还来源于个体教育成长经历。教师认为学生自主学习不足，这种自主学习的欠缺来源于学生在教育成长过程中的"规训"，访谈中有学生谈道：在我从小接受的教育里，一般要求我们听老师的，喜欢在课堂上提问的学生被视为"出风头"，师道尊严，反驳教师也是不对的。

管理者在课程实施场域采用仍然是"制度工具"，将政治权力与行政权力的行使均转化为"制度文本"，形成一种"制度内卷"的惯习。制度规定过刚、过细、制度"虚设"等问题都置制度于无用之地。

三、课程评价场域关系结构分析

（一）课程评价场域位置分析

课程评价主要指对教与学效果的测度，评价是一种反馈与检测工作，在实践中主要是管理者出于保障教学效果，提升教学质量的课程管理需要所开展的工作。因此在场域中对教学进行评价的发起主体是管理者，但管理者一般并不对教师和学生直接进行评价，课程评价具有专业属性，评价主体除了教师与学生，管理者还将督导专家与同行等引入评价机制。

根据调研结果，评价方式有教师自评、督导评价、专家评价、同行评价、学生评价等方式，同行评价与学生评价是最核心的方式。同行评价是指同学科或同专业教师对教师的评价，专家评价的主体包括课程专家、校内外的同行专家、督导。其中督导与日常教学监控结合起来的评价专家（督导专家一般为校内的退休或在职人员）。学生评价是学生对教师的课堂教学评价。对学生的评价基本为教师对学生学习效果的考核。

在多主体的评价机制中，管理者虽然不直接参与评价活动，但督导、专家甚至同行以及学生评价都体现了管理者对教学的意图。并且管理者也会通过对评价结果的使用作用于教师与学生。教师和学生在场域中互为评价的主客体，均为场域的主体，但是占据主导地位的仍然是管理者。

（二）课程评价场域行动者的客观位置关系结构

在评价场域中，管理者仍然使用行政权力启动评价场域，教师和学生成为评价与被评价的主体。在这一场域中，教师拥有的仍然是文化资本，追逐的是教学名誉与奖励等象征资本，文化资本在教学场域使用的效果如何，还等待检测。学生在这一场域追逐的是文化资本的制度化形式（学历文凭）。在调研过程中，发现在这一场域中还有一种非常重要的资本在发挥作用，即人际资本，无论是师生之间还是同行之间，甚至督导、专家与教师之间均有人际资本的作用力（图4-3）。

在课程评价场域，行政权力一如既往地发挥着强作用，并且通过同行、督导、专家等主体实行权力对教师产生作用，更为重要的是通过评价结果对教师进行作用，对教师进行奖励或惩罚等。管理者对学生的作用主要通过对课程考核结果的利用产生，决定学生是否能获得所追逐的文化资本（学历文凭）。在现实场域中，教师与学生所要被测度的文化资本（教师的知识能力与教学能力、学生所获得的身体化文化资本）对场域位置的作用消解在"利益共谋"中，这种利益共谋主要是师生通过维护人际资本实现的。管理者通过专家、同行、督

图4-3 课程评价场域位置关系结构示意图

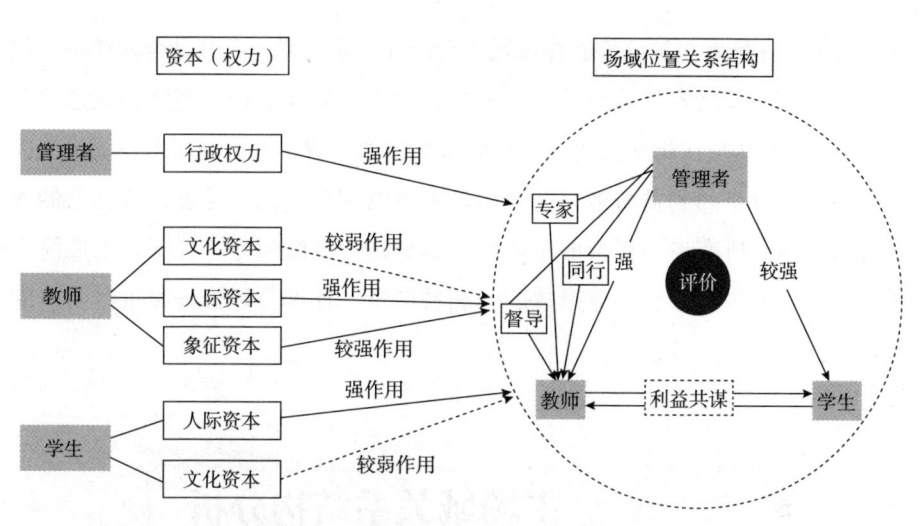

注：场域位置重要性由圆圈中颜色区域大小表征

导对教师文化资本在课程场域的测度也被教师的人际资本所消解，"大家都很熟，就不会那么较真了，一般都会给比较好的评价"。由此，构成了上图的场域位置关系。象征资本是教师在评价场域所追逐的资本，教师希望通过教学评价获得学生的认可，或者获得一些教学荣誉等。

（三）课程评价场域行动者的惯习

"惯习"是主体实践性地认识社会的一种认知结构。[1] 本科课程评价是在大学内外场域的推动下对本科教与学的一种效果认知，也是在我国实行高等教育大众化政策以后，对高等教育质量的一种进行规范化测度的举措。在面对教学这一复杂而又具有不确定性的事物时，高校内部随着关于高校教学质量评价的常态化，均设立专门的部门来进行教学评价管理，但由于评价科学发展的不足以及教学评价自身的不确定性，校内教学质量评价结构目前更多是完成上级的一些评估任务，对于评价手段的科学性缺乏有效的研究与论证。

评价缺失科学的支持，管理者从管理效率出发，优选可选的是简单量化的评测手段，即单一又量化的不会带来争议与麻烦的客观评价标准，评价结果与

---

[1] 皮埃尔·布迪厄，华康德.实践与反思[M].李猛，李康，译.北京：中央编译出版社，2004：172.

利益相关，评价者与被评价者在场域中会结成一定关系，尤其是校内评价，彼此之间业已形成的人际关系就是一种社会资本。最容易跨越制度的就是关系与权力，❶尤其是在相互之间具有利益依赖性的场域。评价过程中，评价主体考量的一是自身的利益与被自己所评价对象的利益，二是是否损害自己的人际资本。因此所有参与评价的主体均带有利益考量的惯习。管理者采取简单量化评价的手段和评价主体形成的"利益考量"评价是评价场域主体明显的惯习。

第二节 主场域关系结构分析

上一节根据第三章数据分析结果，对本科课程运行各个环节构成的次级场域进行了场域关系结构的分析。但本科课程运行是一个系统的运作，各个环节构成统一的系统。布迪厄认为系统理论在表面上与场域理论有许多类似之处，无论是在系统理论还是在场域理论中，分化和自主化的过程都发挥了至关重要的作用，但这两种理论之间仍然存在较大差异。场域理论拒绝接受系统理论中的共有功能、内在统合以及自我调控等基本假定，它强调内在冲突构成的力量关系，表面上对共同功能的取向在本质上仍然肇始于冲突和竞争。❷

因此，在研究主场域时，并不关注本科课程运行各环节内在统合以及系统本身的固有结构，而是将其作为一个潜在开放的游戏空间，从运行的各个次级场域数据中，分析主体在整个课程运行过程中的特征。对三大主体围绕本科课程运行形成的场域位置、构成的关系结构以及惯习特征的分析，来源于次级场域的分析，但是也是对场域分割每一个阶段所需要的一种质的飞跃。❶

---

❶ 翟学伟.中国人的关系原理[M].北京：北京大学出版社，2011：2.
❷ 皮埃尔·布迪厄，华康德.实践与反思[M].李猛，李康，译.北京：中央编译出版社，2004：141-142.

一、本科课程运行主场域位置分析

在数据分析的选择性编码之后,归纳出的地方高校本科课程运行核心范畴有:"行政主导"的分离决策、"游离在场"的不确定性参与以及"失真"的评价。从不断总结与修正的结果来看,问题式的特征是各次级场域显著的表现。但并不代表各个次级场域是完全沉浸在问题中的,只是从资料的分析来看,与理性的或者理论层面所要求的运行场域仍存在相对较大的差距,且被访谈对象对整个教学的负面感知占据主导。

管理者从课程决策场域到课程实施场域再到评价场域,赋予其场域力量的一直是行政权力。行政权力在某种程度上与学术权力、学生权力形成拮抗,由此也形成了场域的一种张力,这种张力蕴含了矛盾与斗争。不过在我国高等教育体制大场域行政强权的浸染下,行政权力在冲突中占据上风具有先天优势。因此,管理者在整个本科课程运行的场域仍然占据主导的位置,即使在以师生为场域主体的课程实施场域也产生了巨大的"无形力","教学的监控不仅仅在于摄像头对课堂的监控,从教材的选择到教学信息员的制度,总体感觉从内容到形式都有一种无形的指挥棒,随着他们画的谱去行动才比较安全"。

教师从课程决策场域的"漠视"到课程实施场域的"不确定性责任感"再到评价场域的"与学生的利益共谋",勾画的是教师所持有的最丰富资本——文化资本在课程运行场域"犹抱琵琶半遮面"的状态。遭遇场域挤压、文化资本难以在场域"兑换",教师在场域的位置争夺中难以与管理者抗衡,教师选择"半退场"。同时,教师转而在场域中寻求一些社会资本支持来与场域中的一些不利于自身的境况相抗,寻求改善自身处境,并与场域现有关系结构"相安无事"。教师的此种行为策略无形中加强了行政权力对自身的支配,使自身处于本科课程运行场域被支配位置。

学生作为本科课程运行的最终指向者,在场域中接受规则,但他们并不真正完全被这些规则"规训",而是在为所追逐的文化资本(学历文凭)兑现而"隐忍"。对决策场域的不满采取"反馈也没用,不如不说,我们理解学校与学院的难处";对课程实施场域的"'游离转场'""课堂上想听就听,觉得没啥用或讲得不行的课，就做自己的事，现在学习的途径很多，在线平台都可以让我学到很多"；在评价场域的"利益考量与利益互换"也理解得甚为"合情合理"。学生虽被置于被支配的场域位置，但在现实的逻辑中会自我消解诸多不利于自身的场域境况。

二、本科课程运行主场域关系结构分析

本科课程运行主场域位置关系结构如图4-4所示。

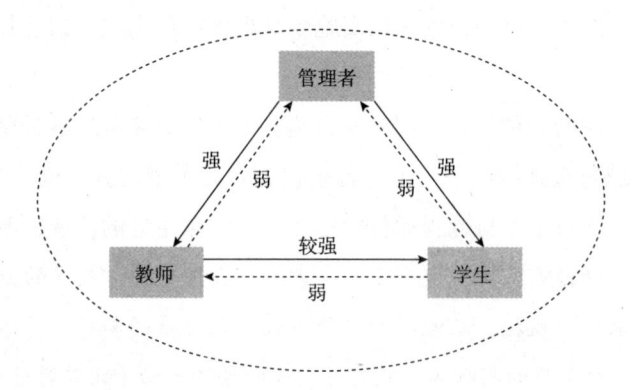

注：场域位置重要性由圆圈中颜色区域大小表征

图4-4　本科课程运行主场域位置关系结构示意图

三、本科课程运行主场域行动者惯习分析

运用质性研究的"故事线"阐述方式，依据对本科课程运行场域的分析，本书似乎可以梳理一条关于地方高校本科课程运行的整体"故事线"：管理者始终居于场域较为重要的位置，整个场域呈现"分离、游离、失真"的特征，是一个"斗争性"较弱的场域；管理者利用政治权力和行政权力，更多不是争夺，而是维持已有资本与利益；教师的淡漠与责任不确定感，更使得文化资本的效用丧失作用空间，使得这一场域中对文化资本的追逐缺乏强竞争性；而学生始终只有时间资本被安排，在"默然"中遵守场域规则争取制度化的文化资本。

总体上，管理者的惯习是维持运行，教师是运行中的"按部就班"者，学生是"接受"又抗拒场域规则的"游离在场"参与者。

如此阐释，似乎也印证了布迪厄关于利益观念的阐述："与它相对的不仅是所谓超功利性，而且有漠然的挂念，所谓的漠然，就是不为所动，对我来说，这种世间游戏根本不起作用，就像布里丹的那头驴"。也就是说，在本科课程运行的场域中，推动拥有一定数量资本的行动者采取的策略不是起而颠覆，更多是退而维持或者是漠然视之、远离游戏。❶

---

❶ 皮埃尔·布迪厄, 华康德. 实践与反思[M]. 李猛, 李康, 译. 北京: 中央编译出版社, 2004: 158–163.

第五章

地方高校本科课程运行场域问题分析

地方高校本科课程运行场域关系结构的勾画，是对数据分析结果的归纳整合。在运行场域之中，显现或隐藏于背后的现象与问题更是本书希望透过分析穿越的"隧道"。本章将紧扣前文通过数据分析与资料收集获得的信息，进一步提炼问题，并将问题从大学场域的内圈层扩至大学场域、高等教育场域、社会场域中进行解读。高等教育场域、社会场域看似不在本科课程运行场域中，其实时时融织在高校场域中，这种若即若离的"在"或"不在"在一定程度上恰好提供了诠释问题的经纬线。❶

第一节　当下地方高校本科课程运行场域的主要问题探析

有关本科课程运行的问题，在一般意义上必然是繁杂、交错与多重的，通过一项研究绝无穷尽之可能。本书利用数据编码归纳了三个核心范畴"'行政主导'的分离决策""'游离在场'非确定性参与""'失真'的评价"，呈现了三个次级场域的显著特征，最终归纳出了"退而维持、漠然视之、远离游戏"的主场域典型特征。但数据编码与归纳的特征背后仍然蕴含着诸多亟待探究的问题以及灵动丰富有纹理的事实与场景。本书基于场域视角，在案例数据冗重与数据编码结果过于概括化的缺失中对场域问题进一步进行探析。

---

❶ 马维娜.局外生存：相遇在学校场域[M].北京：北京师范大学出版社，2003：37.

一、场域位置关系结构失衡

(一) 管理者体制优势位置的"隐性"清场

本科课程运行的组织是管理者的工作职责，因此管理者从组织的内部就占据了体制赋予的优势位置。课程事务具有明显的学术管理特性，占据优势位置的管理者在场域实践中较容易挤占教师和学生的场域位置。在访谈调查与观察分析过程中，发现教师参与课程决策的机会并无合法性的规定要求，人才培养方案讨论会议中教师（包括院长和分管副院长）的发言机会少之又少，并且发言内容还需尽量做到符合"组织意图"。访谈中，分布在3所高校的兼任公共课教研室主任的三位教师均反映，在《人才培养方案修订指导意见》出台之前教务处或学院在课程安排方面基本不征求他们的意见，"听从安排就可以"。甚至有学院院长不知道自己学院一门课程将要被转为选修课，学院院长是居于管理者与教师中间位置的双重身份者，情况尚且如此，普通教师的场域位置可以想见。

"在选择什么课程、开设何种课程以及如何控制学生规模、如何进行教学考核等具体事务上，教师自身缺乏自主权，他们是'被支配者'和'被管理者'，被动地接受各种安排"。❶ 在课程实施场域，在课程意识形态监管之外，本应将场域让渡给教师，然而，管理者却可以随意侵占场域，全程监控，甚至可以对教师的教学方法进行"外行指导"。一位老师曾经不无委屈地分辩道："我有一门课程有一部分关于社会事件分析的内容，根据需要，我采用了翻转课堂的教学方式。我经常会在课堂上组织一些讨论，但是教学质量评估中心发现课堂比较'混乱'，认为我在偷懒，并举报至学院院长，院长叮嘱我规范课堂秩序。这让我很意外，他们认为无法确定我是否在进行教学方法改革'。"在教学自由与教学控制之间，教学控制的压迫感挤占了教学自由的场域空间。

学生虽然在客观空间上不一定要占据课程决策的位置，但在意义场域上应是课程决策所要顾及的核心主体。"从未有正式途径全面清晰地告诉学生进入大学后所学的专业、需要学哪些课程、课程要求学生做好哪些准备、课程之间的

---

❶ 罗伯特·伯恩鲍姆.高等教育的管理时尚[M].毛亚庆，等译.北京：北京师范大学出版社，2008：1.

关联是什么等问题。学生从这个专业毕业能做什么？大学四年，都是零零碎碎地了解这些，按学校安排去上课。到临近毕业，我对自己的大学专业认知依旧不清楚。"一位大四学生讲道。可见，学生在场域中的位置不被关注。

场域优势位置悄然将教师与学生"清场"，这种"隐性"清场一般情况下管理者并不自知，自我行为所占的意义空间与场域位置被认为是职责所在。一位曾经分管教学运行的教务处副处长说："我们每天都忙于应付课程教学中各种问题，没有时间去想其他的，就是把教学安排妥当，不用在意教师的好与不好，只需要上课。"

（二）教师资本"兑换"失败的"主动"退场

教师作为学校文化资本的承载者，在本科课程运行场域中并不天然回避场域的竞争，甚至希冀文化资本在大学各个场域中都能占有"一席之地"。因为，在场域中，拥有资本的行动者，都希望借由自己的资本"兑换"利益，比如换取经济资本、社会资本或文化资本的制度化形式（职称）。

但现实却是，教师的文化资本在课程场域资本"兑换"收益甚微。"刚刚毕业的时候，我在教学上花了很多时间，怀抱一腔热情，我觉得作为一名教师最基本的就是把课讲好。可一年过去后，与我同时入校的两位博士只教授一门课，一年之内申请了两个课题，发表了文章，在年终考核会议上，我无地自容。从第二年开始，我不再更新课程教学的内容，课余时间也不再钻研课件和教材，而是整理博士论文，编撰出书，并开始寻找选题、申报课题。之后科研开始步入正轨。教学质量好并不会得到表扬。但课程教学需要花费很多时间，并且收益甚微。比如经济效益，很多同事认为教育好自己的孩子比教学收益要高，因为雇佣保姆的花费比课时费高很多"。

对于有能力做科研的教师，"退场"可能是一种利益权衡的抉择，但让人深思的是部分并无科研"退路"的教师，在教学场域仍然选择"退场"。在访谈中，有一位参评5次副教授仍然失败的教师说："当科研不是那么成功时，有人劝我，好好把教学做好，可能有机会评上学校的教学型副教授。可我经过观察后发现，学校教学做得好的教师，职称也没有变化。教学型教授貌似是偶尔会来的惊喜，教学花费的时间是不确定的。教学即使出彩，性价比也太低"。

当然，这种"退场"并不是完全意义上的出场，而是在场域中的主动抽离与退让，对课程教学选择应付或者走流程的"意义退场"。一位教研室负责人说："每次课程体系调整，都需要重新编写教学大纲，有些老师会根据原来的稍微改一下日期，大家貌似对这种与自身利益不那么相关的事情都比较敷衍"。在数据分析部分，涌现的副范畴"敷衍课堂"成为一种常见现象，也印证了教师的"退场"式场域选择。

（三）学生需求被忽略的"被动"转场

在课程决策场域不被重视的学生需求，在课程实施与评价环节的需求表达仍然被忽略，在无法获得课程运行场域的需求关注之后，学生"被动"转场。一位大三男生讲道："我报考这个专业是因为我的家人认为这个专业有前景，并且我是西部省份的学生，在工程这一方面比较有前景的。我父亲有一个相关行业的小公司，等我学成后帮他开拓。但上大学后我发现这个专业学习的内容比较浅，先不说实操，基本的专业知识就比较混乱，课程多且不集中。我们班几位同学去找班主任和院长，希望可以帮我们调整下课程，因为这是一个重度依赖实践的工科专业，必须设置较多的实践环节，但反馈后三个月也没有回音。于是我打算选择一个理论性更强的专业参加考研培训，努力考上研究生再做打算。"

在课程实施场域，教师按照自己的一套学科逻辑进行"满堂灌"，对学生的学习需求缺乏分析，这种不分析学生的教学不可能是高效的。"教学相长的欠缺"与教师对学生需求的缺乏认知密切相关，在本就松散的师生关系中，课堂作为紧密连接的唯一渠道也不能"知彼所需"。访谈过程中，一位文科类专业的女生在访谈时非常随意地谈道："我喜欢与人交往，喜欢问老师问题，可有时我问的问题老师并不能解答，老师会说回去查一下资料再给解答，可下一次课他好像忘了，当然有的老师还是非常认真的，一定会记得我的问题。但有过几次被忽悠的经历后，我学会到知乎以及一些专业网站上去寻找答案，就很少再去问老师了。"

有一位学会计的同学说："会计电算化是一门应用性非常强的课程，我觉得作业与考核应该是促进我们不断去操练并提高应用能力的，但后来发现作业和考试都非常简单和机械，因为要让大部分同学都能通过，如果毕业后从事这个工作，课堂上并不能让我获得那个应付工作的能力，我会选择去参加一个校外的培训班。"

在信息化时代，知识的获取途径便捷多元，学校课程滞后于学生需求时，"转场"进一步削减了场域结构张力，但对高校而言，这并不是一种值得的"窃喜"的轻松，而是本科课程运行场域逐渐加重的"危机"。

二、资本（权力）作用偏离

（一）行政权力的过度作用

在对教师与学生本科课程运行场域清理的过程中，行政权力夹带着位置优势对场域产生的强支配作用从未停止。在大学场域，学术管理与行政管理"双重性"是现代大学管理的主要特征。❶学术管理是指对大学学术事务的管理，具体讲就是根据教学和学术发展的规律及知识的权威性，依靠专家学者的力量对大学内部学术工作开展管理活动，包括专业和课程的调整和设置；行政管理主要指对高校内部行政事务的管理，管理者依据学校章程、民主程序及上级赋予的职权，为了实现学校工作目标，采用有效手段对学校工作进行计划、组织、指挥、协调和控制等。❷

本科课程运行显然是在学术管理与行政管理之间偏向学术管理的取值阈，例如课程决策是典型的学术管理与行政管理交叉的场域。从本质上讲，任何一次大学课程决策过程，都是"高深知识文本逻辑、课程对象认知发展的心理逻辑以及课程目标的规范逻辑的过程"。❸但在实际的课程决策过程中，对于《人才培养方案指导意见》的出台，课程体系与课程结构设置是否具有合理性，缺乏全面的调研。整个过程过度依赖政治权力的意图，扩大行政权力的使用边界，

---

❶ 佟庆伟.大学管理的理性[M].北京：北京师范大学出版社，2014：81.
❷ 佟庆伟.大学管理的理性[M].北京：北京师范大学出版社，2014：81-83.
❸ 唐德海.论大学课程生成残缺之症结[J].大学教育科学，2018（2）：33-37，60.

将指导意见作为必须遵守的"律令",至于修订的指导思想甚至原则,由教务处单方面起草,将各学科各专业的学科差异、不同专业的课程诉求"一刀切"。

一位专业负责人抱怨:"教务处觉得自己的规定是合理的,因为这些需要开通的课程都是有指示的,学院层面遵循、教师执行就可以。在实施过程中发现了问题,教务处就会回答当时是按规定做的安排。而我们这个学科的理论与实践有时序要求,因此我多次与教务处沟通才完成"。

更为典型的是行政权力肆意变更规则。一位教师透露"学生评教制度实施的前三年评价结果还是公正可信的,会要求在全院公示评教结果,那时还会表扬各学院前3名,约谈各学院排名最后的3名教师。但前几年由于某些学校领导包括一些有影响的院长在学生评教中的成绩不理想,结果就不再公布,成了一个隐私数据,对学生评教的要求也越来越随意化。起初我每年都是学生评价分数较高的教师,觉得很有成就感,但后来大家分数都很高,我已经好几个学期不去看这个评价结果了。""'失真'的评价"折射了行政权力过度作用的样态。

在课程实施场域,同样如此。例如"制度内卷"包含的制度游戏化,反映的是行政权力在制度上的"游戏化"与"虚设",比如听课制度与教授、副教授上讲台制度,无论是访谈还是文档资料分析部分,都反映出管理者带头违反听课制度,基本不能完成听课任务;更为奇特的是每学期开学校领导的听课,是对学期教学状态的一种客观检查,但教务处带头违反制度规定"在任何人员听课之前,不得事先以任何方式通知授课教师",其实"在前一天,教务处会通知院长,院长也会提前通知教师做好准备,希望老师通知学生不要迟到早退等"。

行政权力固然重要,在调度资源、组织协调等方面对于本科课程有效运行不可或缺,但权力触角过度延展,无疑抑制了本科课程运行的学术属性。课程评价,亦变成了管理者的个人想法与意图的反映,简单借鉴就算完成。一位教学评估中心的管理人员说:"这个课堂教学质量评价标准的合理性如何,我们也不能得知,在制定这个标准时,学校会让我们参考其他学校标准。某次,校长提出教师的语调与神态对学生影响很重要,这个要纳入标准。我们在修订时就将其纳入了。"由此可见,行政权力的过度作用,加剧了碎片化与随意化的管理倾向,割裂了本科课程运行自身的内在科学逻辑。

（二）学术权力的隐匿放逐

在行政权力的过度作用下，教师对于本科课程运行那种"明知不合理却不可言说"的状况体会较深，从自上而下推动的课程事务比较通畅，但自下而上要推动一件事难度很高。一位大学外语部副主任介绍说："在目前的语言学习条件下，英语学习需要改革，如果按照目前的标准来设置课程，很多学生会觉得课堂学习的效率比较低，他们希望有一些更综合的将听、说、读、写统一起来的环节。我和大学外语部主任在学生中也做了深入的调研，学生们希望大学英语课程进行一些调整。但提交报告很久后再询问对方，通知需要校长办公会审批，之后进行的人才培养方案修订也销声匿迹了。我认为无论提议是否合理，应该给一个明确的答复，不能将责任推给校长办公会。"

教师一方面抱怨学术权力的不被重视，但另一方面，真正需要运用学术权力参与课程事务时又"自由散漫"，这是一种怎样的"悖论"？一位被要求参与"卓越人才实验班"培养方案制定的教授给出解释："平时有很多事情会征求我们的意见，但是征求方式简单粗暴。比如专业选修课。《人才培养方案》中列举很多，但是学生无法选修，都是固定的课程，这对于我们这种学校的优势专业很不利。因为老师们希望学生找到自己在这个领域的兴趣点，可以作为后备科研人才进行培养，对专业发展无论从科研还是人才培养方面来看都是非常有利的。我在几个会议场合都提过建议，但人才培养方案修订并未采用，我也就不再提了。目前进行实验班改革，希望老师们提意见，我不知道我们提出意见是否会被采纳，内心不舒坦。平时提出的意见不被重视，需要我们的时候就把我们'拎'出来，心里有点不顺气的，气不顺怎么做好工作？"可以看出管理者长时间简单便捷、拒绝学术声音的"形式决策"在教师心里造成不小的"伤害"。这种伤害无疑是学术权力与行政权力之间的分离造成的，民主科学的管理文化缺失也进一步造成管理者与教师之间的"隔阂"。

学术权力的隐匿，一方面来自学术权力无法彰显的困顿之后的对抗，另一方面来自学术权力或者说文化资本在场域效能的低下。本书所调查的教师并不如博克在《大学之道》中所描述的大学教师那样，都对自己的教学能力深信不疑。接受访谈的教师均认为自己的教学场域难有较高的成就感，除了资本"兑现不足"，更多的是面对今天的学生，他们缺乏应对的方法。在访谈数据分析中也涌现了"自我效能感低"的主范畴，进一步助长了学术权力的隐匿放逐。例如一位在教学方面得到大家好评的教师，也感叹道："有些事不知是否有效，例如投入大量精力开发了一门课程并推荐给其他老师，并非追求点击量。遗憾的是，很多老师使用意愿不高，究其原因，是不知道如何让学生将课堂与课外学习相结合。"

关于学术权力的隐匿放逐，也是在实践场域中的一种对有用性的妥协。督导、同行评价的过程中，"作为在职教学督导，在工作中也发现了一些问题。但对于不熟悉的老师就不去纠正了，以免惹事。毕竟大家都在一个学校任教，没必要发生矛盾。"这种不惜牺牲学术权力维护人际资本是教师场域行动的一种利益考量。

（三）学生权力的空间裁剪

本科课程运行所有工作的最终目的就是让学生能够通过四年学习淬炼能力、获得知识、提升素养，但从头至尾学生都是被安排着的，主体需求缺乏应有的表达空间，少有的空间也被裁剪得伸不出青春的触角。从课程决策场域的"被出场"、课程实施场域的"游离在场"到评价场域的"利益共谋"，学生作为主体的权力在空间上已经被课程运行体制裁剪得非常逼仄。

更甚的是，学生将自身对于课程的权利空间在"师道尊严""服从学校规定""不要影响毕业"等理由之下施加了自我裁剪。接受访谈的学生当被追问到"老师满堂课都在念PPT，甚至你都发现他从网上下载课件搬来用，你为何不选择去向学院或教学部门反映？"学生很自然地说："我们认为学生直接投诉老师也不大好，毕竟是我们的老师，虽然有不满意的情绪，但是也担忧这样会给老师带来麻烦。"部分学生被问到"对于不满意的老师在学生评教时会不会给老师打更低的分数？"他们给出的答案一般都是"我们理解老师的困难，我们的负面评价如果影响他的职称或者工资，心里会觉得过意不去。另外，万一负面评价被老师知道了，可能会让我们通不过考试，情况会很麻烦，毕竟毕业对我们来说非常重要"。

三、场域惯习"潜沉"

(一)"维持运行"的行为逻辑

管理者在课程场域中虽然过度使用行政权力,但他们的目的并不是争夺更多的权力,甚至不是显示权威,只是履行岗位职责,本质是维护自身已经拥有的行政权力和行政位置。以4所高校中本科教学较为规范的N校为例,虽然学校层面非常重视本科教学,但这更多是因为国家政策越来越重视本科教育,学校希望趁着一流本科建设的东风,进一步提高学校在全国高校的排名,正如笔者访谈的该校1位已经离开学校的管理者所言:大家普遍意识到本科课程必须大力改革,我在学校任教期间,正是N校快速发展的时期,校长事业心非常强,希望进一步提高学校的办学水平,因此也非常重视提高本科人才培养质量,比如软科中国大学排名等高等教育评价体系中就有对本科教学成果、课程项目等的指标得分,在评价指标体系中人才培养指标占比越来越高;因此,在教学方面我们采取了一些不同的措施,做了很多事,其中包括要求所有专业选修课挂牌选课,成立学习指导中心等。我们想向一些高水平的研究型大学学习一些理念;但本质上讲,并没有对在本科教学方面做出出彩的成绩而获得认可有很高期望,因为众所周知,办学水平评价更多依靠科研成果和学科建设,教学是必不可少的,但领导的关注更多放在科研与学科建设的突破,因此在教学方面,虽然学校要求推进的措施很多,但大家的心态比较平和,竞争性并不强。换言之,管理者在这一场域并不展开"激烈争夺"与显示自身业绩,行动争夺性较弱,大刀阔斧、触动利益的改革被"形式决策"所代替。

这种"形式决策"讲求管理效率,强调不出岔子、维持平稳运行,对于课程运行的科学程序与逻辑不予思考与研究。

管理者身在本科课程运行场域,却总以一种"内里的局外人"[1]视角来选择性回避其核心的问题,更愿意做"局外人"而不愿意成为"反思着的参与者"。与教师相比,大学领导者可能更不愿意花时间和精力来改善本科教育的质

---

[1] 马维娜.局外生存:相遇在学校场域[M].北京:北京师范大学出版社,2003:41.

量。❶S校在人才培养方案制定过程中对前期调研与科学决策做出的安排是4所高校中最为合理的，给予学院将近半年广泛调研与开会讨论的时间，各项工作安排也最为合理。但在最后的决策成效方面，教师反映教务处缺乏将前期这些有用信息进行合理有效整合的能力，程序科学强于实质科学，使得有效信息不能真正转化为科学的课程决策。这折射了管理者在教育教学理念与管理能力方面可能存在不足。

在课程理念方面，照搬照抄、依循惯例的情况更能佐证管理者"维持运行"的行为逻辑。举个例子，4所高校中，对通识教育的理解，除了N校在理念阐述与课程安排上比较合理，其余3所学校都存在较大的问题。A校、S校的通识教育就是国家规定的必修公共课，S校在选修课中不再有通识课程。A校将6个学分必选公共选修课程列为拓展教育课程（拓展教育一般是指学有余力学生选择的广度和深度更高的课程），且该校的公共选修课杂乱并且都在晚上进行，学生到课率很低。G校的通识课程既有必修也有选修，但该校将选修课的开设全部交给学校购买的课程平台，学生一般点完学时就可以在线完成。

另外，A校和G校为了避免排课的麻烦，将所有专业选修课设置为不能选择，所谓的专业选修课均为固定的课程，学生根本没有选择的空间。教学管理者也不会去关注教学质量是否提高、学生在课堂上是否真的有收获，他们认为教学质量是教师的责任，"课程教学质量如何，教师是关键，作为管理部门只能组织安排教学日程与规划，但教学质量的直接影响因素是教师的责任心。"

（二）"顺势依从"的生存策略

博克曾在《回归大学之道》一书中写道："教授们很少群策群力共同探讨'怎样进行有效教学'这个问题，相反，教学是教授们个人可以随心所欲处置的一项活动；即使将科研的前沿知识引入课程，教学效果依然不佳，课程内容的更新并不意味着教学方法的改进，教授并不清楚学生究竟学得怎样"。❶用这段话来描述所调研的地方高校目前课程教学状态也十分恰当，教师们认为教学是

---

❶ 德雷克·博克.回归大学之道[M].2版.侯定凯，等译.上海：华东师范大学出版社，2012：214

可以随意开展的一项工作，教师之间的关系也是松散的，他们倡导个人的教学自由，教师的教学责任感出于个人的"良知"。教师感到教学控制挤占教学自由的空间时，依从教学控制，接受放逐课程权力的要求，"教材每年都有变化，每次重新备课任务艰巨，但不重新备课教案审查会出现问题，教研室一位老师传授了一个经验，所有教案按照教材内容去写，讲课的时候尽量少拓展。上课过程中全程录课，按照教材讲就不会出错，因为教材学校已经审查过了"。这种应对教学控制的方式在实践逻辑上好像无可指责，顺势而为，机械地履行教学程序，成为教学控制的依循者。❶教师们默认了这种被支配的关系，并在场域中采取策略承接这种控制。

当然，在另一方面，当教学自由由自身掌控时，部分教师会将自己的知识才能在空间里发挥到最佳水平，"在实习基地指导我们实习时，我感觉老师们讲理论比在课堂上更风趣更幽默。"但部分教师在掌握教学自由时也会比较懒散，"我们有一门实验课在旧的实验室授课，实验老师在那里上课时一直玩手机，但在新的有监控的实验室就会亲切观察我们实验进展"。

教师在不同场合，惯习是具有"临场性的"。在教学评比中教师的教学表现与平时没有专家评委在场时的表现差异也比较大，"我作为学生代表参加我们学院几位老师的优秀教师评比活动时，感觉只有一位老师保持了一贯的教学风格，有热情，授课有趣生动；其他几位老师比赛的状态和平时上课的状态截然不同"，这种"表演式应对"是一种"心知肚明"的共同默契与场域的游戏遵从。教师对这种评比的迎合，满足了管理者对课程教学重视的制度设计，也为自己在本科课程运行中积累了几分资本。

教师放逐学术权力，转由行政权力的过度作用所驱，但依从行政权力也是教师的一种生存策略。例如，在课程决策过程中，通过与管理者建立良好的人际关系，顺利实现课程改革的想法或者实现自己的课程利益，"当领导认为这门课程的开设有重要意义时，开课会比较容易，在资源获取等方面也更容易获得支持，校领导重点关注的学科更容易。近年来劳动教育课成为各个高校课程设

---

❶ 陈振. 教师权力异化的场域理论分析及其矫正路径[J]. 中国教育学刊, 2021（7）：83-89.

置的热点,我们邀请副校长担任教材主编,课程也很快在全校开设并推广。"

(三)"沉默自渡"的场域适应

在应试教育与"好学生"标准潜移默化的长期规训下,学生将生活经历中累积的学习经历变成了寄居在身上的偏好结构,与那些产生偏好、也往往被偏好再生产的各种客观结构一起,经过一种复杂多变的辩证关系,被建构出来。❶学生在本科课程运行场域的惯习就是这样一种历史与现实的建构。在数据编码过程中发现大学生"学习自主性不足""课堂沉默"是显著的群体特征,但是深入了解学生后,发现这些行为策略的解释是一种历史的积淀,也是场域作用的结果,"从小学到高中,学习节奏都由老师和家长安排好,没有自主学习的习惯。更重要的是大学课程多,大二晚上也有课程安排,老师布置的作业没有时间完成,上课时只能保持沉默""老师上课时讲的内容有时没听懂,45分钟的课堂也不便打断授课提问,大学老师课程结束后随即离开,很少有机会可以提问,所以面对老师提问沉默也是无奈之举"。产生性情倾向的世界客观结构与性情倾向之间在结构上是对应的。

面对教师敷衍课堂的情况,除了沉默,学生并非感受不到,"我们对一些课程存疑,对老师也不信服,但是作为学生,我们会避免冒犯老师和为难老师,大家都比较友好。"学生采取的是不动摇场域结构的"自渡"策略,当然自渡策略是多样的,一种就是如果教师不采用考勤等手段进行场域限制,就在课堂中"离场":"那些在我看来实际效用不大的课程,我会选择缺席,但这仅限于老师并不计较我是否在教室的情况下,我并没有去玩,会选择去图书馆看书或者去创新创业团队工作室,有些同学会在网上学英语,也有人选择睡觉,但是大部分同学还是会积极利用时间。""自渡"策略更多的是"身在心不在"课堂的"游离",学习四六级、考研、考编、考资格证的内容,老师的讲授是学习的背景音,这成为很多学生应对"课堂困境"的惯用策略。

在这种场域形态中,大学生看起来少有抱怨与指责。但沉默只是外在的表征,大学生在意义场域中"自渡"才是场域适应的惯习,这种惯习已经在一批

---

❶ 皮埃尔·布迪厄,华康德.实践与反思[M].李猛,李康,译.北京:中央编译出版社,2004:167.

批大学生身上潜沉。正因为这种潜沉，构筑了本科课程运行平稳的假象，也"保护"了管理者与教师在场域的各种漠然与"不合理"的行为。

第二节 外场域对地方高校本科课程运行场域产生的影响

大学课程是大学教学质量的"阿基米德支点"。从学理视角，本科课程运行场域应是大学场域中最富有活力与动力的次级场域，然而，它却在现实的实践中偏离了理论的预设。本科课程场域中的许多问题可能是特定情境下的特定反映，是关于场域自身特性的折射，但场域不是天马行空、独来独往的无稽之谈，而是在历史的漫长时空中酝酿、孕育、繁殖而成的。❶追问起这个问题，必然形成一种差序格局式的外拓，与本科课程运行关系最密切的是大学场域，与大学场域最密切是高等教育场域，更大范畴的是高等教育场域所置身的社会场域。本节试图从外场域再对本科课程运行场域问题做一些思考。

一、大学场域的结构映射

（一）横向职能场域博弈的映射

从横向的职能上，本书所调研的高校均为地方教学研究型大学，大学兼有教学、科研与社会服务三大职能，因此也形成了教学、科研与社会服务三大次级场域，尤以教学场域和科研场域为主。从大学场域自身来看，教学与科研的推拉形成场域的竞争与张力，对行政管理资源与教师文化资本的争夺所产生矛盾与冲突一直都是高等教育关注的热点。

重科研轻教学是一种国内外高等教育都希望努力改变的偏差，但在促进人类社会进步与革新的作用方面，从外显效应上讲，科研的功能显著优于效益

---

❶ 马维娜. 局外生存：相遇在学校场域[M]. 北京：北京师范大学出版社，2003：216.

"慢现"的教学，高校在科研上的成就对学校发展带来的效应也极具诱惑力。因此在实践逻辑上，大学场域在两者的争夺上天然倾向了科研次级场域。这种结构的失衡映射到本科课程场域，无疑剥夺了场域的酬赏，场域是一种"游戏空间"，那些相信它所提供的酬赏并积极寻求这种酬赏的"游戏者"才会投身于这一空间。❶在调研过程中，笔者在追问关于本科课程建设项目问题时，教授们建设课程的热情远远低于投入科研的热情，他们认为课程建设不能彰显个人能力。

也有学者将大学"水课"产生原因归于大学内部对教师考核的场域压迫、课程与教学的弹性处境、课程主体的共谋沉默以及管理者的视野盲区。❷确实，教师在课程实施场域的表现一部分原因来自大学场域的压迫，教师有限的时间和精力被科研考核挤压得非常稀少，教师必须通过不断累积制度化"文化资本"（如学位、奖励、职称）甚至"科学声望"立足于大学场域，❸而课程教学场域在累积文化资本功能方面远不如科研。"我曾获得教学标兵奖，拿了六位数的奖金，这份荣誉是大家对我教学付出的认可。但第二年评职称时，却因缺少一篇核心期刊论文未能达标，院长虽然帮我去人事处尽力争取但未能通融。科研是硬杠杠，教学好并不能弥补差距，我能理解，学校不能随意打破规矩。当时，我爱人对我这些年花太多时间在教学上表达了不满，质疑我为什么不利用这些时间产出一篇核心论文，不然如今可能已经晋升至副教授了。"不难理解如果没有足够的定力与良好的心态，教师是难以承受这种场域压迫的，这种场域压迫极易剥离他们的教学责任感。

（二）纵向管理体制结构的映射

大学在由培养精英人才的象牙塔模式转换为规模化的现代大学模式过程中，其管理事务逐渐繁杂，衍生出了大学行政管理的复杂系统。由学术人员完全兼任管理工作的方式已经不能满足大学系统有效运转的需要，因此行政权力成为大学内部场域的重要力量。高校是一个复杂的组织，它有阶层式的结构，校长、

---

❶ 皮埃尔·布迪厄,华康德.实践与反思[M].李猛,李康,译.北京:中央编译出版社,2004:20.
❷ 潘浩,皮武.场域压迫、主体共谋与大学"水课"的生成逻辑[J].江苏高教,2020(8):49-54.
❸ 张俊超.大学场域的游离部落[M].北京:中国社会科学出版社,2009:65.

行政人员、教师和其他相关人员之间不可避免地存在一定的从属关系。从表面上看似是韦伯所设想的"科层组织结构",但本质上大学组织不适合在这种单一的结构中运转。大学的教学系统和学生组织具有松散结合的特征,但在非教学的行政事务上却高度结构化。❶

在大学组织中存在行政权力和学术权力2种权力,教师要接受2种权力和2种管理,2种权力如何形成最佳结合如今仍然是高校内部管理未解决的问题。因此,行政权力自上而下所形成的科层组织结构成为大学组织运行的一种现实结构。这种结构将学术权力控制在行政权力之下,学术权力是学术人员和学术组织基于其专业特长与学术能力对大学学术事务所拥有的影响力、权威力和控制力。❷大学场域这种纵向的管理结构映射到本科课程场域也约束了课程运行中教师文化资本的转化,行政权力"占场"效应明显,教师形成漠视自身文化资本转化为课程资本、服从行政指令"放弃"学术权力的惯习。

二、高等教育场域的体制浸染

(一)自上而下的管理体制浸染

由于一些特定原因,我们的大学与社会长期处于边界不清的运行环境中,以国家权力为主导的政治力量和以金钱为象征的经济力量极大地介入大学办学中,挤压着教育内在规律和学术权力的存续空间,教育的基本规范秩序在我国大学还没能有效建立,大学的自由探索精神的生长缺乏必要的土壤。❸

关于高校的办学自主权,在1985年的《中共中央关于教育体制改革的决定》中就明确规定高校有权调整专业的服务方向,制订教学计划和教学大纲,编写与选用教材,在此后的相关文件中更是多次提出扩大高校办学自主权、"去行政化"等高校管理改革措施,但时至今日,政策支持成效仍然不显著,甚至南辕北辙。❹例如,近年来教材选用权越来越小,"马工程教材"成为高校课程的

---

❶ 姚启和.高等教育管理学[M].武汉:华中科技大学出版社,2005:192.
❷ 陈金圣.大学学术权力的制度化建构[M].北京:中国社会科学出版社,2014:89.
❸ 佟庆伟.大学管理的理性[M].北京:北京师范大学出版社,2014:214.
❹ 程天君,吕梦含."去行政化":落实和扩大高校办学自主权的政策支持[J].全球教育展望,2017,46(12):69-84.

首选。大学课堂与中小学课堂的差别应该在于，更具有开拓性与思考性的学习，教师的身体化文化资本过于受限于外在约束的框架，极大地阻碍了教师与学生之间的思想交流。

调研过程中发现，近几年教材审核过严、频繁更换教材、频繁调整教学内容已经让部分教师更加失去了教学热情。教材审核确实有必要，因为教师的教学自由并非无底线的自由，但是"过犹不及"。课程教学除去场所、教学工具等安排之外的，均是学术场域的活动，行政化的高等教育大场域抽离了场域特有的价值观和调控原则，高校内部简单沿用行政手段的惯习更是从各个层面深化了这种抽离，作为课程主要行动者的教师基本放弃了争夺。究其原因，一方面这一场域能带来的资本积累效益不足，另一方面自身也无力改变场域空间的结构。

"有相当数量的大学尤其是地方大学领导人似乎不需要有自己的办学理念，一切都按上级红头文件行事，没有文件时就按常规维持运行，他们仍然事事向上汇报请示，获批准后方敢动作；这种自觉把大学纳入官僚体系中的做法，在客观上钝化了大学学术自由、机构自治的本质特征。"❶ 在本科课程运行场域最直接的反映就是只要是国家有文件要求的课程就一定要开，确实这些课程是国家意志的体现，必须让大学生有学习体验的过程，但不管学生的学业负担是否加重或者课程的开设是否有学习效果的做法是值得商榷的，国家对课程的要求到了地方高校层面完全没有经过校本层面的研究以及与现有课程体系的重新磨合是导致课程运行整体效果不佳的重要原因。课程名称加授课教师等于课程生成的惯为省略了课程生成的程序。❷

课程泛化、课程窄化现象普遍存在，比如《中共中央 国务院关于全面加强新时代大中小学劳动教育的意见》颁发不久，劳动教育很快被增设为必修课程，并且是以理论课程为主；还有《形势与政策》课程每学期开设8个学时，访谈中，很多学生反映："这门课程每学期都开设，内容要么是通过网络能够查询到的常识，要不就是文件解读，让人觉得浪费时间。辅导员解释说这是国家

---

❶ 眭依凡.大学校长的教育理念与治校[M].北京：人民教育出版社，2001：123.
❷ 唐德海.论大学课程生成残缺之症结[J].大学教育科学，2018（2）：33-37，60.

规定必须开的课，所以反馈意见用处不大。我设想这种课是否可以调整教学方式，让学生自己分析一些时事，或采用第二课堂和专题的形式开设课程。"

可以说，高校办学自主权的缺失来源于大学外场域为本科课程运行场域的"行政主导、游离、失真"提供了大环境，高校内部管理者依赖被"管理"的惯习也形塑了这一缺乏动力的场域。

（二）"数量绩效"评价模式的浸染

每个场域都规定了各自特有的价值观，拥有各自特有的调控原则；这些原则界定了一个社会构建的空间；在这样的空间里，行动者根据他们在空间里所占据的位置进行着争夺，以求改变或力图维持其空间的范围或形式。❶评价是对各个社会组织与事务运行价值的评判，这些评判标准调控场域的入场"幻象"。我国当前高等教育场域受到各种办学水平排名、学科排名以及论文发表排名的评价模式的驱使，一切数量化与标签化的评价导向催生了大学内部对教师与学生的评价数量化与绩效化的结果。教师考核内容包括课题经费、论文数量与教学课时量等。数字作为一种评价性工具或符号，当它被推崇至极端化程度而具有了规训性时，对高等教育场域中生存的人就有了消解的作用，个体的丰富性和深刻性被遮蔽在抽象的数字中，高校之间以及内部的无序竞争和学术失衡就会出现。❷

高等教育发展模式正从外延式发展转向内涵式发展，由追求数量转向质量，破"五唯"；但另一方面现代高教管理规范与数字技术背景下，数据、数量化表达又不断被强化。在高等教育这种评价模式下，包括课程教学评价在内的高校内部评价机制呈现明显的数量化特征，这种情况与课程教学质量定性评价难度大，学生学习效果与质量难以测度的不确定性给评价标准带来的技术性困境❸等也存在关联。高校管理者采取了一系列打分表格来评价教师课程教学质量，教师采用考查学生浅层识记与理解记忆等容易客观化的考核方式来评价学生。

---

❶ 皮埃尔·布迪厄,华康德.实践与反思[M].李猛,李康,译.北京：中央编译出版社,2004：17.
❷ 么加利,罗琴.高等教育评价的数字依附及消解[J].高校教育管理,2022,16（1）：26-37.
❸ 周玉容.大学教学评价标准的双重困境与破解之道[J].高等教育研究,2019,40（10）：75-81.

在调研的4所高校中，对于课程教学质量的评价均以专家评价表、同行评价表以及学生评价表三张定量打分的表格出现（见第三章），最后的计算得分也以定量的分数"论英雄"。"这份教师课程教学质量打分表，对教师的仪态仪表、语速、PPT的质量以及教学过程的外在表现评价占比在50%以上，10%通过观察学生的课堂表现打分，剩余是对于知识的逻辑性、教学方法的评价，没有定性评价的内容。"对于教师的课程教学外在表现、关于知识的逻辑与教学方法外在形式的评价，甚至关于学生课堂外在表现的评价在某些程度上也不能代表学生学习效果，课程教学质量的最终目的是学生学习体验与学习获得，这种评价模式难免"舍本逐末"。

三、社会场域的矛盾裹挟

（一）社会场域的多元影响

黄灯老师在《我的二本学生》一书中写到"学生们中规中矩、老成持重，很少有让人惊讶和意外的讨论、质疑发生，他们也不觉得在课堂上的讨论和质疑，应是大学生生活的常态。从教十三年来，从来没有一个学生因为坚持自己的想法，和我发生过争论。"❶这一段话生动地描绘了学生们课堂上的形象，在本书的现场观察以及与学生的交谈过程中，也印证了这一总体印象。他们一般安于接受各种已有的安排，尤其在与学习相关的问题上，即使对安排满档的课程、教师敷衍的课堂心怀不满，也未曾想过去改变这种状态。他们作为课程学习的主体，有权利且有必要维护自己的学习利益，但"我们很多时候会私底下抱怨"。

本该富有活力的青年学子在课程场域中接受着"被出场"的现实而丧失自己作为主体的意识。书中将这些"中规中矩"解释为进入大学之前过分的考试进阶压榨加上进入大学就被笼上的就业阴影折损了他们青春年代鲜明的触角和锋芒，形塑了他们保守持重的惯习。从时代与教育场域的变迁来看，大学生的精神面貌与行为策略确已更新换代。但学生场域主体意识的沉寂除了受应试与

---

❶ 黄灯老师笔下的二本学生是沿海省份一所本科院校，在其他省份的招生分数基本在一本线上，与本研究的地方高校可以大致归属于同一类型。

就业的现实所驱，社会场域自身的近20余年的急速变化是最大解释值。

大班额的课堂、教师与学生的疏离、学生评教、以数量绩效为主的管理方式等等，这些精英教育阶段尚不存在的现象，冲击了成长中的大学文化。在本科课程运行的各个环节，课堂教学严苛的管理纪律、程序化的教学节奏导致庞大的学生群体被简单化、统一化以及规制化。在高等教育普及化的阶段，要重回精英教育时代教育本源图景的企图需要被打上问号。除了大学时感知到的就业压迫，对一出生就与互联网时代相伴、被信息社会裹挟成长的新生代大学生而言，社会场域的裹挟充满了多元化的矛盾，有必要探析社会场域对成长中大学生个体的形塑。

有学者对当代大学生矛盾型社会心态进行研究后发现，他们在个人自我关系方面，一边躺平、一边内卷；在与他人关系上，一边社交恐惧、一边网络上活跃；在与国家的关系方面，一边冷漠、一边热情高涨。❶在课程学习方面，一方面对课程规章、对课堂学习以及教师授课如何"满不在乎"，在课堂上"沉默""游离"；另一方面不断努力"自渡"，在课外各种平台与培训机构"内卷"。"沉默自渡"应对大学课程场域的惯习与大学生的社会场域心态形成映照，也为我们更深层地反思与优化本科课程运行场域提供更广阔的视野。

（二）功利思想的挟持

当违反场域规则带来的利益比遵守场域规则带来的利益更大，或者违反场域规则并不带来利益损害时，场域主体更倾向于采用违反场域规则的行为。商品社会利益交换的功利主义思想，维持人际关系获得好处的世俗化考量都在大学生的场域适应以及师生关系中产生辐射作用，他们已经学会在社会与大学的链接处，敏锐捕捉个体成长所需的"人情世故"。"给老师打高分显然对老师有益处，对我而言也并无不利，因此我倾向打高分。"

有研究表明，自利趋高评价与他因趋高评价在大学生评教行为偏差中占据较高的比例。❷自利趋高评价就是担心打低分被老师知道了会得罪老师，甚至有

---

❶ 黎娟娟，黎文华. Z世代大学生多重矛盾性社会心态解析[J]. 中国青年研究，2022（7）：104-110，30.
❷ 周继良，龚放，秦雍. 高校学生评教行为偏差及其与学科类别、学校类型和学业自评的关系——基于南京和常州十所高校的实证调查[J]. 高等教育研究，2017，38（10）：64-74.

的学生故意给老师打高分取悦老师。"老师和我们关系较好；师生关系不好，最直接的影响就是期末考试评分可能会低，更长远的也可能影响毕业论文"。他因趋高评价是基于他人利益考量而采取的评价行为，"老师也很辛苦，他们没有功劳也有苦劳，假如我给他较低的评分，影响到老师的职称和工资收入，我心里可能会自责。"当然，与利他行为相反的是，出于报复心理给教师打低分，"老师不为难学生，我们就会给他正常的评价，但如果为难我们，也有可能打很低的分数"，这种为难包括了教师的过分严厉、课外作业比较难等情况。

… 第六章

对地方高校本科课程运行场域优化

本书对于地方高校本科课程运行场域从实然状态分析到问题的梳理与诠释，一直试图在现实维度和理解维度去勾画这一场域的图景与纹理，也希冀能够在事实分析与理性解读之后对如何使地方高校本科课程运行场域更为科学有效运行提出一些革新策略。地方高校本科课程运行场域受到从大学场域到高等教育场域以至社会场域的水波圈层式的影响，社会场域以及高等教育场域相对于本书的主题来讲，都是更为宏大的外圈层主题，探讨起来势必会将外圈层更多具体场域问题考虑在内，本书可能无法全面整合梳理，因此，留待今后进一步探讨，本章更多基于前文的分析，立足于该内圈层场域本身，从反思也不乏远距观望的视角进行愿景守望与优化策略探析。

第一节　增强地方高校本科课程运行场域的自立性

科层场域在现实中极易表现为伯恩鲍姆所提出的大学治理维度的"硬治理"特征，强调治理结构的约束力、规制性以及共同遵守的权力关系和固定规程。❶然而大学是具有明显文化治理属性的组织，内部管理的行政化倾向使得学术本真精神以及社会责任意识彰显不够。应该强调基于文化的"软治理"，突显学术真理与"隐性秩序"，维护与延续大学发展的合理性之本源。❷因此，地方高校本科课程运行场域优化必然要求从科层场域走向科学场域。

科学场域是这样一个场域，个体置身其中可以保持自立。在彼此发生异议时，也可以抛开一切不合科学的手段，能无拘无束地参与自由讨论，用科学的

---

❶ Robert Birnbaum. The End of Shared Governance: Looking Ahead or Looking Back[J]. New Directions for Higher Education, 2004: 127.
❷ 张德祥, 牛军明. 论文化治理性与大学文化治理[J]. 现代教育管理, 2021 (1): 1–9.

武器大胆率直地反对任何与自己观点相冲突的人，因为彼此之间没有依附关系，对运用哪些方式或途径解决这些异议也能取得共识。❶

一、加强课程治理，克服行政主导的分离决策

在大学课程决策过程中，存在决策主体主要由行政权力拥有者主导、决策过程深受非理性因素冲击、决策空间构建随意化、决策评价被忽视等问题。❷管理者、教师和学生在决策场域处于分离状态，将归属于学术事务的课程决策交由行政权力，本科课程运行场域从开端就缺乏自身的独立性。

越缺乏独立性的场域，竞争越不完善，场域行动者越容易在科学的斗争中引入非科学的力量；相反，场域越独立，其竞争越近似纯粹和完善，审核性工作就越能排除社会力量的干扰，变得更科学化。❸在大学场域，行政人员的作用是重要的，但其重要性源于学术的重要性，源于教师的重要性，其重要性由其服务性来体现。辅助性地位不能取代决定性地位，行政人员的地位是由学生本位、学术本位所决定的。❹由于中国的大学管理权力结构往往是官僚政治的、多阶层的，行政权力可能不自觉地将各种干扰因素带进学术管理之中，容易依靠管理层级、行政权威来行使权力。❺大学治理是特殊意义的管理，是一种强调管理效果的管理变革，以能效主义为取向，更强调扩大参与主体，调动他们参与的能动性。❻

行政权力所构造的自上而下的"硬治理"组织结构极大地约束与制约了大学教师从事学术工作的积极性与主动性，"校长不要把教授当成你的下级，不能

---

❶ 皮埃尔·布迪厄, 华康德. 实践与反思[M]. 李猛, 李康, 译. 北京：中央编译出版社, 2004：232-233.
❷ 陈太忠, 皮武. 课程决策：大学"金课"建设的关键环节[J]. 黑龙江高教研究, 2021（4）：153-156.
❸ 皮埃尔·布迪厄. 科学的社会用途——写给科学场的临床社会学[M]. 刘成富, 张艳, 译. 南京：南京大学出版社, 2005：36.
❹ 张楚廷. 高等教育学导论[M]. 北京：人民教育出版社, 2010：304.
❺ 陈娴, 顾建民. 大学治理与大学管理的概念辨析：西方学者的观点[J]. 高教探索, 2017（4）：48-52, 105.
❻ 李思思, 李莎莎. 治理视野下大学"科层—熟人"混合管理模式的透视及制度应对[J]. 高教探索, 2021（4）：41-47.

把学者的学术问题当成政治问题"❶成为一部分反思高校管理现状的学者的深刻体悟。

在这一场域中，身份资本作用的发挥在某种程度上都是"无意识的"，管理者自身甚至并不觉得在这一场域中使用了权力。因为权力是一种附属存在，获得权力的途径通常有两种，一是通过职位和制度，二是通过所能控制的资源。在我国现行的高等教育管理体制下，管理者认为自己的很多行为是上级意志的体现，"近年来颁布的关于本科教育改革的文件频出，教育部和教育厅都颁布了许多文件，事务繁多，无暇顾及，主要按照要求完成工作。比如课程体系就是上级规定的课程增多了，但是相关要求也必须执行。因此人才培养修订讨论中，只能将这些文件作为依据，要求学院必须按照它执行。有时确实也需要精简课程，但是课程开设容易，削减就比较难了。学校现有的考核体系对每位教师有基本教学工作量要求，削减会引发矛盾，所以有时只能平衡。这个平衡过程中，管理者权力并不大。我认为我的职责是在各种要求之间找到一个大家能够接受的点，在维持稳定运行的同时，拥有一点话语权。"

本科课程要转变治理模式，管理者在本科课程运行场域要肩负起场域责任，这种责任不是制度和行政体制赋予的流程式的工作职责，而是大学场域独有的管理理念与方式。作为高校管理者要忠诚于组织，但是仅仅学会遵循组织的表面规则、履行岗位职责的绩效，将会违背大学场域的学术属性，最终将破坏学校的事业发展。这要求管理者更换在行政管理占主导的环境下的行为惯习，要改变惯习就要与惯习的历史积淀性相对抗。

要克服这种惯习，从治理的视角，需要构建一种民主和共享共治的模式，维护教师的课程权力和学生权力，在共享共治的理念下动用显性、隐性的契约或者法律规范来实现多主体利益的表达。代议制就是一种由管理者和被管理者双方共同发起制定并遵守的制度，在高校中代议规则是由师生和管理者甚至其他利益相关者共同发起制定并遵守实施的，它能更好地体现利益相关个人与群体的自由、权益，更富有教育性和操作性，更能得到各方的普遍理解与支持。❷

---

❶ 黄达人.大学的声音[M].北京：商务印书馆，2012：90.
❷ 何玲.新时期高校教师与管理者冲突原因及化解新探[J].湘南学院学报，2022，43（3）：112-118.

地方高校必须反思自身长期以来形成的积重难返的对政府的程序依赖、资源依赖、心理依赖。❶例如大学丧失课程"署名权"极有可能挫伤大学课程生成的积极性，但将大学不重视大学课程生成或不履行课程生成职责完全归因到课程署名权上，显然是为简单地将课程署名权简单化为"课程名称+教师"推卸责任，❷从而掩盖高校内部课程生成的根本问题。

二、构建有效课堂，增强课程"在场"聚力

高校课程如果不能在个人发展完善上起到直接的、有效的促进作用，就不能算作高等教育，至少不能认为是名副其实的高等教育。❸

教师的文化资本如何能有效支撑起课堂这一实施场域，是一个必须深刻探讨的问题。在知识获取如此便捷的今天，大学教师不只是知识的转达者，需要积累更多的专业知识与教学艺术，还要不断提升教学能力，开展有效的教学探究。教师需要克服传统工作习惯和专业惰性的影响和制约，更加全面、深刻地反映知识发展新趋向及学生成长的新诉求。❹这种探究不必一定是学理性取向的，也可以是实践性取向的，但最起码应该是教师教学实践过程中自主性、反思性与智慧性的融合，❺能助益课堂教学的效果提高。

有学者曾提出"五I"课程方案，对改进当前大学课程实施现状具有深刻的启发作用，"五I"课程方案认为好的课程应该提供给学生良好的信息（information）、培养学生的兴趣（interest）、鼓励学生质疑（inquiry）、教给学生智慧（intelligence）以及保护或促进学生的直觉（intuition）。❻在一门课程里，如果学生能够获得合理的知识结构、求知的兴趣、质疑的勇气与能力、思考的智慧以及良好的直觉，可以算得上是高质量的课程。然而，停留于学生浅层识记

---

❶ 程天君，陈栋.自主抑或依傍：困境中的"省部共建"高校[J].高等教育研究，2015，36（5）：29-36.
❷ 唐德海.论大学课程生成残缺之症结[J].大学教育科学，2018（2）：33-37，60.
❸ 王伟廉.高等学校课程研究导论[M].广州：广东高等教育出版社，2008：3.
❹ 唐德海，曹如军.大学课程高深性：立论基础与实践反思[J].大学教育科学，2017（5）：57-61.
❺ 阎光才.大学教学成为学问的可能及其现实局限[J].北京大学教育评论，2017，15（4）：155-166+189.
❻ 张楚廷.课程与教学哲学[M].北京：人民教育出版社，2003：136-151.

能力教学的地方高校本科课程是现实常态，这种课程可能连基本的合理知识结构也不能给予学生。教师的教学能力亟须系统的培训与实践来养成。

也有学者提出，高校的教师教学发展中心应致力于促进教师从基于个人体悟与自省的经验发展模式，向基于理性训练与培育的专业发展模式转型，其主要功能在于强化教学专业认知、提升教学专业伦理、培育教学专业文化。❶当前，地方高校教师教学发展中心机构虚设、核心功能缺失，充分发挥其功能是提升教师教学能力的可行之策。

有效课堂的构建，除了教师的知识与专业能力的优化，更需要深入研究学习者。大学教育与基础教育是不同的，目的已经不再是应试，更多的是培养学生探索问题和解决问题的能力。❷但成长于信息与技术飞速发展时代的新一代大学生，应对世界的方式有了更多隐匿不可知的个体特征。这些隐于"沉默不语"背后的丰富个体需求，似乎呼应了当前"以学生为中心"的教学理念。"以学生为中心"教学理念重视学生学习经历、倾听学生声音，在专业课程评价标准之外，考虑学生学习体验、学习投入和收获，反映课程教学内化于学生成长"最真实的影响"。❸有研究表明，"双一流"建设高校之外的其他高校大学生更依赖于高质量的课程教学以获得学习与发展。❸增强课堂对学生的"引力"，赋予学生课程学习充分的意义场域空间、引导学生树立课程主体意识、提高学生大学4年时间资本的收益是地方高校改革的方向。

三、建立科学评价体系，实现评价的测度效能

评价是一种测度，测度要依据标准与尺度。教学评价标准的科学性、合理性是评价的重要基础，关系到评价的效度与信度，甚至直接影响教学活动的开展。但教学过程并不是一个标准的主体与客体的生产过程，而是一种主体与主体的特殊交往过程，以富有建构性的知识以及主体丰富的灵性为媒介，情境性、

---

❶ 别敦荣,李家新.大学教师教学发展中心的性质与功能[J].复旦教育论坛,2014,12(4):41–47.
❷ 中南大学校长谈改革：青年教师做科研8年不讲课[N].南方都市报,2016-4-4(2).
❸ 黄雨恒,周溪亭,史静寰.我国本科课程教学质量怎么样？——基于"中国大学生学习与发展追踪研究"的十年探索[J].华东师范大学学报（教育科学版）,2021,39(1):116–126.

对象性、生动性是显著的特点。即使有课程目标为依托，但如何去评判知识主体交往的有效性很难有"放之四海而皆准"的尺度。教与学过程的教师、学生、教学内容、教学环境、教学媒介5个要素，如果1个要素发生变化，整个教与学的评价基础便产生差异，对于大学课程，尤为如此。例如美国大学手册将学生课程评估结果按照不同班级规模划分为5个大段12小段，发现10~20人的小班教学效果最好。❶

本书的研究发现地方高校本科课程评价遵循的更多是外在规则，学生评教简单量化，评价维度模糊等问题导致评价"失真"，整体上，完成评价程序的形式重于评价的实质。学生的主体需求被淹没在形式化的程序之下，在"师道尊严"以及"反馈不畅"的课程管理规训下，学生课程场域主体意识与中心地位不显著。为唤醒学生场域主体意识，高校内部必须对教学有效性重新审视，重新构划学生的场域位置。

有研究将学生评价课程教学质量模式划分为"辅助管理模式""消费—服务模式""学生主体模式"三种；辅助管理模式下学生只是从表面上像被考虑进课程评价质量评价中，题项表达专业化，不符合学生认知水平，评价结果主要用于"问责"；消费—服务模式主要从满意度视角将学生当成顾客对其满意感知进行调查，重视学生感知，但将课程教学质量简化为学生满意度，偏离教育意义；学生主体模式体现了"以学生为中心"的理念，是教育取向的模式，调查内容与人才培养任务更为相关。❷显然，从调研结果来看，地方高校远没有达到学生主体模式的要求，模式选择在辅助管理与消费—服务模式之间，有的过于注重问责，有的虽然采取了满意度调查，但对于满意度的结果未有任何使用。

学校应重新审视教学有效性，突显学生主体地位。国内外较多学者从学理层面、学生体验与学习结果层面开展了研究，例如赵炬明教授致力于将国外的"以学生为中心"理念、实践及模式的引入为我国提供借鉴，❸史静寰教授在大

---

❶ 董礼,薛珊,卢晓东.本科课程评估结果群体特征研究［J］.中国大学教学，2015（2）：87-92.
❷ 黄雨恒,周溪亭,史静寰.我国本科课程教学质量怎么样？——基于"中国大学生学习与发展追踪研究"的十年探索[J].华东师范大学学报（教育科学版），2021,39（1）：116-126.
❸ 赵炬明.论新三中心：概念与历史——美国SC本科教学改革研究之一[J].高等工程教育研究,2016（3）：35-56.

学生就读体验与学生收获等方面开展一系列的研究，制定了针对不同类型高校的中国大学生学习与发展追踪研究（CCSS）测评指标体系。无论是国外的全国学生参与度调查（NSSE）还是国内的CCSS都侧重对学生的学习体验进行评价，以评价结果促进课程教学质量改进，真正凸显以学生为中心的教学理念。有些地方高校已经和相关研究机构开展合作，进行了相关调研，并形成了相应的研究成果。作为地方性教学研究型大学，可以采用或者借鉴CCSS指标体系的评测方法，改进对本科课程教学质量的评测，真正将学生对教师课程教学质量与自身的学习行为、学习体验等的感知作为课程评价的重点。

学校的教学质量评估中心应改进自身的工作方法与节奏，依靠硬性文件、做完规定动作只能维持本科课程表面运行，评价"失真"、缺乏信效度的测评甚至会扰乱教学的正常秩序。突显学生的场域主体，探及教学改革的深水区，才能真正提高教学质量。评估的目的不是获得数据进行问责，评价的最终目的是提高人才培养质量，实现育人的终极价值。

第二节 减少行政权力对场域张力扩大的阻滞

一、减少行政权力的作用，提高教学学术资本要求

管理者缺乏高等教育管理的基本理论与能力是场域动力不足的原因之一，有观点认为教学管理者均应该有教育学学习背景，懂得高等教育教学的基本原理与要求。❶ 笔者通过对中部几个省份部分符合本书界定层次的地方高校官方网站信息的搜索，发现即使在以文科类专业见长的高校，教务处处长也大多来自

---

❶ 观点来自微信公众号"高校教师发展工作室"推文：华东师范大学校长钱旭红院士讲话"教务处的每一位同志都要成为教育家"（2019-8-28）。

理工科类专业，仔细分析他们的学科背景，均是"学而优则仕"的典型代表，有的甚至从未有过本科教学经历，从研究中心直接提拔上任。从现实来看，教务处处长是学校的重要管理岗位，只有业绩突出、科研成果丰硕的人才才能匹配这个岗位，但在调研中也发现，出身理工科类的处长由于繁重的科研工作与指导学生的任务，对于高校教育教学规律少有研究，维持教学的运行成为他们对管理岗位的工作要求。

未研究教育教学自身独有规律的管理者，即使在某一领域具有较高的学术造诣，也可能较容易采取在管理场域简单使用行政权力的方法，甚至职位容易沦为积累个人人脉、资源等社会资本的筹码，正如布迪厄所认为的"制度化"科学资本有着其他类别的官僚资本相同的转化原则，容易落入官僚主义的形式。❶在高校场域中，谋"一官半职"也是学术颇有成效的学者们的一种生存策略，因为在我国当前的体制下，行政岗位的职务或许能在某种程度上帮助个体更好地积累文化资本。值得反思的是，对于教学管理岗位的主要岗位，看似入场的资本门槛很高，但就本科课程运行具体场域来讲，其实资本门槛并不高，对于入场课程教学场域并没有比较高的相对应的本科课程运行场域的教学学术资本要求，比如在教学方面是否有过显著的业绩或者有丰富的教学实践经验等。

如何提高管理者教学管理理论水平与课程管理实践能力？首先，在学校内部可以通过激活一些机构的职能来实现，例如在学校的高等教育研究所、学校发展规划处配置专门的高教研究队伍，针对学校的人才培养开展调研；其次，引入相关优质课程和资源，加强对教学管理人员的培训；在教学管理人员的工作绩效考核中，加强对工作合理性的测度，改变"走过场、设文件、无实效"的汇报工作或整体模糊评价的现状。

高校是理念组织、学术组织，是高层次人才聚集地。❷教师是理念、学术与高层次人才的体现。教师所拥有的文化资本是大学组织存在与发展的基础，本科教育是大学发展之本，没有教师文化资本在本科课程场域的有效应用，好的

---

❶ 皮埃尔·布迪厄.科学的社会用途——写给科学场的临床社会学[M].刘成富，张艳，译.南京：南京大学出版社，2005：39.
❷ 刘献君.高校决策若干特点及其应对方略[J].大学教育科学，2021（2）：4-9.

教学质量不可能成为现实，也不可能培养出优秀的人才。

教师同样需要提高本科课程场域的入场资本门槛。目前，能够入职地方教学研究型综合性本科院校教职岗的绝大部分教师均为博士学历水平，博士入职在教学能力考核环节要求较低，有些紧缺专业的博士入职甚至连试讲考核的环节都被省略。对于他们的教育教学能力缺乏测度，大多数人仅仅经过人事部门组织的两周岗前培训便可以进入课堂。教学是科学与艺术的统一，高学历与充足的科研训练并不等于良好的课程驾驭能力。在课程教学场域对于教学能力，有自己独特的资本要求，教师如何将身体化的文化资本转化为良好的教学学术资本是一种场域独特要求。

在学术界，一般以教学学术能力来概括这样一种对知识的整合与传播能力，这是一种特定的身体化文化资本。在我国目前的地方高校本科课程运行机制内，越是年轻的教师越要承担更为繁重的教学任务，这无疑让教师在教学能力的养成中缺乏缓冲期。调研中发现，N校实施了要求所有新入职教师经历1年助教期的制度，让新教师跟着有经验的教师当1年助教再上岗，但在实施过程，师资紧张的专业这项制度无法落实。其余3所高校新入职的教师基本直接走入了课堂。教师在科研考核的压力下在教学场域可能根本无暇修炼，这似乎也使我们更能理解为何本科课堂容易陷入"教师敷衍、学生沉默"的困境。

因此，在本科课程场域应该增加入场资本的要求，对管理者与教师应分别增加对教育教学管理能力与课程教学能力的考量要求，在提高入场资本要求的同时，必然会引导场域主体对这一场域投入更多的时间来进行资本积累，不断地增加场域的资本含量，使得场域具有走向科学场域的充足基础。同时，应增加入场者所拥有的资本的收益，促使管理者专精于课程教学管理，教师乐于将文化资本投入本科课程教学场域。至于具体如何实施，这是一个更待深入的问题。

二、增加课程场域资本效应，扩充场域张力

场域是一种"游戏空间"，那些相信它所提供的酬赏并积极寻求这种酬赏的

"游戏者"才投身于这一空间。❶本书发现，在大学场域里，有一种隐形的认知，即教学是不需要多高的能力与水平的，它亦证明不了个人的能力和水平，这种认知深受高等教育评价体制的影响。教学研究型地方高校在学科、科研指标的驱动下，将科研、学科建设作为学校发展的主战场，在场域内不断激发动力，通过人才引进、高额奖励引发"鲇鱼效应"等手段不断在科研场域进行投入。这也从侧面印证了只有在某一场域"入场"资本高、资本收益高，场域的吸引力和张力才能不断增强。

引导教师积极寻求课程场域的酬赏并更多积累课程领域的身体化文化资本，愿意投身于本科课程运行场域，是扩充场域张力的关键。当前，在严实的制度框定以及现实压力之中，仍然瞥见了希望之光。教师并不是天然地逃离教学，更多是在考核压力与利益选择下不得已的放逐。本书在调研过程也涌现了"良好课程"这一主范畴，好的课程具有"教师亲和力强、知识面广、内容丰富有趣、教学方式灵活、启发学生思考"等特征。在教学场域愿意投入，善于将身体化文化资本外显，热爱学生的教师，显然对与学生息息相关的课程表现出高度责任感，愿意激活自己所有文化资本投入其中。

例如，接受访谈的S校1位教师谈到学生时眉眼充满了深情，她说：只要站上讲台，就觉得责任非凡，也感到内心的喜悦；另外，在访谈之外接触到的N校1位《大学物理》老师，在物理课上能够巧妙地将日常生活、文学、历史、科技、哲学、宇宙与物理原理相结合，对于在生活中观察到的现象都会思索在课堂上如何将其通过通俗易懂的方式传达给学生，在这种探索中，他带领学生走进了深奥的物理殿堂，深得学生喜爱。在访谈过程中，不少教师均有谈及不合理的教学现状耽误了学生的现状，表现出学人的良知与忧患。但本科课程场域并不能仅由自发的教学责任心与场域责任感来支撑。

组织的制度变革与资源支持可增加课程场域文化资本的效应。近些年，"一流本科建设""破五唯"等政策制度已经在撼动本科课程教学的不良局面。调研的4所高校中，在职称评审、教学考核上均已做出了一些改变，教学型职称数

---

❶ 皮埃尔·布迪厄, 华康德. 实践与反思[M]. 李猛, 李康, 译. 北京：中央编译出版社, 2004：20.

在逐年增加，教学研究成果在职称评聘中的占比也有了改善。在访谈过程中，有几位老师表示，在近几年非常幸运地评上了高级职称，得益于这些年学院投入向课程教学倾斜的政策导向。由此，可以相信，对于本科课程运行场域将会出现更多有利的因素与环境。

教学是教师的天职，随着时代尤其是信息时代的到来，教师的工作内容与方式也必然随之发生改变，仅凭责任和热情也不能保证高的教学质量，在知识获取并不仅仅依靠教师的信息社会，教师应因时而变，更多去了解学生的发展需求，不断改变教学方式，跟上技术变革与学生成长的新节奏。同时，教师在课程场域所拥有资本的内涵将更为丰富与多元，在促进学生高阶能力发展的同时，也将进一步提升课程场域资本的含金量与场域的张力。

本科课程运行场域的内外要求愈益复杂多样，参与其中的主体资本质量与数量的要求也不断加码。只有场域资本不断增值，并保持资本的收益，才能不断扩充场域张力，保持场域的竞争性，激发场域动力。在政策导向愈加有利于本科教育的背景下，地方高校内部需要通过一系列内部政策调整不断改善本科课程运行场域的关系，增强场域运转对地方高校发展的能效，提高本科课程运行效率，最终提高人才培养质量，实现"一流本科教育"的目标。

第三节 建构科学课程制度体系，预防惯习"潜沉"

一、祛魅制度依赖，找准发展定位

以制度为圭臬的治理思想在抑制人的私心时，却也容易抛弃人之良心，使众人皆可在制度的借口下苟营平庸之恶。[1]

---

[1] 王卫华.制度之后：学校治理中的良心导向[J].湖南师范大学教育科学学报，2018，17（6）：53.

第六章 对地方高校本科课程运行场域优化

本书的分析表明管理者对制度工具使用频繁且低效,将行政场域的意图照搬进课程管理场域,干扰了课程本该具有的学术场域属性。改变在这些领域中参与竞争的行动者的性情倾向,从而改变在形塑行动者性情倾向中发挥着最为重要作用的制度机构,❶那就是大学。高等教育步入普及化阶段后,高校之间的竞争越来越激烈,依赖政策与政府红利的发展模式逐渐受到挑战。生态学上的"格乌斯原理"认为在生物世界里没有两种物种的生态是完全相同的,各生物单位只有占据不同的"生态位",通过生态位的分离才能更有效地利用环境资源,实现竞争过程中的共同生存。

这也告诉我们,在高等教育的生态中,各地方高校只有利用自己的比较优势,找准最适合自身生存的空间位置,错位发展,突出办学特色,才能在长期的激烈竞争中发展。❷笔者曾对2020软科中国大学排名进行过分析,分析结果显示,在一流大学与地方高水平大学之间以及地方高水平大学内部,影响名次的最大因素是人才培养维度。❸

如果保持本科课程只需要维持平稳运行,反正改革或不改革、成效好与坏都难以界定的思维惯习,最终影响的是学生的就读体验与学习收获,反过来也必将影响学校的社会声誉。作为教学研究型的地方高校,其根基仍然在人才培养,本科教育是地方高校人才培养的主体。充分激活人才培养场域的活力,是地方高校发展的可行策略。

在大学课程制度方面,高校可以通过制度构建科学场域,改变制度传达"意志至上"的现状,避免在研究中发现的"制度内卷""制度游戏化"与"制度虚设"等问题,加强有关课程问题的专业化、科学化水平,借助有效的制度体系的建构,预防各主体的惯习"潜沉"。

例如,为了增加课程科学性与有效性,效仿国外大学建立一套本科课程信息公开制度是可行之策,目前工程类与师范类专业认证都需要明确各门课程对毕业要求的支撑关系。在学校官网上开设专栏,专门介绍学校各专业的课程体

---

❶ 皮埃尔·布迪厄, 华康德. 实践与反思[M]. 李猛, 李康, 译. 北京: 中央编译出版社, 2004: 20.
❷ 潘懋元, 车如山. 做强地方本科院校的理论与实践研究[M]. 北京: 高等教育出版社, 2016: 51.
❸ 卢曼萍, 许璟. "中坚"力量的生长: 地方高水平大学发展现状与提升路径研究[J]. 江西师范大学学报(哲学社会科学版), 2021, 54 (4): 84-94.

系与课程结构，科学详细地分析课程的功能，让学生在入学之前对自己的大学学业发展有初步的认识，也可以吸引相关企事业单位、用人单位和社会对其的关注，为学校的课程设置和人才培养工作等提供及时的反馈与信息。

二、加强课程建设，重构课程教学文化

课程建设是对课程整体运行提升的环节，从课程决策、实施与评价整体进行优化，是对课程运行全过程的一种改善与提升工作。课程建设是教学改革最核心的内容，从2006年左右启动的"本科教学质量与教学改革工程实施方案"中的"精品课程"到当前"一流课程"金课建设计划，国家力图通过本科课程综合改革提高人才培养质量。一流本科课程建设也成为当前高等教育强国建设和新工科、新医科、新农科、新文科人才需求背景下教学综合改革基础工程。❶

"五类"课程建设要求从课程目标与课程规划、课程教学方式与教学手段到课程评价方式等进行全方位改革。要求各门课程全面梳理课程教学内容，合理增加课程学习难度，拓展课程学习深度，加强教学方法改革与创新，打造具有"高阶性、创新性和挑战度"的课程。在课程决策环节，对课程目标进行合理分析，注重知识、能力和素质的融合，注重课程设计的挑战性与创新性，注重合理"增负"与"减负"；"增负"指的是提高学生在课程学习中深度学习程度，"减负"是减少学生一些低阶层次的学习任务。在课程实施环节，将学术和科技发展前沿成果引入课程，将现代信息技术与教学融合，注重学生个性化发展；在课程评价环节注重对学生解决复杂问题的综合能力、大胆质疑和勇于创新精神的考核。

本书在访谈过程中对课程建设情况也进行了一些信息的收集，调查结果表明，所调研高校管理人员均提及自从实施"质量工程"项目以来，本科课程项目在高校未做好充足准备的情况下，只能依靠上级强力政策推动。课程建设虽然也能带来教师制度化的文化资本（比如奖励、教学名师等），但相比科研"诱

---

❶ 施晓秋. 新需求、新理念视域下一流课程建设思考与实践[J]. 高等工程教育研究，2022（4）：52–58.

惑力"太低。课程建设成为管理者和少数人的"游戏"。

有效的课程建设应该是具有辐射性和联动性的，但在4所高校中，有些课程被冠上了至少三种课程项目的名头，整体上几所高校的课程建设还未有实现带动学校整体课程体系改革的辐射作用。当然这并不仅仅是地方高校的问题，有学者对134所"双一流"高校7089个专业的本科课程综合改革进行了调研，发现实施本科课程综合改革的专业仅占5%。❶

优化本科课程运行场域机制，进行有效的课程建设是一条可选路径，可以通过当前现实可行、具有合法性制度支持的课程建设将管理者、教师和学生带入一种充满活力、科学有效的本科课程场域，实现场域的革新，重构一种有效的课程教学文化。文化是一种群体无意识行为，这种行为受到场域的价值引导，学校要在全校范围内树立清晰明确的人才培养理念和课程理念，对影响课程教学文化的因素深入分析，对师生、教学内容等深入剖析，对每一次课程改革进行校本层面的可行性充分论证，对推行策略进行仔细思考和周详设计，避免单值化与平面化的改革思维和均同化、形式主义的设计逻辑。❷

---

❶ 徐国兴，李梅．一流本科如何建设——基于"双一流"高校本科课程综合改革的实证分析[J]．教育发展研究，2018，38（17）：28-35．

❷ 钟勇为．冲突与调谐：大学教学改革的基本问题探论——改进大学教学改革的理论构想[D]．武汉：华中科技大学，2009：3．

第七章

研究结论与展望

本书从三个基本问题即"地方高校本科课程运行场域的实然状态、存在的问题与优化策略"出发，基于布迪厄的场域理论构建分析框架，以4所"教学研究型"地方高校作为案例研究对象，对其内部本科课程运行现实过程进行资料收集与剖析，对场域展开分析。为了使场域能够有效运作，每个场域都要预先设定并生产出特定的幻象，即行动者对场域游戏价值的相信与接受，使他们能够并愿意在特定的场域中投资。❶

本书通过案例研究与深入现场的田野调查，对地方高校本科课程运行的场域形态与运作成效做内理的剖析与分析。发现地方高校本科课程运行的场域离真正有效运作仍然存在较大差距，这一场域的行动者对场域价值缺乏持续的追求与笃定的信念，既不能放弃亦无法突破的场域困境维持着场域的运行又限制了场域的更新。本书对地方高校本科课程运行提供了场域维度的认知图景，勾画了本科课程运行的状态，深入探析了场域问题并提出改进的愿景与策略，为地方高校优化本科课程运行质量、提高人才培养质量提供现实观照。

一、研究的具体结论

（一）本科课程运行场域实然状态

（1）课程决策场域表现为"'行政主导'的分离决策"特征。管理者在这一场域是主导者，其行政权力（包括政治权力）处于支配地位；教师大体上处于被支配地位，学生处于"被出场"的位置。行政权力挤占学术权力（文化资本）；在行政权力的强力作用下，教师文化资本（学术权力）处于"隐匿"状态；学生权力被忽视，时间资本被争夺。管理者在场域中采用"形式决策"的行为策略；教师表现为"漠视决策"的态度；学生默然接受安排。

（2）课程实施场域呈现"'游离在场'非确定性参与"的显著特征。教师占据场域的主导位置，学生在场域中处于与教师相对应的主体位置，管理者在

---

❶ 戴维·斯沃茨.文化与权利——布尔迪厄的社会学[M].陶东风，译.上海：上海译文出版社，2006：146.

客观位置上处于场域边缘，但"无形"中"掌控"场域。管理者以"制度工具"（行政权力）监控场域，教师文化资本左右场域状态（"良好课程"或者"课程困境"），学生以时间资本存在于场域中。管理者表现出"制度内卷"的场域惯习，教师表现出"教学责任感不确定、敷衍课堂"的惯习；学生采取"沉默、游离在场"的行为策略应对场域。

（3）课程评价场域最主要的特征为"失真"。管理者在场域中居于主导地位；教师和学生互为评价主客体，处于被支配也支配他人的位置；督导、同行等评价主体处于受管理者支配的地位。管理者主要行使行政权力；教师的文化资本效应和学生的文化资本获得状况是评价的主要内容，但人际资本（社会资本）发挥了较大的作用。管理者形成了"采用简单量化手段评价"的惯习，教师和学生形成了"利益考量"评价的惯习。

（4）地方高校本科课程运行主场域的特征可以概括为：管理者始终居于场域重要的位置，教师和学生总体上处于被支配地位，整个场域呈现"分离、游离、失真"的特征。管理者过度使用行政权力，维持已有资本与利益；教师文化资本场域效应低，表现出淡漠"半退场"的生存心态；而学生只有时间资本被安排，在"默然"中遵守场域规则争取制度化的文化资本（学历文凭）。

（二）本科课程运行场域问题

根据数据分析与场域分析结论，进行场域问题分析，得出的结论有：

（1）场域位置关系结构失衡：管理者体制优势位置的"隐性"清场；教师资本"兑换"失败的"主动"退场；学生需求被忽略的"被动"转场。

（2）资本（权力）作用偏离：行政权力的过度作用；学术权力的隐匿放逐；学生权力的空间裁剪。

（3）场域惯习"潜沉"：管理者"维持运行"的行为逻辑；教师"顺势依从"的生存策略；学生"沉默自渡"的场域适应。

（三）本科课程运行场域问题诠释

依据场域问题分析，结合访谈数据，可以发现地方高校本科课程运行深受其外场域的影响与作用，主要影响可以概括为：

（1）大学场域结构映射：大学内部横向职能场域博弈的映射；大学内部纵向管理体制结构的映射。

（2）高等教育场域体制浸染：高等教育自上而下的管理体制浸染；目前高等教育场域数量绩效"评价模式的浸染。

（3）社会场域矛盾裹挟：当代大学生深受社会场域的多元影响；社会场域功利思想的挟持。

二、研究启示

在场域中，管理者始终履行着由制度规章赋予的场域位置所要求的职责，但在"自上而下"高校管理体制浸染下的地方高校管理者，被形塑了指令与传达的惯习，更善于采用一系列合法性工具"规训"本科课程运行，将行政管理的范式有意无意地移植到了具有明显学术管理性质的本科课程运行场域。在外场域的行政规制与内场域的"灵动缺失"之下，显然对教师的文化资本产生了场域"占用"。

同时，在现有高等教育评价体制以及本科课程难以勘测的运行效果等因素共同作用下，场域能够预先设定与产生的"幻象"缺乏吸引力，作为追逐利益的个体，无论教师还是管理者并不能在这一场域获得于自身裨益较大的资本，缩减投入成为必然。教师的"身体化"文化资本在教学研究型地方高校要么投向名利双收的科研场域，要么在科研与教学场域双双退场，对课程场域的安排惯于"接受"或"漠然"，良好的状态更多倚赖教师自发的"责任"与"良知"。

学生作为场域活动的主要承载者，在这一场域中主体位置不明显，在场域中文化资本追逐成效不佳，"游离"场域成为学生应对场域的行为策略，置身于这一场域的学生逐渐被形塑"抗拒式'接受'"的生存心态，"接受"的动力来自制度化文化资本（文凭）的追逐，另寻文化资本获得途径（转移学习场域）成为"游离"后一种"自然"的选择。

本科课程运行状况决定着本科人才培养的质量，缺乏活力的场域必然难以产生高效的成果。在"一流本科"建设背景下，如何有效激发本科课程运行的

第七章 | 研究结论与展望

场域动力成为地方高校在充分发挥人才培养职能，挖掘组织潜能过程中不得不审慎思考的重要问题，也是探及本科教学质量深水区的关键。作为本科课程运行组织架构支撑的管理者，在高等教育竞争的新场域背景下，为了破解现有场域困境的症结，亟须有面向自身的革新与创造，真正肩负起场域的使命。

地方高校在内部需要重新启动相关机构的职能。确实发挥高等教育研究所以及发展规划处等机构对于本科人才培养的校本书编写审查功能，夯实本科课程运行机制改革的理论基础，提高本科课程管理者的教育教学理论水平与教育实践能力；提高教师教学中心运转的效率，丰富教师教学维度的能力，促进教师文化资本在课程运行过程中转化为有助于学生学习效果提升的资源；发挥学校教学质量评估中心的机能，改革本科课程运行效果评价机制，采用科学方法从学生学习效果维度勘测教学成效。管理机制的合理运行，管理者教育理念的更新是激发本科课程场域动力的外在保障。

场域的吸引力来自资本的"可争夺性"，激发场域活力，必须增加场域资本。本科课程运行最重要的是文化资本，教师的身体化文化资本在科研场域的转化效益有目共睹。增加本科课程场域文化资本的收益是激发场域动力的杠杆，在"破五唯""一流本科"建设的政策背景之下，教学科研型地方高校应该将教师文化资本合理引向本科课程领域，职称评审、经费奖励是外在措施，营造良好的教学文化氛围，在精神层面上充分突显知识分子传承知识、潜心育人的情怀更是现今将量化考核奉为"尚方宝剑"的高校需要改革的航向。

科研与教学内在的"未知与已知""好奇与责任""精确与模糊"属性使得教师在价值取向和行为选取上更倾向于科研而非教学。❶作为场域资本承载者的教师需要回归初心，合理分配文化资本的场域，从本科课程运行场域找寻职业意义并培养责任感，这是激发本科课程运行场域活力的内在因素。

青年一代的大学生，作为本科课程运行成效的承载者，"被动接受"的场域惯习无疑为本科课程运行维持现状提供了"借口"。唤醒学生的场域主体意识，让学生学会维护学习利益，也是激发场域活力的不可或缺的基础。居于本科课程场域的学生，拥有的是大量的时间资本，时间资本只有在良好运行的本科课

---

❶ 刘振天.教学与科研内在属性差异及高校回归教学本位之可能[J].中国高教研究，2017（6）：18–25.

程场域才可能转化为促进个体成长的有效文化资本，高毕业率并不代表真正的文化资本收益，特别是在高等教育普及化的时代，文凭尤其是地方高校的毕业文凭在就业市场上的作用亦被大大削减，能够带来收益的仍然是个体的身体化文化资本或人力资本。这种唤醒需要高校有刀刃向内的改革决心与勇气，更需要在技术层面的革新，例如本书中调查的N校已经尝试建立学习指导中心，指导学生认识大学学习与自身发展。学生树立课堂主体意识与时间资本效益观念，向课堂要收获，是保障本科教育质量的关键推动力。

基于以上分析，对于地方高校优化本科课程运行场域提出的主要优化策略与愿景有：

（1）从科层场域走向科学场域：通过课程治理克服行政主导的分离决策；通过构建有效课堂，增强课程"在场"聚力；通过建立科学评价体系，实现评价的测度效能。

（2）提高教学学术资本效应，扩充场域张力：降低行政权力的作用，提高教学学术资本的要求；增加课程场域资本效应，扩充场域张力。

（3）建构科学课程制度体系，预防惯习"潜沉"：祛魅制度依赖，找准发展定位；加强课程建设，重构课程教学文化。

三、研究的创新与不足

（一）研究的创新

1. 研究视角的创新

本书从场域视角对地方高校本科课程运行情况进行研究。从课程运行主体关系构成，主体各自行动依据的资本、追逐的利益以及主体形成的惯习等方面出发，全面勾画与透析地方高校本科课程运行的实然状态，同时梳理存在的问题，提出促进本科课程有效运行的愿景与策略。相比目前大多数研究侧重宏观层面理论思辨和大样本数据分析，本书可能更具实践情境性。

2. 研究方法的创新

本书采用案例研究法，选择几所教学研究型地方高校进行多案例研究设计，运用扎根理论三级编码方法分析主要的访谈数据，并利用案例研究逐项复制技术建立数据结构关系。采用内容分析法等手段进行文档类与观察记录类资料分析，验证访谈数据的结论，尽量形成数据的"三角互证"关系。与目前大多数侧重于宏观层面分析和理论思辨的研究方法相比，或许具有注重微观个案的补充作用。

3. 研究范畴的创新

本书以地方高校本科课程运行全过程作为研究对象。相比于目前已有的侧重于某一环节、某一侧面或某一问题进行的研究，本书收集了案例高校多种资料，对本科课程运行各环节的实然状况与行动者的策略具备全面审视的事实依据与基础，研究资料更具系统性，有利于从整体上透视现状与问题，以便更全面立体地理解本科课程运行的问题。

（二）研究的不足

1. 对主场域的分析探讨不足

布迪厄认为次级场域叠加并不等于主场域，每一个场域都有自身独特的场域运行规则。本书对于本科课程运行场域主要从划分的3个次级场域进行分析，对于主场域的分析未能将所有数据进行统合，在扎根理论数据分析过程中，对于3个不同阶段数据打散进行提炼的工作开展得不够。因此，对主场域的场域分析浮于从次级场域显现特征的概括，分析深度不够。

2. 研究方法的局限性

案例研究虽然能够为研究提供较多的现场客观资料，但由于每一个案例的调研都需要深入现场，对时间与精力等方面的成本要求较高，且深入现场还需具备被案例组织接受的条件，此外本书选择的案例同质化程度较高，也使得本书只采用了"逐项复制",而未采用"差别复制"方法;另外,访谈对象的抽样科学性无法完全保证,有些理想的访谈对象出于各种原因并不愿意接受访谈。因此,本书数据来源具有一定的局限性,也对研究结果的可靠性造成一定影响。

同时,案例研究虽然具有能够从整体层面了解与深度刻画研究对象的优势,但也容易导致过多关注案例细节,从而偏离对地方高校本科课程运行场域整体状态的客观审视。所以,本研究一方面可以全面观照所研究的对象,另一方面又极易"一叶障目",影响研究的外部效度。外部效度不足也是案例研究固有的一个局限性。

3. 研究者自身的局限

质性研究很容易将个人的偏见与认知习惯带入研究中,尤其在访谈调查和数据编码过程中,研究者可能带着过度寻找问题的认知方式进入了研究。另外在编码过程中,本书邀请了一位了解扎根理论的研究者背靠背编码,但由于其未全程参与研究,虽然在编码过程中对各案例高校均保留了一位访谈者的数据对饱和度进行检测,但不同编码者在概念化与范畴化方面的差异仍无法确保充足的科学性,一定程度影响研究结论的稳健度。

四、研究展望

基于对理论框架深化的需要以及本书的局限性,今后可以从以下方面进一步深化研究:

(一)加强对场域理论的研究与梳理

布迪厄关于场域理论的阐释本身比较深奥,不同学者对其也有不同的诠释。本书对于本科课程运行场域的存在边界等问题论证不够深刻,这与笔者对于理论的理解与掌握不够深入存在必然关系。在未来的研究中,应将对场域理论的系统学习与理解作为今后的主要努力方向。

（二）进一步系统掌握与运用研究方法

多案例研究法为了更好地保证研究结论的可靠性，需要采用同质案例与异质案例进行"逐项复制"与"差异复制"，本书未采用"差异复制"方法，在一定程度上与异质案例资料获取的可行性较低有关；另一方面也期望未来在研究方法上能够进一步系统掌握与运用，对于所掌握的资料能够更深入地分析与提炼。例如，本书掌握的现场资料较为丰富，但在如何将资料统一整合，运用扎根理论进行资料的归纳与提炼等方面存在不足，这也是今后需要进一步努力的重要方向。

（三）拓展研究对象与研究论证方法

如何在本书中（如非地方高校）纳入不同层次的高校进行差别复制，以增强研究结论的稳健性是本书目前的短板。今后需要进一步拓展对象，增加不同层次和类型高校的本科课程运行的对比分析，以利于更好地观测地方高校本科课程运行的状态、问题，并提出优化策略。其次，案例研究的外部效度不足，今后可进一步考虑将案例质性分析与定量研究方法结合起来，或许能进一步完善与提升研究结论的稳健性。

参考文献

一、中文参考文献

著作类：

［1］菲利普·泰罗，科林·理查德.课程研究导论［M］.王伟廉，高佩，译.北京：春秋出版社，1989.

［2］张楚廷.高等教育学［M］.北京：人民教育出版社，2010.

［3］郭德红.中国大学课程管理制度演变研究［M］.北京：中国书籍出版社，2018.

［4］马建富.职业教育学［M］.上海：华东师范大学出版社，2015.

［5］王本陆.课程与教学论［M］.北京：高等教育出版社，2017.

［6］姜国钧.大学课程与教学论［M］.北京：电子工业出版社，2017.

［7］施良方.课程理论：课程的基础、原理与问题［M］.北京：教育科学出版社，1996.

［8］徐同文.大学课程设计［M］.北京：教育科学出版社，2011.

［9］陈晓端，张立昌.课程与教学论［M］.西安：陕西师范大学出版总社，2017.

［10］张楚廷.课程与教学哲学［M］.北京：人民教育出版社，2003.

［11］德鲁克·博克.回归大学之道：对美国大学本科教育的反思与展望［M］.2版.侯定凯等，译.上海：华东师范大学出版社，2012.

［12］雷家彬.高校管理部门绩效评价的实证研究［M］.北京：中国高等教育评估，2013.

［13］唐德海.大学课程管理的理论与方法研究［M］.北京：中国科学技术出版社，2002.

［14］王伟廉.中国大学教学运行机制研究［M］.广州：广东高等教育出版社，2005.

［15］王伟廉.高等学校课程研究概述［M］.广州：广东高等教育出版社，2008.

［16］孙杰，张济荣.高校教学管理创新与探索［M］.郑州:河南大学出版社，2003.

［17］皮埃尔·布迪厄, 华康德. 实践与反思［M］. 李猛, 李康, 译. 北京：中央编译出版社, 2004.

［18］列宁. 列宁全集（第23卷）［M］. 北京：人民出版社, 1990.

［19］刘居富, 肖斌衡. 现代学校管理引论［M］. 武汉：武汉测绘大学出版社, 1999.

［20］郭德红. 中国大学课程管理制度演变研究［M］. 北京：中国书籍出版社, 2018.

［21］廖哲勋. 课程论［M］. 武汉：华中师范大学出版社, 1991.

［22］张圻富. 大学课程论［M］. 南京：江苏教育出版社, 1992.

［23］许象国. 基础教育课程管理概论［M］. 上海：上海教育出版社, 2002.

［24］代建军. 我国课程运作机制研究［M］. 南京：南京大学出版社, 2013.

［25］皮埃尔·布迪厄. 实践感［M］. 蒋梓骅, 译. 上海：译林出版社, 2003.

［26］余立. 大学管理概论［M］. 上海：复旦大学出版社, 1985.

［27］王亚扑. 高等教育管理［M］. 上海：华东师范大学出版社, 1983.

［28］张俊超. 大学场域的游离部落［M］. 北京：中国社会科学出版社, 2009.

［29］罗伯特·K. 殷. 案例研究：设计与方法［M］. 5版. 周海涛, 史少杰, 译. 重庆：重庆大学出版社, 2017.

［30］罗伯特·K. 殷. 案例研究方法的应用［M］. 3版. 周海涛, 夏欢欢, 译. 重庆：重庆大学出版社, 2014.

［31］陈向明. 质的研究方法与社会科学研究［M］. 北京：教育科学出版社, 2001.

［32］朱丽叶·M·科宾, 安塞尔姆·L·施特劳斯. 质性研究的基础：形成扎根理论的程序与方法［M］. 朱光明, 译. 重庆：重庆大学出版社, 2015.

［33］艾尔·巴比著. 社会研究方法［M］. 11版. 邱泽奇, 译. 北京：华夏出版社, 2009.

［34］罗伯特·菲利普·韦伯. 内容分析法导论［M］. 2版. 李明, 译. 上海：格致出版社, 2019.

［35］金伯莉·纽恩多夫. 内容分析方法导论［M］. 2版. 李武, 等译. 重庆：重庆大学出版社, 2020.

［36］佟庆伟. 大学管理的理性［M］. 北京：北京师范大学出版社, 2014.

［37］罗伯特·伯恩鲍姆. 高等教育的管理时尚［M］. 毛亚庆, 等译. 北京：北京师范大学出版社, 2008.

［38］张俊超. 大学场域的游离部落［M］. 北京：中国社会科学出版社, 2009.

［39］潘懋元, 车如山. 做强地方本科院校的理论与实践研究［M］. 北京：高等教育出版社, 2016.

［40］戴维·斯沃茨.文化与权利——布尔迪厄的社会学［M］.陶东风,译.上海:上海译文出版社,2006.

［41］黄希庭,郑涌.心理学导论［M］.北京:人民教育出版社,2015.

［42］马维娜.局外生存:相遇在学校场域［M］.北京:北京师范大学出版社,2003.

［43］杨善华.当代西方社会学理论［M］.北京:北京大学出版社,1999.

［44］高宣扬.布迪厄的社会理论［M］.上海:同济大学出版社,2004.

［45］迈克尔·格伦菲尔.布迪厄:关键概念［M］.林云柯,译.重庆:重庆大学出版社,2018.

［46］约翰·范德格拉夫.学术权力——七国高等教育管理体制比较［M］.王承绪,等译.杭州:浙江教育出版社,2001.

［47］翟学伟.中国人的关系原理:时空秩序、生活欲念及其流变［M］.北京:北京大学出版社,2011.

［48］陈金圣.大学学术权力的制度化建构［M］.北京:中国社会科学出版社,2014.

［49］眭依凡.大学校长的教育理念与治校［M］.北京:人民教育出版社,2001.

［50］皮埃尔·布迪厄.科学的社会用途——写给科学场的临床社会学［M］.刘成富,张艳,译.南京:南京大学出版社,2005.

［51］迈克尔·W.阿普尔.国家与知识政治［M］.黄忠敬,等译.上海:华东师范大学出版社,2006.

［52］顾明远.教育大辞典(第一卷)［M］.上海:上海教育出版社,1990.

期刊论文:

［1］曹锦清.问题意识与调查研究［J］.社会学评论,2014(5):3-9.

［2］陈悦,陈超美,刘则渊,等.CiteSpace知识图谱的方法论功能［J］.科学学研究,2015,33(2):242-253.

［3］贾秋蕾,师帅,胡元会,等.基于CiteSpace的参附注射液相关研究分析［J］.中国循证心血管医学杂志,2020,12(10):1171-1175.

［4］闫守轩,朱宁波,曾佑来.十二年来我国课程研究的热点主题及其演进——基于2001—2012年CSSCI数据库关键词共现知识图谱的可视化分析［J］.全球教育展望,2014(3):64-72.

［5］陈超美.CiteSpace Ⅱ:科学文献中新趋势与新动态的识别与可视化［J］.情报学报,2009(3):401-421.

[6] 孙婧,张蕴甜.我国大学课程研究的知识基础和热点问题——基于高等教育领域13本CSSCI期刊2007—2017年刊载文献的分析[J].高等教育研究,2018,39(11):79-84.

[7] 王洪才.论大学的课程治理[J].山西大学学报(哲学社会科学版),2021(3):129-135.

[8] 李硕豪.大学的权力运行——基于组织政治学的分析[J].中国行政管理,2007(3):91-94.

[9] 胡海涛.高校教学运行管理中教师利益表达调查研究[J].现代教育,2015(8):8-9.

[10] 金帷.探寻大学"卓越教学"的动力机制——基于某"985工程"高校院级教学组织管理变革的案例分析[J].中国高教研究,2016(4):97-100.

[11] 郭冬生.构建人性化教学管理制度[J].中国大学教学,2005(3):46-54.

[12] 王成端.以教学运行机制改革推进教学方法大改革[J].中国高教研究,2010(9):86-87.

[13] 罗三桂,刘莉莉.地方高校"三位一体"教学运行机制探索[J].高等建筑教育,2014(5):163-166.

[14] 皮武.大学课程决策权力的层级分布及其后果——以X大学的课程决策为例[J].教育发展研究,2013(7):48-53,111.

[15] 皮武.大学课程的决策空间及其有效构建[J].现代教育管理,2013(12):76-79.

[16] 潘浩,皮武.场域压迫、主体共谋与大学"水课"的生成逻辑[J].江苏高教,2020(8):49-54.

[17] 陈太忠,皮武.课程决策:大学"金课"建设的关键环节[J].黑龙江高教研究,2021(4):153-156.

[18] 皮武.大学课程决策的利益失衡与整合[J].江苏高教,2013(5):84,86.

[19] 唐德海.论大学课程生成残缺之症结[J].大学教育科学,2018(2):33-37,60.

[20] 文雯,周潞,芮振华,等.形似与神异:中美研究型大学课程体系比较——以两所顶尖研究型大学计算机本科专业为例[J].高等工程教育研究,2022(1):175-181.

[21] 丁洁琼.减负与加压之间:本科课程数量的变迁——学分制是如何失灵的?[J].清华大学教育研究,2020,41(3):129-139.

[22] 赵炬明.论新三中心:概念与历史——美国SC本科教学改革研究之一[J].高等工

程教育研究，2016（3）：35-56.

［23］黄雨恒，周溪亭，史静寰.我国本科课程教学质量怎么样？——基于"中国大学生学习与发展追踪研究"的十年探索［J］.华东师范大学学报（教育科学版），2021，39（1）：116-126.

［24］莉萨·拉图卡，琼·斯塔克，黄福涛.课程：学术计划［J］.清华大学教育研究，2019，40（3）：33-45.

［25］张楚廷.课程是什么［J］.当代教育论坛，2011（2）：1.

［26］阎光才.大学生"翘课"行为对未来职业有何影响［J］.教育发展研究，2017，37（23）：1-15.

［27］董礼，薛珊，卢晓东.本科课程评估结果群体特征研究［J］.中国大学教学，2015（2）：87-92.

［28］周玉容.大学教学评价标准的双重困境与破解之道［J］.高等教育研究，2019，40（10）：75-81.

［29］周继良，龚放，秦雍.高校学生评教行为偏差及其与学科类别、学校类型和学业自评的关系——基于南京和常州十所高校的实证调查［J］.高等教育研究，2017（10）：64-74.

［30］徐国兴，李梅.一流本科如何建设——基于"双一流"高校本科课程综合改革的实证分析［J］.教育发展研究，2018，38（17）：28-35.

［31］程天君，陈栋.自主抑或依傍：困境中的"省部共建"高校［J］.高等教育研究，2015，36（5）：29-36.

［32］程天君，吕梦含."去行政化"：落实和扩大高校办学自主权的政策支持［J］.全球教育展望，2017，46（12）：69-84.

［33］王卫华.制度之后：学校治理中的良心导向［J］.湖南师范大学教育科学学报，2018，17（6）：53-57.

［34］何玲.新时期高校教师与管理者冲突原因及化解新探［J］.湘南学院学报，2022，43（3）：112-118.

［35］阎光才.大学教学成为学问的可能及其现实局限［J］.北京大学教育评论，2017，15（4）：155-166，189.

［36］别敦荣，李家新.大学教师教学发展中心的性质与功能［J］.复旦教育论坛，2014，12（4）：41-47.

［37］刘振天.教学与科研内在属性差异及高校回归教学本位之可能.中国高教研究，

2017（6）：18-25.

[38] 钟云华. 近十年来我国大学毕业生求职渠道选择变化的逻辑——基于场域理论视角的考察[J]. 高等教育研究，2018（4）：71-82.

[39] 宫留记. 布迪厄的社会实践理论[J]. 理论探讨，2008（11）：55-58.

[40] 金元平. 大学场域资本的结构、位置与关系[J]. 经济学家，2013（2）：102-104.

[41] 刘恩永，周川. 场域理论视角下我国大学院系治理结构优化研究[J]. 江苏高教，2019（2）：41-47.

[42] 刘宗南. 论课程场域[J]. 教育研究与实验，2013（5）：64-69.

[43] 于胜刚. "场域—资本—惯习"理论视角下的学术投票行为[J]. 现代大学教育，2015（5）：34-40.

[44] 陈振. 教师权力异化的场域理论分析及其矫正路径[J]. 中国教育学刊，2021（7）：83-89.

[45] 么加利，罗琴. 高等教育评价的数字依附及消解[J]. 高校教育管理，2022，16（1）：26-37.

[46] 黎娟娟，黎文华. Z世代大学生多重矛盾性社会心态解析[J]. 中国青年研究，2022（7）：104-110，30.

[47] 陈娴，顾建民. 大学治理与大学管理的概念辨析：西方学者的观点，2017（4）：48-52，105.

[48] 李思思，李莎莎. 治理视野下大学"科层—熟人"混合管理模式的透视及制度应对[J]. 高教探索，2021（4）：41-47.

[49] 施晓秋. 新需求、新理念视域下一流课程建设思考与实践[J]. 高等工程教育研究，2022（4）：52-58.

[50] 何晓芳. 大学治理场域中的资本、惯习与关系[J]. 大连理工大学学报（社会科学版），2012（9）：112-116.

[51] 乔元正. 大学场域论释义：问题、特质与意义[J]. 高教探索，2015（4）：28-31.

[52] 王天力. 基于制度场域的大学组织二维性的和解[J]. 东北大学学报（社会科学版），2013，15（2）：194-199.

[53] 张绍荣，张东. 论大学文化生态场域的内在逻辑[J]. 高教发展与评估，2017，33（4）：9-19.

[54] 孙俊三，乔元正. 论大学场域权力冲突的权利转向[J]. 大学教育科学，2013（5）：29-33.

[55] 吕国富，靳玉乐. 地方公立大学四重资本与办学自主权关系研究——基于场域与权利理论的融合[J]. 教育发展研究，2018，38（5）：29–39.

[56] 李学书，李爱铭."双一流"高校青年教师发展困境及其化解之道——基于场域理论视角[J]. 苏州大学学报（教育科学版），2022，10（3）：62–70.

[57] 孟新，李智. 教师参与大学内部治理的困境及化解之道——基于场域的视角[J]. 现代大学教育，2018（6）：82–88.

[58] 程华东，曹媛媛. 场域视角下研究生导师立德树人职责落实机制构建[J]. 研究生教育研究，2021（4）：10–16.

[59] 朱德全，曹渡帆. 高等教育场域"底层文化资本"是否可行？——基于对农村籍大学生学业生涯的质性分析[J]. 河北师范大学学报（教育科学版），2022，24（2）：33–42.

[60] 秦惠民，李娜. 农村背景大学生文化资本的弱势地位——大学场域中文化作为资本影响力的视角[J]. 北京大学教育评论，2014，12（4）：72–88，185.

[61] 胡纵宇. 大学场域中的生存异化——贫困大学生成长境遇的社会学分析[J]. 湖南师范大学教育科学学报，2013，12（5）：90–95.

[62] 刘静，胡仁东. 场域论视角下大学生学习自由的缺失与回归[J]. 教育理论与实践，2016，36（15）：21–23.

[63] 卢保娣. 场域与惯习：大学生学习的生成性动力机制分析[J]. 高教探索，2014（5）：137–141.

[64] 毛金德. 研究生教育场域的"游离部落"——场域视角下地方高校文科硕士生"在场"状态研究[J]. 学位与研究生教育，2015（8）：41–46.

[65] 吴丁玲，胡仁东. 大学组织内部治理中行政权力的制度设计——兼论学术权力与行政权力的关系[J]. 江苏高教，2018（9）：60–65.

[66] 孙杰. 大学自治：科层场域与科学场域的博弈——基于韦伯与布迪厄理论的比较研究[J]. 山西大学学报（哲学社会科学版），2014，37（4）：114–117.

[67] 于忠海. 合法性与再生产：大学学术权力与行政权力博弈反思——布迪厄场域的视角[J]. 现代大学教育，2009（5）：7–10，57，112.

[68] 张焱，冒荣. 关系的嬗变——关于学术场域开放性特征的探讨[J]. 现代大学教育，2013（6）：1–7.

[69] 李庆丰. 场域视角下的现代大学课程知识选择的实践逻辑研究[J]. 高等工程教育研究，2014（2）：167–175.

[70] 付达杰，唐琳.教学转场：高校在线教学场域冲突及其调适[J].高等教育研究学报，2021，44（1）：45-50.

[71] 刘斌，金劲彪.互联网时代大学课堂场域中的权力冲突与平衡[J].黑龙江高教研究，2016（11）：19-21.

[72] 程玮.论学习场域视角中大学师生的文化权力关系[J].黑龙江高教研究，2012，30（10）：76-78.

[73] 雷金火."双创"教育中大学生学习优化：场域审视与惯习重构[J].教育发展研究，2022，42（Z1）：67-74.

[74] 赵庆荣.我国大学课程教学回应式评价方式取向的省思[J].中国高教研究，2013（3）：102-106.

[75] 练志宁，谢冬兴.高校体育课程演进的冲突论分析[J].武汉体育学院学报，2013（6）：96-100.

[76] 郭德红，袁东.美国大学本科课程管理运行机制分析[J].国家教育行政学院学报，2010（2）：86-91.

[77] 张德祥，牛军明.论文化治理性与大学文化治理[J].现代教育管理，2021（1）：1-9.

学位论文类：

[1] 欧阳文.大学课程的建构性研究[D].武汉：华中科技大学，2006.

[2] 耿富云.本科生学力发展与课程对策研究[D].重庆：西南大学，2015.

[3] 谢冬平.中国高校本科教学改革组织自主性研究[D].武汉：华中科技大学，2018.

[4] 凡文吉.大学课程资本视野下我国高校课程管理的改革研究[D].长沙：湖南师范大学，2016.

[5] 林丽燕.美国大学课程运行机制研究[D].福州：福建师范大学，2015.

[6] 玛丽亚.中俄大学教学管理对比研究[D].哈尔滨：哈尔滨师范大学，2017.

[7] 杨同毅.高等学校人才培养质量的生态学解析[D].武汉：华中科技大学，2010.

[8] 曹赛先.高等学校分类的理论与实践[D].武汉：华中科技大学，2004.

[9] 程肇基.地方高校服务区域经济建设研究——以江西为例[D].武汉：武汉大学，2015.

[10] 宫留记.布迪厄的社会实践理论[D].南京：南京师范大学，2007.

[11] 冉隆锋.大学学术资本生成的实践逻辑研究[D].重庆：西南大学，2015

［12］周国斌.教育局长的实践逻辑［D］.长春：东北师范大学，2018.

［13］皮武.地方性大学的课程决策研究——以H大学为案例［D］.南京：南京师范大学，2012.

［14］钟勇为.冲突与调谐：大学教学改革问题探论——改进大学教学改革的理论构想［D］.武汉：华中科技大学，2009.

［15］场域理论下教师专业发展机制研究［D］.上海：上海师范大学，2017.

二、外文参考文献

［1］Pinar W F, et al. Understanding Curriculum［M］. New York: Peter Lang Putlishing Inc. 2006.

［2］Bobbitt J F. The Curriculum［M］. Boston: Houghton Mifflin Company, 1918: 42.

［3］Peter F. Oliva. Developing the Curriculum（Sixth Edition）［M］. Boston:Allyn&Tacon, 2004.

［4］Frederick Rudolph. Curriculum: A History of the American Undergraduate Course of Study since 1636［M］. San Francisco: Jossey-tass Putlishers, 1978.

［5］Hurlimann A, March A, Robins J. University curriculum development-stuck in a process and how to break free［J］. Journal of Higher Education Policy and Management, 2013, 35（6）: 639-651.

［6］Khan M A, Law L S. An Integrative Approach to Curriculum Development in Higher Education in the USA: A Theoretical Framework［J］. International Education Studies, 2015, 8（3）: 66-76.

［7］Pateşan M, Ştefania Bumbuc. A Theoretical Approach to the Curriculum Reform［J］. Buletin Stiintific, 2010, 15（1）: 66-71.

［8］Radhika Kapur. Curriculum and Instructional Planning in Higher Education［J］. International Journal of Transformations in Business Management, 2018（8）: 7-19.

［9］Gouëdard P, Pont B, et al. Curriculum reform: A literature review to support effective implementation［J］. OECD Education Working Papers, 2020（27）: 2-59.

［10］Lisa Day, José Juan, Gómez-Becerra, et al. Setting Our Students Up for Success: Relationship Rich Education in General Education Programs［J］.The National Teaching & Learning Forum, 2022, 31（2）: 8-10.

[11] Laird N, Thomas F, Niskodé-Dossett, et al. What General Education Courses Contribute to Essential Learning Outcomes [J].The Journal of General Education, 2009, 58（2）: 65-84.

[12] Osorio F B, Fasih T, Patrinos H A, et al. Decentralized decision-making in schools: the theory and evidence on school-based management [M]. Washington, DC: The World Bank, 2009.

[13] Opertti, R. Recent curriculum development in China-Netherlands today: A brief overview [C]. Paper presented at the Chinese-European Conference on Curriculum Development Minutes, 2009.

[14] Aditi Sarkar. Attitude of Undergraduate Teachers & Students towards Choice Based Credit System（CBCS）-A Study on Basanti Devi College, Kolkata [J]. Journal of Emerging Technologies and Innovative Research, 2019（6）: 682-685.

[15] Elliott R W, Paton V O. U. S. higher education reform: Origins and impact of student curricular choice [J]. International Journal of Educational Development, 2018（61）: 1-4.

[16] Asoodeh M H, Asoodeh M B, Zarepour M. The impact of student-centered learning on academic achievement and social skills [J].Procedia-Social and Behavioral Sciences, 2012（46）: 560-564.

[17] Baeten M, Kyndt E, Struyven K, Dochy F. Using student-centred learning environments to stimulate deep approaches to learning: Factors encouraging or discouraging their effectiveness [J]. Educational Research Review, 2010, 5（3）: 243-260.

[18] Baeten M, Struyven K, Dochy F. Student-centred teaching methods: Can they optimise students' approaches to learning in professional higher education? [J]. Studies in Educational Evaluation, 2013（39）: 14-22.

[19] Hawati J, Abdul R R, Abdul R A, et al. Integrating Student-Centered Learning in Finance Courses: The Case of a Malaysian Research University [J]. International Education Studies, 2013, 6（6）: 108-123.

[20] Koh J. Four Pedagogical Dimensions for Understanding Flipped Classroom Practices in Higher Education: A Systematic Review [J].Educational Sciences: Theory & Practice, 2019, 19（4）: 14-33.

[21] Ward M, Knowlton M C, Laney C W. The flip side of traditional nursing education: A

literature review [J]. Nurse Education in Practice, 2018 (29): 163-171.

[22] Kay R H, Macdonald T, Digiuseppe M. A Comparison of Lecture-based, Active, and Flipped Classroom Teaching Approaches in Higher Education [J]. Journal of Computing in Higher Education, 2019, 31 (3): 449-471.

[23] Shrivastava S, Shrivastava P S. Implementation of a student-centered curriculum: Challenges ahead and the potential solutions [J]. Journal of the Scientific Society, 2020, 47 (1): 53.

[24] Vanmaaren V G, Jaquett C M, Williams R L. Factors Most Likely to Contribute to Positive Course Evaluations [J]. Innovative Higher Education, 2016, 41 (5): 1-16.

[25] Abdulkadir Kur, Mehmet Erdoğan. Content Analysis and Trends of Curriculum Evaluation Research:2004-2013 [J]. Egitim Ve Bilim-Education and Science, 2015, 40 (178): 199-224.

[26] Shawn L. Oliver. Comprehensive Curriculum Reform as a Collaborative Effort of Faculty and Administrators in a Higher Education Institution: A Case Study Based on Grounded Theory [D]. State of Ohio: Kent State University, 2008.

[27] Oliver S L, Hyun E. Comprehensive curriculum reform in higher education: Collaborative engagement of faculty and administrators [J]. Journal of Case Studies in Education, 2011 (2): 1-20.

[28] Dong N, Harris A, Ng D. A review of the empirical research on teacher leadership (2003-2017): Evidence, patterns and implications [J]. Journal of Educational Administration, 2019, 58 (1): 60-80.

[29] Harris A, Jones M, Crick T. Curriculum leadership: a critical contributor to school and system improvement [J]. School Leadership and Management, 2020, 40 (1): 1-4.

[30] Marishane R N, Botha R J, et al. School leadership in a changing context: A case for school-based management [M]. Pretoria: Van Schaik Publishers. 2011.

[31] Raj Mestry, Prakash Singh. Continuing professional development for principals: a South African perspective [J]. South African Journal of Education, 2007 (3): 477-490.

[32] Mestry R, Govindasamy V. The Perceptions of School Management Teams and Teachers of the Principal's Instructional Leadership Role in Managing Curriculum Changes [J]. Interchange, 2021 (52): 545-560.

[33] Abdelmalak M. Participatory Curriculum Planning: Students' Perceptions [J]. Curriculum

and Teaching, 2015, 30（1）: 67-84.

［34］Money J, Dinning T, Nixon S, et al. Co-Creating a Blended Learning Curriculum in Transition to Higher Education: A Student Viewpoint［J］. Creative Education, 2016（7）: 1205-1213.

［35］Brooman S, Darwent S, Pimor A. The student voice in higher education curriculum design: is there value in listening?［J］. Innovations in Education &Teaching International, 2015, 52（6）: 653-674.

［36］Bovill C. An investigation of co-created curricula within higher education in the UK, Ireland and the USA［J］. Innovations in Education & Teaching International. 2014, 51（1）: 15-25.

［37］Gaff J. G. &Ratcliff J. L. Handbook of the Undergraduate Curriculum: A Comprehensive Guide to Purposes, Structures, Practices, and Change［M］.San Francisco: Jossey—Bass, 1997.

［38］Bruce Wilshire,The Moral Collapse of the university: Professionalism,Purity, and Alienation［M］. New York: State University of New York Press, 1990.

［39］Robert Birnbaum. The End of Shared Governance: Looking Ahead or Looking Back［C］. New Directions for Higher Education［M］. San Francisco: Josscy-Bass, 2004.

附录　研究过程性资料

附录1　地方高校本科课程决策调查问卷 /192

附录2　地方高校本科课程运行关键事件咨询表（第二轮）/194

附录3　访谈提纲（管理人员、教师、学生）/196

附录4　访谈内容（举例）/201

附录5　案例高校本科课程运行相关制度文件 /204

附录6　A校访谈资料开放性编码形成的概念和副范畴 /209

附录7　N校、S校、G校的最终编码结果 /213

附录8　案例高校主页关于本科课程与教学报道的主题归纳分析 /222

附录9　案例高校人才培养方案修订指导意见汇总 /225

附录10　案例高校本科课程体系与课程结构 /229

附录11　案例高校4份本科教育规划文档的内容分析 /231

附录12　质性研究观察资料——某校人才培养方案研讨会议白描单 /236

附录13　质性研究观察资料——《大学物理》课堂教学白描单 /237

附录1　地方高校本科课程决策调查问卷

尊敬的老师：

您好！

"一流本科"建设背景下，本科教学质量是高等教育发展与改革的关键问题，课程决策是本科教学过程的起始环节。科学合理的课程决策对课程体系质量和人才培养成效具有关键性作用。如何构建与设计科学有效的课程体系与运行机制是当前高校教学管理中亟待探讨与深化研究的问题。基于此，本课题组拟对地方高校的课程决策状况及影响因素进行调查与分析，以便更好地提高地方高校本科教学质量。本问卷采用无记名方式，所获数据仅用于课题研究，请您不必有任何顾虑，尽量如实填写。感谢您的大力支持！

地方高校本科课程决策课题组
2020年12月

说明：课程决策是课程运行链条的起始环节，即根据国家本科教学相关政策以及学校办学定位与专业人才培养目标等做出的有关如何选择恰当的课程类别、课程结构比例，开设哪些课程以及课程如何运行与评价等问题的一系列决策活动。本书所指课程决策仅指本科高校内部的决策，不包括国家层面的宏观决策。

以下各题均为单选题，请按照实际情况和您的真实想法作答，再次感谢您的帮助与支持！

一、个人基本信息

1. 您的性别：a.男　　b.女

2. 您的年龄：a.25岁以下　　b. 26~35岁　　c. 36~45岁　　d. 46~55岁　e. 56~65岁　　f. 65岁以上

3. 您的职称：a.正高级职称　　b.副高级职称　　c.中级职称　　d.初级职称　e.无

4. 您从事的专业所属学科门类：

　　a.自然学科类（理学、工学、农学、医学）

　　b.社会学科类（管理学、法学、经济学、教育学、军事学）

　　c.人文学科类（哲学、文学、历史学、艺术学类）

5. 您的最高学历：a.博士研究生　　b.硕士研究生　　c.本科

二、关于高校本科课程决策工作的个人认同度，请根据您个人的真实想法在方框中打"√"

序号	课程决策工作个人评价	非常不认同	比较不认同	一般	比较认同	非常认同
1	国家和省级主管部门规定的本科必修课程较多，学校决策空间少					
2	各高校相同专业的本科课程体系大同小异					
3	其他兄弟院校的课程体系是各专业课程体系构建的主要参考					
4	校领导对本科课程体系构建与运行有深刻的理解与认识					
5	学校教学管理部门对于本科课程决策采取的路径与方法是科学的					
	......					
28	学校本科课程决策程序是科学规范的					
29	本专业正在实施的本科课程体系（人才培养方案）是科学合理的					
30	学校采取的课程实施监控策略与教学评价方式是科学合理的					

附录2　地方高校本科课程运行关键事件咨询表（第二轮）

尊敬的专家：

您好！

感谢您在百忙之中再次接受我的咨询！通过第一轮咨询，您及其他专家根据本书的研究目的，对本科课程运行相关事件进行了重要性的排序，按照五位专家对重要性评价进行相应赋分，并将加权平均数高于3分的相关事件纳入第二轮咨询。请您再次对这些相关事件进行重要性评价。衷心感谢您的帮助与支持！

课程决策	1. 人才培养方案修订的文件起草人	a. 很重要	b. 重要	c. 比较重要	d. 一般	e. 不重要
	2. 教务处内部的人才培养方案具体工作程序	a. 很重要	b. 重要	c. 比较重要	d. 一般	e. 不重要
	3. 学校人才培养方案指导意见研讨会	a. 很重要	b. 重要	c. 比较重要	d. 一般	e. 不重要
	4. 教师课程决策参与度	a. 很重要	b. 重要	c. 比较重要	d. 一般	e. 不重要
	5. 学生课程决策参与度	a. 很重要	b. 重要	c. 比较重要	d. 一般	e. 不重要
	6. 课程颗粒度计算	a. 很重要	b. 重要	c. 比较重要	d. 一般	e. 不重要
	7. 对课程决策质量的评价	a. 很重要	b. 重要	c. 比较重要	d. 一般	e. 不重要
	8. 课程体系的实际实施情况	a. 很重要	b. 重要	c. 比较重要	d. 一般	e. 不重要
	9. 教材的选择情况	a. 很重要	b. 重要	c. 比较重要	d. 一般	e. 不重要
	10. 学院的人才培养方案研讨会	a. 很重要	b. 重要	c. 比较重要	d. 一般	e. 不重要
	11. 教研室的课程体系研讨会	a. 很重要	b. 重要	c. 比较重要	d. 一般	e. 不重要
	12. 人才培养方案的信息公开度与解释途径	a. 很重要	b. 重要	c. 比较重要	d. 一般	e. 不重要

续表

课程实施	1. 教师的课前准备情况	a. 很重要	b. 重要	c. 比较重要	d. 一般	e. 不重要
	2. 教师的课堂授课情况	a. 很重要	b. 重要	c. 比较重要	d. 一般	e. 不重要
	3. 学生课堂表现情况	a. 很重要	b. 重要	c. 比较重要	d. 一般	e. 不重要
	4. 师生互动情况	a. 很重要	b. 重要	c. 比较重要	d. 一般	e. 不重要
	5. 学生的课后作业以及向教师求助课程学习的情况	a. 很重要	b. 重要	c. 比较重要	d. 一般	e. 不重要
	6. 教师信息化工具使用情况	a. 很重要	b. 重要	c. 比较重要	d. 一般	e. 不重要
	7. 教学督导的听课情况	a. 很重要	b. 重要	c. 比较重要	d. 一般	e. 不重要
	8. 管理者听课情况	a. 很重要	b. 重要	c. 比较重要	d. 一般	e. 不重要
课程评价	1. 教师的课程教学质量评价情况	a. 很重要	b. 重要	c. 比较重要	d. 一般	e. 不重要
	2. 试卷制订的程序与规则	a. 很重要	b. 重要	c. 比较重要	d. 一般	e. 不重要
	3. 监考的情况	a. 很重要	b. 重要	c. 比较重要	d. 一般	e. 不重要
	4. 教师对课程考核的态度	a. 很重要	b. 重要	c. 比较重要	d. 一般	e. 不重要
	5. 学生对课程考核的态度	a. 很重要	b. 重要	c. 比较重要	d. 一般	e. 不重要
	6. 学生评教及其态度	a. 很重要	b. 重要	c. 比较重要	d. 一般	e. 不重要
	7. 管理者对学生评教结果的利用	a. 很重要	b. 重要	c. 比较重要	d. 一般	e. 不重要
	8. 教师对学生评教的态度	a. 很重要	b. 重要	c. 比较重要	d. 一般	e. 不重要
重要文件制度选择	具体见文件制度咨询列表					
您对此项研究的其他建议和想法						

说明：①表格中的很重要到不重要依次赋分为：5，4，3，2，1；②由于本科课程运行事务较为繁杂，在专家咨询过程中采用与专家进行沟通的方式帮助本书确定一些重要又具有研究可行性的关键事件；③有些关键事件，根据专家意见在最后进行了整合，课程实施的1~4事项，3位专家建议整合为课堂现场观察的观测点；④有些事件专家建议在访谈过程中进行追问，有些与文件制度选择咨询相重叠。

附录3 访谈提纲(管理人员、教师、学生)

管理人员访谈提纲

尊敬的老师:

您好!

我是高等教育学专业的一名在读博士生,能和您共同探讨问题是我的荣幸,也非常感谢您对本书的大力支持。

本次访谈的研究课题也是我的博士论文选题,主要探究本科课程的实际运行状态与机制方面的问题。

近年来关于本科教学质量的问题越来越受到社会各界的重视,课程是教学的核心载体,各级教育管理部门有关本科课程改革的政策和措施也在不断出台与实施。在学术界,近些年关于本科课程(大学课程)的研究也呈快速增长的态势,多从宏观思辨、定量样本数据分析以及单门课程改革等视角进行研究。

本书立足于实践,希望从中观层面对本科课程实际运行的机制进行探究,聚焦的主要问题有:本科课程是怎样被决策的?本科课程实施的状态如何?对于本科课程是如何评价与反馈的?管理人员、教师和学生在课程运行中的行为和策略是怎样的?与本科课程相关的政策与文件是如何被执行的?本科课程运行最终效果如何?不同主体关于本科课程的考量和背后动机又是怎样的?

鉴于您在教学管理方面的丰富工作经验,我非常希望能够了解您对这些问题的认识与想法。本书将一定严格遵守学术伦理道德,对个人所有信息进行保密处理,不会泄露任何个人信息。您可以放心地畅所欲言,这也是对本书真实性的莫大贡献。

如您对本书有持续关注的兴趣,我将在研究完成之后和您分享研究结论,继续请您给予指导。

为节省您宝贵的时间,我提前拟定了一份半结构化的访谈提纲,现呈您过目。在访谈过程中，我可能会提一些补充性问题。再次感谢您的支持与帮助！

一、基本信息

主要工作经历，尤其在教学管理岗的工作经历。

二、有关本科课程决策的问题

1.您在学校最近一次人才培养方案修订过程中参与了哪些工作？能否据您的了解描述一下本科人才培养方案和课程体系决策的具体过程，并谈谈您的想法？

2.在课程设置方面，您觉得有没有一些需要调整或优化的问题？能否谈谈您的想法？

三、有关本科课程实施的问题

1.据您了解，学校（包括学院）保障课程实施的主要制度与措施有哪些？这些制度机制是否完善？发挥的作用如何？

2.据您的了解，国家、省级和校级开展的课程建设、教改项目运行情况如何？

3.您认为本科课程实施环节有没有一些可以改进的地方？可否请您对这些问题进行一些分析。

四、有关本科课程评价的问题

1.据您的了解，学校（包括学院）对本科课程评价的制度措施主要有哪些？能否请您对这些正在实施的制度措施做一个评价与分析？

2.请您谈谈对"学生评教"以及本科课程考核方式的看法。

最后，再次真诚感谢您接受我的访谈，为我的研究提供丰富的信息与资料，本次的沟通让我受益匪浅。如有其他补充信息，欢迎随时与我联系。

专任教师访谈提纲

尊敬的老师：

您好！

我是一名高等教育学专业的在读博士生，能和您共同探讨问题是我的荣幸，也非常感谢您对本书的大力支持。

本次访谈的研究课题也是我的博士论文选题，主要探究本科课程的实际运行状态与机制方面的问题。

近年来关于本科教学质量的问题越来越受到社会各界的重视，课程是教学的核心载体，各级教育管理部门有关本科课程改革的政策和措施也在不断出台与实施。在学术界，近些年关于本科课程（大学课程）的研究也呈快速增长的态势，多从宏观思辨、定量样本数据分析以及单门课程改革等视角进行研究。

本书立足于实践，希望从中观层面对本科课程实际运行的机制进行探究，聚焦的主要问题有：本科课程是怎样被决策的？本科课程实施的状态如何？对于本科课程是如何评价与反馈的？管理人员、教师和学生在课程运行中的行为和策略是怎样的？与本科课程相关的政策与文件是如何被执行的？本科课程运行最终效果如何？不同主体关于本科课程的考量和背后动机又是怎样的？

鉴于您在本科课程与教学方面的丰富经历，我非常希望能够了解您对这些问题的认识与想法。本书将一定严格遵守学术伦理道德，对个人所有信息进行保密处理，不会泄露任何个人信息。您可以放心地畅所欲言，这也是对本书真实性的巨大贡献。

如您对本书有持续关注的兴趣，我将在研究完成之后和您分享研究结论，继续请您给予指导与建议。

为节省您宝贵的时间，我提前拟定了一份半结构化的访谈提纲，现呈您过目。在访谈过程中，我可能会提一些补充性问题。

一、教师基本信息

能否谈谈您的工作经历？承担的主要课程有？有无担任教研室主任（或基层教学组织负责人）的经历？

二、有关本科课程决策的问题

1.您是否参加过人才培养方案修订工作？能否描述下人才培养方案修订的大体过程与您的想法？

2.能否谈谈您所任教的课程在专业人才培养的整个课程体系中的主要作用？在您所任教的课程中，有哪些方面可能在决策环节需要调整或优化？

三、有关本科课程实施的问题

1.您认为本科课程实施环节有没有一些可以改进的问题？可否请您对这些问题进行一些分析。

2.据您的了解，国家、省级和校级开展的课程建设、教改项目情况如何？

3.可否谈谈您在课程教学过程中最大的困扰？

四、有关本科课程评价的问题

1.您认为在本科课程评价过程中的主体应该是哪些？

2.据您的了解，学校（包括学院）对本科课程评价的制度措施主要有哪些？能否请您对这些正在实施的制度措施做一个评价与分析？

3.请您谈谈有关"学生评教"以及本科课程考核的看法。

最后，再次真诚感谢您接受我的访谈，为我的研究提供丰富的信息与资料，本次访谈让我受益匪浅。如有其他补充信息，欢迎随时与我联系。

学生访谈提纲

亲爱的同学：

你好！非常感谢你接受我的访谈。

目前，本人正在进行一项有关本科课程的课题研究。此次访谈主要想邀请同学们聊聊有关本科课程与教学方面的一些个人感受、想法与建议等。

本书将一定严格遵守学术伦理道德，对个人所有信息进行保密处理，对接受访谈的对象进行化名与代码处理，不会泄露任何个人信息。你可以畅所欲言，这也是对本书真实性的莫大贡献。

　　为了节约你的时间，我草拟了一份半结构化的访谈提纲，方便你事先了解访谈的主题。在访谈过程中，我可能会根据访谈的内容进行一些补充提问。再次感谢你的大力支持与帮助！

　　1.请你谈谈对于所学专业的培养目标和课程体系的了解情况。

　　2.让你印象最深刻的课程是什么课程？谈谈这些课程的具体情况。

　　3.课程学习过程，和老师、同学互动情况怎样？

　　4.可否评价一下老师们课程教学尤其课堂教学的情况？

　　5.对课程学习有些怎样的期待？

　　6.课程考核的压力如何？

　　7.你怎样看待"学生评教"？

附录4　访谈内容（举例）

被访谈者（学生）基本信息：

访谈时间：2021.5.12

访谈地点：食堂

访谈时长：40分钟

访谈对象基本信息：工科，大四，拟录取某985高校硕士研究生

Q：非常感谢你愿意参与到我的访谈中，也恭喜你顺利考上985高校的研究生。我主要想和你聊聊关于大学课程学习的情况。现在回想一下，自己刚刚进入大学时，对这个专业的培养目标，即要将你们向什么方面引导，将来能做什么有没有一个比较清晰的了解？你是怎么明确哪些课程是自己的主干必修课程，哪些课程是公共课程的？

S：刚进大学我们对这些并不怎么了解，本科就业方向本来就比较宽泛，对于我们所需的能力，未来职业方向什么都不是很清楚，职业规划课程老师会讲，我也会查找关于这个专业的信息，感觉我查到的内容和老师说的不同，老师说的更局限一些。关于课程体系，上课时老师会讲一些，我们就逐渐了解哪些是比较重要的课程。我觉得课程学习过程我并不认真，只是为了通过考试，而不是学知识，真正让我学到东西的是考研这个过程。我考的是本专业的研究生，在备考过程中这些知识就系统地串联起来了，也加深了理解。本科学的课程提供了一个初步认识的基础，很多课程在复习过程中就会想起来，好像这个内容老师在课堂上讲过。

Q：在你大学四年学习过程中，有没有印象比较深刻的课程？能不能谈谈这些课程的具体情况？

S：我觉得有一门专业主干课，我比较喜欢也印象比较深刻，《××控制工

程》。老师授课条理清晰，老师专业基础扎实，实践能力也很强，他的课程不仅超越教材局限，会补充很多知识点，还会分享自己的经历，我们就感觉很亲切。在这门课上，大家都会抬起头去看去听，这门课也是听课人数最多的一门课。老师也会使用很多数字教学方式，通过雨课堂进行提问和分组讨论等，他可能实践能力较强，还会带我们去相应的工厂参观，并在参观的过程中讲解相关知识点。

Q：在你印象中，课程学习过程中和老师、同学互动情况如何？

S：我记忆中，和老师的互动较少，通常都是老师讲，我们听，小班的专业课，老师还会提问，点名回答问题。公共课则是，老师讲，同学想听就听。专业课老师会分组布置作业，同学之间的互动可能就仅限于此，除此以外在课后交流课程学习问题较少。

Q：你怎么评价整个大学期间老师们的课程教学情况？

S：我觉得讲得好的老师不多，学生不听的情况也较多，我觉得这肯定有学生的原因，但老师的教学方法和态度也很重要，比如我就觉得有些老师整堂课都在朗读PPT，这样的教学方式很难让学生信服，甚至我发现有些老师的PPT就是从网上下载下来的，如果老师授课不认真，我们听得也没有收获。作为一名大四学生觉得多学一些对就业有用的课程会非常有帮助。

Q：你刚刚提到有些老师直接下载PPT授课，那是否有考虑过去向这位老师反映，或者向学院、学校反应这个教学对你们没用？在学生评教的时候会不会反映出来？

S：我们不会这么去反映，毕竟我们是大学生，知道这样会对老师有负面影响，所以，如果老师念PPT，我们就不听，做别的事。在学生评教环节，我们会都给老师评价"好"，对讲得特别好的老师，会稍微多打一些，有些老师特别不好，只要不是自己讲得不好又为难我们，我们都打好，我们也知道老师挺辛苦的，我们对他的评价不好，会影响他，给老师带来麻烦，所以这个评价大家基本都不会认真对待。当然也怕影响到自己，如果老师知道了是谁给自己评价不好，会对我们造成影响。

Q：在大学学习期间，觉得课程考核压力大吗？

S：基本上没什么压力，我成绩比较好，四六级也没压力。考前突击且老师也会讲什么知识点是考核重点，基本不带来压力。所以我想建议学校，能否多设置一些实用的课程，课程考核严格一点，让学生不只是来大学拿一个大学毕业证，能够深入学习，构建全面的知识系统，有些课程是否能邀请企业走进来，讲一些实用的内容。另外我认为晚上开的选修课质量不行，大家基本把它们当作无关紧要的课程。

附录5　案例高校本科课程运行相关制度文件

课程决策类

学校代码	文件名	颁布时间/年
A 校	《A 大学关于修订普通本科专业培养方案的指导意见》	2018
	《A 大学公共选修课管理办法》	2018
	《A 大学 2020 学士学位授予实施细则》	2020
	《A 大学深化本科教育教学改革实施方案（2018—2025）》	2019
G 校	《G 大学本科专业人才培养方案管理及实施办法（修订）》	2020
	《G 大学一流本科教育实施方案》	2019
	《G 大学关于修订 2018 版人才培养方案的指导意见》	2018
	《G 大学人才培养规划（2020—2025）》	2020
	《G 大学本科教学改革规划（2016—2020 年）》	2017
	《G 大学本科课程学分认定和转换暂行规定》（以校级学分转换为主）	2018
	《G 大学全日制本科生学士学位授予工作细则》	2018
	《G 大学公共选修课设置及管理办法》	2017
	《G 大学课程教学大纲编写规范与管理办法》	2020
N 校	《N 大学关于修订 2019 版本科人才培养方案的指导意见》	2019
	《N 大学"十四五"时期人才培养专项规划》	2021
	《N 大学建设一流本科行动计划》	2019
	《N 大学学士学位授予工作细则》	2019
	《N 大学人文社科类课程设置审批办法》	2020
	《N 大学本科个性发展课程（成果）学分认定管理办法（试行）》	2020
	《N 大学本科教学工作规程第一章：人才培养概论》	2016
	《N 大学课程大纲格式规范》	2016
	《N 大学本科"课堂教学质量提升年"活动实施方案》	2021

续表

学校代码	文件名	颁布时间/年
S校	《S大学本科人才培养方案管理办法》	2012
	《S大学"本科教育质量提升年"工作方案》	2020
	《S大学学士学位授予工作办法》	2021
	《S大学本科生劳动教育实施方案》	2020
	《S大学关于开展2019版本科专业人才培养方案修订工作的通知》	2019
	《S大学关于主要课程归属方案》	2011
	《S大学校级公选课管理办法》	2011
	《S大学新开课和开新课的管理办法》	2011
	《S大学关于实施学分制的规定》	2011

课程实施类

学校代码	文件名	颁布时间/年
A校	《A大学听课规定（2019年修订）》	2019
	《A大学教授、副教授为本科生授课的规定（修订）》	2019
	《A大学课堂教学纪律实施办法》	2019
	《A大学普通本科生教学停调课管理暂行规定》	2011
	《A大学关于落实教育厅〈进一步加强高等学校本科教学管理的八项要求〉》	2019
G校	《G大学教师本科教学工作规范》	2017
	《G大学本科教学工作规程》	2017
	《G大学本科教学工作检查办法》	2017
	《G大学本科教学质量保障体系建设管理办法》	2019
	《G大学调课、代课、停课管理规定》	2017
	《G大学关于本科教学听课制度的规定》	2017
	《G大学混合式教学管理办法》	2021

续表

学校代码	文件名	颁布时间/年
N校	《N大学本科教学工作规程第五章教学过程管理第五节：课程管理》	2016
	《N大学本科教学工作规程第八章教学质量保障一节：教学质量保障体系》	2016
	《N大学本科教学工作规程第八章教学质量保障二节：教学质量保障监控》	2016
	《N大学本科教学调（调）停课管理办法（修订）》	2018
	《N大学本科教学工作常态监测指标体系（修订）》	2017
	《N大学学生学习指导中心工作方案》	2017（2014）
	《N大学新入职教师本科课堂教学准入办法（试行）》	2019
S校	《S大学本科教学团队遴选及管理办法》	2020
	《S大学教学管理规程》	2009
	《S大学关于进一步加强课堂教学管理的若干规定》	2011
	《S大学教学检查制度》	2011
	《S大学听课制度》	2011
	《S大学关于维护正常教学秩序的若干规定》	2006
	《S大学本科教学任务和课表安排原则》	2011
	《S大学课表使用管理规定》	2011
	《S大学课程重修管理办法》	2013
	《S大学教材管理办法》	2020
	《S大学实验室工作管理办法》	2016

课程评价类

学校代码	文件名	颁布时间/年
A校	《A大学关于选聘我校教学质量评价专家的通知》	2019
	《A大学关于推进与规范我校院级督导专家选聘的通知》	2019
	《A大学课堂教学质量评价实施办法》	2021
	《A大学学生网上评教管理办法》	2019
	《A大学普通本科生课程考核管理办法》	2019
	《A大学教学督导组工作条例（2019年修订）》	2019

续表

学校代码	文件名	颁布时间/年
A校	《A大学×××教学精英奖评选奖励办法》	2017
	《A大学优秀教师评选奖励办法》	2020
	《A大学教学差错与教学事故认定处理办法（修订）》	2020
	《A大学教学信息员工作管理规定》	2019
G校	《G大学重要教学业绩奖励办法》	2019
	《G大学学院专业建设与教学工作目标管理考核指标体系》	2016
	《G大学教学督导工作管理办法》	2018
	《G大学教学工作差错及事故认定与处理规定》	2020
	《G大学关于进一步做好教师教学质量综合评价工作的指导意见》	2020
	《G大学×××类专业课程目标达成评价办法》	2020
	《G大学×××类专业要求达成评价办法》	2020
	《G大学×××类专业培养目标合理性评价和达成评价办法》	2020
	《G大学课程考核与成绩管理办法》	2021
	《G大学关于进一步完善院级教学督导制度的指导意见》	2019
	《G大学关于进一步做好教师教学质量综合评价工作的指导意见》	2020
N校	《N大学教师本科课堂教学质量评价办法（2020年修订）》	2020
	《N大学教师教学竞赛认定管理办法》	2021
	《N大学"卓越教学奖"评选及管理办法》	2019
	《N大学课程教学"十佳百优"评选及管理办法（2020年修订）》	2020
	《N大学本科教学督导工作条例》	2019
	《N大学课堂教学质量评价指标体系》	2016
	《N大学教材质量评价指标体系》	2016
	《N大学试卷质量标准》	2016
	《N大学实验教学质量评价表》	2016
	《N大学本科教育教学事故认定与处理办法（修订）》	2021
	《N大学本科教学工作规程第五章教学过程管理第二节：课程建设》	2016
	《N大学本科教学工作规程第五章教学过程管理第三节：教材建设》	2016

续表

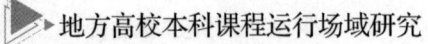

学校代码	文件名	颁布时间/年
S校	《S大学课程考试方法改革的规定和要求》	2011
	《S大学课程教学贡献奖评选办法》	2019
	《S大学课程教学效果评价办法》	2021
	《S大学本科课程建设与评估管理办法》	2012
	《S大学考试管理规定》	2011
	《S大学教材建设与评价管理办法（修订）》	2012
	《S大学教学督导与评价工作暂行条例》	2019
	《S大学本科教学过程管理评估指标体系》	2016
	《S大学课程教学效果评价办法（修订）》	2015
	《S大学教学奖励办法（修订）》	2014
	《S大学课程教学"十佳百优"教师评选办法（修订）》	2016
	《S大学教学差错及事故处理规定（修订）》	2016
	《S大学"××教学名师培育计划"实施方案》	2016

附录6　A校访谈资料开放性编码形成的概念和副范畴

编号	副范畴	副范畴的内涵及其包含的概念
AA1	反馈不畅	指学生对课程体系反馈无渠道，或者反馈无回音，包括：A1 不关注学生反馈（7），A2 反馈无改观（7）等
AA2	非正式信息	指学生了解课程信息缺乏正式途径，课程信息弥补渠道均不具有官方性，包括：A3 缺乏正式途径了解课程（8），A4 课程信息缺失的弥补渠道（4）等
AA3	自上而下	指整个课程决策工作大体上是自上而下的机制，自下而上较为被动，包括：A5 自上而下启动培养方案修订（3），A6 自下而上和自上而下展开方案工作（3）等
AA4	被动决策	指学院和教研室层面均在学校的统筹下，按规定执行决策，处于被动状态，包括：A7 学院对课程决策不满（2），A8 教研室主任按章行事（3），A9 课程决策之前（2）等
AA5	漠视决策	指教研室主任和教师默认不参与决策，漠视决策工作，包括：A10 教研室意见不被重视（3），A11 教师默认不参与决策（5），A12 解决不了问题，放弃教研室职务（2）等
AA6	争夺课时	指的是在讨论课程体系与学分学时时，各相关单位争论最大最多的问题就是所承担的课程学分学时不得减少，包括：A13 学院争斗课时量（7），A14 行政部门维护自身课时利益（4）等
AA7	文件加持	指在课程决策、课时量争夺时，上级的文件是设置课程、争取课时与学分的主要依归，包括：A15 上级所有要求的课程化（7），A16 文件支持的自下而上的课程决策（4），A17 上级文件是课程开设的保障（7）等
AA8	维持现状	指人才培养方案课程体系每一版实质内容变化并不大，以及上级关于专业和课程的改革信息并未从本质上在内部进行实施，包括：A18 培养方案形式改革（5），A19 外界改革信号未触动内部课程改革（3）等
AA9	平衡决策	指学校管理者在有限学分和课时内考虑各单位、各种要求之间的平衡，包括：A20 学校管理者考虑平衡学分和课时（4），A21 学校管理者平衡决策（6）等
AA10	人际决策	指教师为了实现自己的课程改革想法，动用自己的人际关系，实现了个人所期望的课程决策，包括：A22 教师推动决策的动力（3），A23 人际关系影响教师决策（3），A24 教师决策内容（3），A25 教师推动决策的积极作用（3），A26 教师决策的成就感（4），A27 教师推动决策的局限性（4）等
AA11	身份决策	指管理者的身份职务在课程决策中发挥了比较大的作用，包括：A28 领导重视的课程受重视（5），A29 院长的决策作用（3）等

续表

编号	副范畴	副范畴的内涵及其包含的概念
AA12	方便决策	指在课程决策过程中，尽量采用了简单方便、管理效率较高的一些方式来进行决策，包括：A30 因人设课（7），A31 专题授课难开展（3），A32 排课麻烦（4），A33 集中时间段难实现排课（3），A34 优质资源难以被利用（6），A34 专业选修课虚设（8）等
AA13	非科学决策	指决策存在的不科学、不合理状况，包括：A36 课程内容重复（5），A37 课程体系问题无人研究（5）等
AA14	矛盾决策	指决策中做法、管理文件与实际情况等的矛盾，包括：A38 好教材—实际使用教材矛盾（3），A39 课时规划—实际课时矛盾（7），A40 课程体系规划—实际课程安排矛盾（7），A41 公共课时—专业课时矛盾（8）等
AA15	非需求决策	指课程体系和课程安排没有基于学生的学习需求进行决策，包括：A42 公共课开设未关注学生需求（5），A43 选修课未满足学生的学习需求（6），A45 课程单一（4）
AA16	时间效率低	指教师和学生对课程体系的反馈表明，大量的课程占用的时间带来的收获小，学生课程学习时间效率低，包括：A45 时间被耽误，A46 课程收获小（6），A47 学习不深入（5）等
BB1	制度虚设	指学校管理部门疲于制定制度，作为促进课程实施的"工具"，但制度难落地，包括：B1 制度"工具化"（5），B2 制度不落地（7）
BB2	制度"游戏化"	指学校管理者自己违背制度、应付制度以及教师违背制度，包括：B3 应付听课制度（5），B4 制定者违背制度（5），B5 教师违背制度（4）等
BB3	制度过"刚"	指学校关于课程实施的制度过于繁杂，条款过细，比如对课堂教学过程中，学生的举止行为项规定同幼儿园学生一样，还指对教师言行的全程摄像头监控，像枷锁一样套在具有丰富灵动性的主体交往之上。包括：B6 制度繁杂、管理过细（6），B7 过硬的"课堂管理"（5）
BB4	实践课程"水"	指实践课程客观条件的困难、实验老师和实习老师只要到课就可以，不管课程效果等，包括：B8 实践课程的客观之"难"，B9 实践课程主观之"懈怠"
BB5	教师敷衍课堂	指教学过程中老师的责任感不强，主观懈怠，包括：B10 老师念PPT，B11 公共选修课之"无用"，B83 上课不"用力"，照本宣科，不重视学生的学习效果
BB6	满堂灌	B84 老师的"独角戏"，B9 大班课程效果差
BB7	教师自我效能感"低"	指教师在教学过程中意识到很多问题，但无力改变，并由此产生的愧疚感，还有在实践教学过程中自身实践能力也无法满足学生的需求等，包括：B12 教师的"无力"和"愧疚"（5），B13 教师认为自身实践能力低等（4）
BB8	教师的忧愁与压力	指教师会担心学生喜欢课程，只是因为氛围愉快而不能真正学到东西，互动多是否就真的促进了学生的发展？有些能够对学生的长期发展有促进的课程，比如训练数学思维这些能力的课程，短期内看不到效果，学生还会觉得学起来特别累，就业也不可能短期内很好，学校会取消专业、开设一些迎合学生学习愉悦感的课程等。包括：B14 教师对课程真正效果的担忧（4），B15 学生的学习感知给教师造成压力（3）

续表

编号	副范畴	副范畴的内涵及其包含的概念
BB9	良好课堂互动的状态	指教师创设良好的互动所需的努力，意识到互动的重要性，利用信息技术辅助技术，语气和暗示，鼓励表达，创设亲和民主的课堂氛围，还指互动多的课堂客观情境以提问带来的课堂积极作用等，包括：B16 教师创设良好互动所做的努力（3），B17 提问多的情境（3），B18 提问的作用（6）等
BB10	沉默课堂	指课堂沉默，教师"独角戏"，提问无人回应，教师懒得提问等现象，包括：B19 课堂沉默（7），B20 教师"为何"不提问（4）等
BB11	教学相长欠缺	指教师与学生之间的互动限于"课程是否通过"等形式问题，以及学生不会提问、更提不出难倒老师的问题，也指教师回避学生提出的现实或实践问题，包括：B21 功利性互动（4），B22 学生"不会"提问（4），B23 教师回避自己不了解的问题（3）
BB12	课外学习"悬浮"	指学生课外作业质量与数量的不达标，课外学习时间少，学习自主性差，课外与教师零交流等课外学习"悬挂漂浮"等现象，包括：B24 课外学习时间、习惯问题（4），B25 希望老师课外加压的矛盾心理（3），B26 课后作业质量无法保障（5），B27 课后与教师无交流（4）等
BB13	合作学习能力不足	指学生之间缺乏有效的合作互动，仅限于分组作业的合作学习，很多队员"偷懒""划水"，包括：B28 同学之间缺乏学习互动合作（3），B29 分组作业，分工协作不好（4）等
BB14	教学责任的个体偶发性	指好的教学责任感来自教师对教学的个体热爱，对课程效果的期待，教学的弹性、制度无法管控教师的投入，教学行为好与坏并存于现实的课程教学，教学责任具有偶发性，包括：B30 教师为兴趣愿意花时间教学（3），B31 教师对自己的课程效果有期待（3），B32 热爱教学靠教师个体的"良知"与"热情"（5），B34 教师教学行为好或坏的偶发性（3）
BB15	有效受欢迎的课程特征	指学生们喜欢的课程具有不照本宣科，有方法懂学生，手段多，知识面广，专业理论与实践能力都强等特征，包括：B35 讲课形象、不抽象，B36 知识面广、不照本宣科（4），B37 懂学生，会引导（4），B38 理论与实践能力都强（3），B39 有实际任务和亲身感知的机会（3）等
BB16	应对不满意课堂的行为策略	指学生对待不满意课堂的行为表现，比如逃课，点名才去等，去了也不听课，在课堂上做自己想做的事情，包括：B40"身体不在场"的逃离（4），B41"身体在场"的"逃离"（4）等
BB17	应对不满意课程的心理策略	指学生对课程不满意，在心理层面的敢怒不敢言，默认接受，既然课程无用，也懒得举报老师，自己还可以偷懒等，包括：B44 默认接受（3），B45 顺应"无用"（5）等
BB18	自寻有效的学习方式	指学生不能在课程上获得有效的知识与能力，自主寻求其他有益于自己发展的学习机会与方式，自己努力自学，寻求其他有效的学习资源或者通过考研或转换专业等方式提高自己的知识水平和能力，包括：B46 自己努力形成知识框架（3），B47 转移"学习领域"（4）等
CC1	决策无支持空间	指高校对课程决策缺失调研论证与支持，领导的想法就是依据的行政工作机制抢夺了决策支持空间，相关的研究机构与职能机构为课程决策无法提供事实以及相关能力培训支持，包括：C1 领导的想法代替决策支持（3），C2 相应机构对决策无依据支撑（3），C3 教师课程评价能力缺乏训练（5）

续表

编号	副范畴	副范畴的内涵及其包含的概念
CC2	论证与评价机制缺失	指学校关于课程的评价专家论证与反馈机制形式化，例行工作代替科学决策等，包括：C4 课程体系缺乏"民主评议"，C5 课程决策评价停留于"纸面"，C6 合理决策机制缺失，C7 实施环节反馈机制缺失等
CC3	评教的有限作用	指对教师教学评价对促进教学带来的作用，包括教学督导的作用，学生评教对教师教学水平特别好与特别差两个层次具有的区分度等，包括：C8 教学督导的促进作用（3），C9 督导缺乏引导和帮助作用（4），C10 评教具有一定的区分作用（4），C11 同行评价的"一些"促进作用（3）等
CC4	评教"失真"	指督导评价、同行评价、学生评价都较为普遍地存在评价结果不真实不客观的问题，教学督导同为一个学校的同事，怕伤及教师自尊，尽量"不惹事"，说些表面的问题；同行评价一般很少去听，帮着勾画表格；学生评教都打高分等，包括：C12 教学督导评教"失真"（3），C13 同行评价"失真"（4），C14 学生评教"失真"（7）等
CC5	"表演式"应对	指学校对课程教学的评优活动并未真正促进课程教学水平提高，学生也未真正获益，这些评价更多被视为"表演式"的活动等，包括：C15 教学评优被视为特殊表演（5），C16 课程教学"舞台"效应（5），C17 多途径、分布的评价缺失（4），C18 评优项目认可度不高（6）等
CC6	评价结果"无效"使用	指针对教学质量差，学校惩戒标准模糊等课程问题反馈后对教学无触动等，包括：C19 课程教学质量差的惩戒标准模糊（4），C20 反馈的问题缺乏闭环解决机制（6）等
CC7	"简单式"量化评价	指所有针对课程教学的评价均以打分的形式进行，评价内容与维度层次介绍，注重外在形式多等，包括：C21 以分数为主的简单评价手段（7），C22 评价内容和维度简单（6）等
CC8	人际作用的评价	指在评价过程中，人际关系对评价产生的影响。学生对于上课不好，私下关系好的老师评分高，行政人员学生评教分数不理想，相关部门不予以公布，师生维持和谐关系，互不为难等，包括：C23 熟人更被关照（5），C24 师生评价互不为难（7），C34 教学督导不愿"得罪"人（3）等
CC9	"师生共谋"的评价	指师生出于各自利益考虑进行评价，彼此打高分带来可能的利益，对自己和老师都有益无害；打低分可能带来不必要的"损失"，也许对方会给自己打低分或在其他教学环节为难自己等，包括：C25 可能利益驱使的"高分"（5），C26 规避风险的"不打低分"（6）等
CC10	区分度弱的课程考核	指对学生的课程考核缺乏区分度。无论是平时考核还是期末考核对学生都不造成压力，考试简单，老师讲得好与坏、学生努力与否和拿学分关系不大等，包括：C27 平时成绩差距小（4），C28 科学计算平时成绩非常耗费时间（2），C28 考核无压力（4）等
CC11	非科学的课程考核	指课程考核主要考核学生是否记住一些事实性知识，采用传统的考核方式，无法测量学生的独立思考、自主学习的能力等，包括：C29 考核识记等低阶能力（4），C30 考核方式单一（4），C31 考核难激励学生自主学习（5）等
CC12	制度"掣肘"制度	指制度本身的相互"掣肘"，不能够真正地提高课程质量，有些制度已经失效，仍维持现状，反而制约了其他制度的有效实施，包括：C32 制度备受争议（3），C33 维持失效的制度（3），C34 制度之间相互制约（4）

注：括号中的数字代表此概念出现的次数。

附录7　N校、S校、G校的最终编码结果

N校访谈数据的最终编码结果

概念	副范畴	主范畴	核心范畴
规制统一、修订时间短、层层传导	自上而下	科层机制	行政主导的分离决策
上级文件传达多、各种各样精神文件	文件加持		
遵循管理部门的思路、学科之间的差异不被重视	被动决策		
偶尔参与、非确定有效、意见不被重视	部分参与		
学习指导"有限"、学生反馈途径有限、信息利用不足	信息沟通"形式化"	学习指导信息"不足"	
挂牌选课信息不全	信息不全		
教研室决策作用小、教师"接受"安排、对课程体系等"事不关己"	漠视决策	漠视决策	
学院争夺课时量、行政部门维护自身课时利益、教师争夺课程满足教学工作量	争夺课时	"瓜分"时间	
课程多、课程收获小、学习不深入	时间效率低		
选修课（专业、公共）挂牌，教师竞争课程	课程竞争	身份作用	
高层理念明显、有身份者课程易开设	身份影响		
基层教学单位课程管理者负责课程安排、课程容易安排给熟悉者	人际决策		
培养方案理念多、课程体系实质变化少、上级文件改革信号留于"纸面"	实质变化少	形式决策	
平衡各类课程、各学科课程	平衡决策		
因人设课、课程排课照惯例	方便决策		
课程内容重复、课程体系问题无人研究、教学内容陈旧	非科学决策	问题"悬置"	
大类课程实施与规划不一致、挂牌课程时间冲突、教师审核与教材建设相冲突	矛盾决策		
公共课开设未关注学生需求、选修课未满足学生的学习需求	非需求决策		

续表

概念	副范畴	主范畴	核心范畴
领导想法多、点子多、难落地	制度多	制度内卷	
制度执行靠"自觉"、领导听课"新闻化"、教师"不尊重"制度	制度难落地		
制度繁杂、过硬的"课堂管理"	制度过"刚"		
念PPT、上课不"用力"、不重视学生的学习效果	教师敷衍课堂	课程"困境"	"游离在场"的非确定性参与
老师的"独角戏"、"不停播放"的讲课、大班课程效果差	满堂灌		
提问少、不互动	沉默课堂		
实践课程条件设施差、教师实践能力差	实践课程"水"		
课堂沉默、教师"为何"不提问	无互动的课堂		
懂学生的思维方式、善于鼓励、会利用互动工具、有趣幽默	良好课堂互动的状态	良好课程	
讲课形象、知识面广、不照本宣科、懂学生且会引导，理论与实践能力都强，有实际任务的课程	有效受欢迎的课程特征		
功利性互动、学生"不会"提问、教师回避自己不了解的问题	教学相长欠缺	教学相长欠缺	
自主学习时间少、学习习惯不好、课后作业"可做可不做"、独立思考能力差	课外学习"悬浮"	自主学习不足	
同学之间缺乏学习互动合作、分组作业、分工协作不好	合作学习能力不足		
教师的"无力"和"愧疚"、教师认为自身实践能力低	教师自我效能感"低"	教师自我效能感"低"	
教师对课程真正效果的担忧、学生的学习感知给教师造成压力	教师的忧愁与压力	责任自觉负载	
教师为兴趣愿意花时间教学、教师对自己的课程效果有期待、"热爱教学靠教师个体的"良知"与"热情"、教师教学行为好或坏的偶发性	教学责任的个体偶发性		
"身体不在场"的逃离、"身体在场"的"逃离"	应对不满意课堂的行为策略	"游离在场"的参与	
敢怒不敢言、默认接受，顺应"无用"	应对不满意课程的心理策略		
自己努力形成知识框架、转移"学习领域"	自寻有效的学习途径		

续表

概念	副范畴	主范畴	核心范畴
相应机构对大学课程研究不足、教师只关心自己的"一亩三分地"、教师之间关于课程体系合理的探讨甚少	决策无支持空间	评价支持缺失	
课程体系缺乏"民主评议"、课程决策评价停留于"纸面"合理决策机制缺失、实施环节反馈机制缺失	论证与评价机制缺失		
教学督导的监督作用，督导听课任务重、引导作用不够，评教具有一定的区分作用，同行评价在专业内部有一定作用	评教具有"基本功能"	评教有限作用	
教学督导评教"失真"、同行评价"失真"、学生评教"失真"	评教"失真"	"失真"评教	
学校刻意"打造""名师"，课程教学表现"舞台"效应，多途径、分步式的评价缺失，	"表演式"应对		"失真"评价
评价结果被"过度"使用	结果"过度"使用	结果"过度"使用	
依据评价结果的惩戒标准模糊、反馈的问题缺乏闭环解决机制	评价结果"无效"使用	简单量化的评价	
以分数为主的简单评价手段、评价内容和维度简单	"简单式"量化评价		
熟人更被关照、师生评价互不为难、教学督导不愿"得罪"人	人际作用的评价	利益考量的评价	
可能利益驱使的"高分"、规避风险的"不打低分"	"师生共谋"的评价		
平时成绩差距小、考核无压力	区分度弱的课程考核	非科学的课程考核	
考核低阶学习能力、考试分析不被重视、考核方式单一、考核难激励学生自主学习	非科学的课程考核		
制度不断翻新、制度效果不佳	制度"替换"制度	制度"替换"制度	

注：表格中所列举的概念和范畴是剔除了一些无关或相关度不高的内容之后得出的概念和范畴。

S校访谈数据的最终编码结果

概念	副范畴	主范畴	核心范畴
指导意见较规范、专业目标操作性较好、前期调研工作要求扎实（企业、校友、学生）、给予学院调研时间充足（6个月）	指导意见规范	管理规制为"核"的决策机制	行政主导的分离决策
应对工程认证压力、通识选修课程要求缺失	规制性明显		
修订工作程序化明晰、管理部门工作细致	工作规范		
尊重自下而上诉求、整合处理效果欠缺	自下而上最终效应不足		
学院少数人参与决策、大部分教师缺少话语权	少数人决策		
学院本位主义明显、跨学科基础课程难协商	学院本位主义		
课程标准不清、课程信息指导缺失	信息不足	信息"有限"	
公共选修课标准不清、公选课规划性不强	公选课选择余地小		
教研室、系研讨形式化，教师不关心决策，善于"接受"安排	漠视决策	漠视决策	
公共课和跨学科基础学院之间课时争夺、专科课教师之间争夺课时	争夺课时	"瓜分"时间	
课程先后次序科学性不足、难度大的课程难学深入、实践课程操作机会有限	时间效率低		
管理者意图贯彻明显、行政手段解决问题	行政权力作用	身份作用	
决策程序终端以职务高者意见为主	身份影响		
课程分配受到人际关系影响、课程容易安排给熟悉者、学分课时分配与领导所属学科或个人想法关系大	人际决策		
上级文件要求贯彻多、工程认证对标标准多、符合校本实际的改革少	实质变化少	形式决策	
因人设课、避免"复杂"改革、管理求"便"	方便决策		
课程内容重复、教学内容前沿性不足、课程体系科学性无人研究	非科学决策	问题"悬置"	
公选课选修标准不规范—大类培养理念矛盾、教材审核—教材建设现实冲突	矛盾决策		
工学学习的特殊性未被关注、学生发展需求被标准化	非需求决策		

续表

概念	副范畴	主范畴	核心范畴
上级文件传达多、校内配套文件多	制度多	制度内卷	
制度执行靠"自觉"、领导听课"事件化"、教师"应付"制度	制度难落地		
可操作性制度修订不及时	制度"过时"		
教师理论讲授枯燥、理论与实践结合不足、实践课程设施需改进、教师实践能力差、大班课程效果差、与企业联系松散随机	课程教学问题	课程"困境"	"游离在场"的非确定性参与
课堂沉默、教师"为何"不提问	无互动的课堂		
懂学生的思维方式、善于鼓励、会利用互动工具、有趣幽默	良好课堂互动的状态	良好课程	
讲课形象、知识面广、不照本宣科、懂学生且会引导、理论与实践能力都强、有实际任务的课程	有效受欢迎的课程特征		
注重技术互动、忽略原理性知识探讨与思考、学生"不会"提问、教师回避自己不了解的问题	教学相长欠缺	教学相长欠缺	
不敢轻易问老师、敬畏老师、怕被看不起	"师道尊严"		
学生缺乏"探究"的意愿、自主学习时间少、学习被动、课外操作缺乏充足的支持、能参与教师项目的学生非常有限	课外学习"悬浮"	自主学习不足	
同学之间缺乏技术协作能力、合作学习机会少	合作学习不足		
教师在理论与实践之间的困惑、对指导实践存在能力不足的体验、把控课堂能力不足	教师自我效能感"低"	教师自我效能感"低"	
教师对课程真正效果的担忧、学生的学习感知给教师造成压力	教师的忧愁与压力	责任感不确定	
教师为兴趣愿意花时间教学、教师对自己的课程效果有期待、热爱教学靠教师个体的"良知"与"热情"、教师教学行为好或坏的偶发性	教学责任的个体偶发性		
"身体不在场"的逃离、"身体在场"的"逃离"	应对不满意课堂的行为策略	"游离在场"的参与	
不信服老师、敢怒不敢言、默认接受、顺应"无用"	应对不满意课程的心理策略		
自己寻找实践机会、自学构建自己知识框架、转移"学习领域"	自寻有效的学习途径	自寻有用途径	

续表

概念	副范畴	主范畴	核心范畴
行政力量注重"借鉴"标准、评价标准缺乏校本书、教师缺乏课程科学评价的能力与理念	决策无支持空间	评价支持缺失	"失真"评价
课程体系缺乏"科学论证"、课程决策评价停留于"纸面"、合理决策机制缺失、实施环节反馈机制缺失	论证与评价机制缺失		
教学督导的监督作用,督导听课任务重、引导作用不够,评教具有一定的区分作用,同行评价在相同专业作用较好	评教具有"基本功能"	评教的有限作用	
教学督导评教"失真"、同行评价"失真"、学生评教"失真"	评教"失真"	"失真"评教	
缺乏实践能力的长期考核管理、评优课程教学表现"舞台"效应、有针对性只锤炼"评比"环节	"表演式"应对		
教师评优最终被量化的项目数代替	可量化项目作用大		
依据评价结果的惩戒标准模糊、反馈的问题缺乏闭环解决机制	评价结果"无效"使用		
实践能力评价模糊、以分数为主的简单评价手段、评价内容和维度简单	"简单式"量化评价		
熟人更被关照、师生评价互不为难、教学督导不愿"得罪"人	人际作用的评价	利益考量的评价	
可能利益驱使的"高分"、规避风险的"不打低分"	"师生共谋"的评价		
平时成绩对实践操作能力区分差、考核无压力	区分度弱的课程考核	非科学的课程考核	
考核低阶学习能力、实践操作与情境应用能力难被鉴别、考试分析不被重视、考核方式单一、考核难激励学生自主学习	非科学的课程考核		
政策性文件更新快、可操作性政策文件更新慢	制度效力不足	制度效力不足	

G校访谈数据的最终编码结果

概念	副范畴	主范畴	核心范畴
参考学习其他模板、多次会议研讨指导意见、修订指导意见出台时间长	重视前期研究	科层机制	行政主导的分离决策
企业调研深度不够	企业调研不够		
上级文件精神提得多、立足校本融合度不够、例行工作痕迹明显	文件加持		
行政力量参与多、自下而上的整合不够	自上而下		
学院贯彻执行多、教师缺少话语权	被动决策		
学院参与不深入、学科、专业之间决策商讨不足	基层参与不足		
课程信息"不通畅"、学生不了解课程	信息不畅	信息"有限"	
公共选修课选择平台草率、学生选择余地小	公选课选择余地小		
教师"接受"安排、参与课程决策不积极	漠视决策	漠视决策	
学院争夺课时量、行政部门维护自身课时利益、教师争夺课程满足教学工作量	争夺课时	"瓜分"时间	
课程多、课程收获小、学习不深入	时间效率低		
决策程序终端以职务高者意见为主	身份影响	身份作用	
课程分配受到人际关系影响、课程容易安排给熟悉者	人际决策		
培养方案革新少、课程体系实质变化少、形式调整多	实质变化少	形式决策	
平衡课时争夺问题	平衡决策		
因人设课、避免"复杂"改革、管理求"便"	方便决策		
内容重复、课程体系科学性无人研究、教学内容陈旧	非科学决策	问题"悬置"	
公选课付诸平台的草率—培养理念的"厚基础"矛盾、教材审核—教材建设现实冲突	矛盾决策		
公共课"为开课而开课"、选修课课外指导不足，学习需求未被关注	非需求决策		

续表

概念	副范畴	主范畴	核心范畴
规划文件多、可操作性制度少	制度多	制度内卷	
制度之间存在冲突、制度执行靠"自觉"、领导听课"事件化"、教师"应付"制度	制度难落地		
课程教学检查名目多、教学监控较严	制度过细		
教师"敷衍课堂"、实践课程条件设施差、教师实践能力差、大班课程效果差	课程教学问题	课程"困境"	
课堂沉默、教师"为何"不提问	无互动的课堂		
懂学生的思维方式、善于鼓励、会利用互动工具、有趣幽默	良好课堂互动的状态	良好课程	
讲课形象、知识面广、不照本宣科、懂学生且会引导、理论与实践能力都强、有实际任务的课程	有效受欢迎的课程特征		
功利性互动、学生"不会"提问、教师回避自己不了解的问题	教学相长欠缺	教学相长欠缺	"游离在场"的非确定性参与
不敢轻易问老师、敬畏老师、怕被看不起	"师道尊严"		
学生缺乏"探究"的意愿、自主学习时间少、学习被动、课后作业质量差、课外与教师"隔离"	课外学习"悬浮"	自主学习不足	
同学之间缺乏学习互动合作、分组作业、分工协作不好	合作学习能力不足		
教师课程发挥空间有限、教师认为自身实践能力低	教师自我效能感"低"	教师自我效能感"低"	
教师对课程真正效果的担忧、学生的学习感知给教师造成压力	教师的忧愁与压力	责任感不确定	
教师为兴趣愿意花时间教学、教师对自己的课程效果有期待、热爱教学靠教师个体的"良知"与"热情"、教师教学行为好或坏的偶发性	教学责任的个体偶发性		
"身体不在场"的逃离、"身体在场"的"逃离"	应对不满意课堂的行为策略	"游离在场"的参与	
不信服老师、敢怒不敢言、默认接受、顺应"无用"	应对不满意课程的心理策略		
自己努力形成知识框架、转移"学习领域"	自寻有效的学习途径		

续表

概念	副范畴	主范畴	核心范畴
行政力量注重"借鉴"标准、评价标准缺乏校本书、教师缺乏课程科学评价的能力与理念	决策无支持空间	评价支持缺失	"失真"评价
课程体系缺乏"民主评议"、课程决策评价停留于"纸面、合理决策机制缺失、实施环节反馈机制缺失	论证与评价机制缺失		
教学督导的监督作用,督导任务听课任务重,引导作用不够,评教具有一定的区分作用,同行评价在相同专业作用较好	评教具有"基本功能"	评教的有限作用	
教学督导评教"失真"、同行评价"失真"、学生评教"失真"	评教"失真"	"失真"评教	
评优课程教学表现"舞台"效应、按要求锤炼"评比"环节	"表演式"应对		
教师评优最终被量化的项目数代替	可量化项目作用大		
依据评价结果的惩戒标准模糊、反馈的问题缺乏闭环解决机制	评价结果"无效"使用	简单量化评价	
以分数为主的简单评价手段、评价内容和维度简单	评价手段单一量化		
熟人更被关照、师生评价互不为难、教学督导不愿"得罪"人	人际作用的评价	利益考量的评价	
可能利益驱使的"高分"、规避风险的"不打低分"	"师生共谋"的评价		
平时成绩差距小、考核无压力	区分度弱的课程考核	非科学的课程考核	
考核低阶学习能力、考试分析不被重视、考核方式单一、考核难激励学生自主学习	非科学的课程考核		
制度效力不足、制度流于纸面	制度效力不足	制度效力不足	

注:列举的概念和范畴是剔除了一些无关或相关度不高的内容之后得出的概念和范畴。

附录8 案例高校主页关于本科课程与教学报道的主题归纳分析

主题词	文本内容（部分）	备注
课程思政、思政课、党史与课程结合等	1. 课程入选教育部课程思政课程 2. 思政课教师深入一线 3. ××学院举办首届课程思政说课比赛 4. 办好关键课程：思政课——马克思主义学院深入学习习近平总书记《求是》杂志重要文章 5. 举办"音乐中的党史"课程实践音乐会 6. 我校3门课程入选课程思政示范课程 7. 校长为2020级新生上"开学第一课"：做传承和弘扬苏区精神的新时代大学生 8. 党委书记为新生上"开学第一课"：结合"四史"教育，传承好苏区精神 9. 学校召开"大思政"育人研讨会 10. 我校通识课程《百年党史××红》课程在课程平台正式上线 11. 学校编写的《课程思政教学案例集》——党史学习教育专辑出版发行，结合党史讲专业的教学案例集，收录了60多门课程（包括通识或专业课程）90多个教学案例 12. ×××学院开讲"百年党史与文学"思政大课 13. ×××第一届高校思政课问题式专题化教学比赛在我校举行，推进党史学习教育与思政课教学相结合 14. 我校组织教师集中收看××省高校"课程思政"教学观摩暨经验交流视频工作会，校党委书记指出课程思政具有政治导向任务，高校作为意识形态重地，更要旗帜鲜明地把思想政治工作贯穿教育教学全过程 15. ×××学院党委扎实推进"课程思政"工作 16. 马克思主义学院举行《马克思主义基本原理概论》课程贯彻党的十九届五中全会精神跨校集体备课会 17. 新学期开学首日校长×××为本科生上思政课 ……	主题关键词出现词频： 1. "课程思政"：A校26次，G校4次，N校14次，S校14次； 2. 党史学习教育类词频：A校0次，G校6次，N校32次，S校1次； 3. 思政课：A校30次，G校5次，N校22次，S校5次； 相关报道数20条，占比25%
示范课程、金课、一流课程等	1. 我校《英语×××》课程入选课程思政示范课程 2. 我校线上"金课"《英语×××》上架学习强国慕课平台 3. 我校3门课程入选首批国家级一流课程 4. 我校新增6门省级在线开放课程 5. 我校《百年党史×××》课程上线智慧树平台 6. 我校编写的《课程思政教学案例集》出版发行 7. 学校召开第二批国家级一流本科课程申报团队工作会议 8. 我校劳动教育概论课程在中国大学慕课网正式上线开课 9. 我校《创业社团功能与自我发展》课程入选全国高校就业创业金课 10. 我校52门课程获批2020年省级"三类"一流课程 11. 我校11门课程被认定为首批国家级一流本科课程 12. 我校24门课程获评2020年省级"三类"一流课程	主题关键词出现词频： 1. 示范课程：A校13次，G校2次，N校7次，3次； 2. 金课：A校2次，G校5次，N校7次，S校4次； 3. 一流课程：A校14次，G校37次，N校28次，S校26次。 相关报道数18条，占比22.5%

续表

主题词	文本内容（部分）	备注
示范课程、金课、一流课程等	13. 我校2门课程通过首批国家一流课程认定 14. 我校举办2021年××地区高校一流课程建设研讨会 15. 打造"金课"，助力申报——我校开展2021年一流课程建设培训会 16. 我校成立"对分课堂工作室"并开展首次教学研讨会 ……	主题关键词出现词频： 1. 示范课程：A校13次，G校2次，N校7次，3次； 2. 金课：A校2次，G校5次，N校7次，S校4次； 3. 一流课程：A校14次，G校37次，N校28次，S校26次。 相关报道数18条，占比22.5%
教学竞赛、教师评优等	1. 我校青年教师×××获×××省第十三届"外教社杯"全国高校外语教学大赛一等奖 2. 我校3个教学团队在首届××省高校教师教学创新大赛中获奖 3. ××教授入选我省首批"新时代学生心中的好老师" 4. 学校举行2020年度"×××教学标兵"评选示范教学活动 5. 我校教师在全国第六届外语微课大赛复赛中获得优异成绩 6. 我校教师在首届××省高校教师教学创新大赛中获佳绩 7. 我校在第四届全省高校青年教师教学竞赛中获佳绩 8. 我校教师教学竞赛综合排名居全国第53位、××类院校第7位 9. 我校举行首届"卓越教学奖"评选暨2016—2017年课程教学"十佳"述职大会 10. 我校教师在××省第十三届"外教社杯"英语教学大赛中喜获佳绩 11. 我校举行第七届"最受学生欢迎的十佳教师"评选终评会 12. 我校举办2020年课程教学贡献奖现场教学大赛 ……	1. 由于篇幅较长，A校2条关于本校两位参评生"新时代学生心中好老师"相关教师的长篇报道、S校主页上1条关于行业类别教学奖获得教师的长篇报道未列入。 2. 关于教学竞赛与教学评优报道数共15条，占比18.7%
日常教学工作会议、教学研讨会等	1. 学校召开第三十二次暑期教学改革研讨会 2. 学校召开2021年第一次教学工作指导委员会会议 3. 学校举行第三届本科教育院长论坛 4. 学校举行新一届校级本科教学督导专家聘任仪式 5. 学校召开教学委员会部署新学期本科教学重点工作 6. 我校新学期第一周教学运行平稳有序 7. 我校召开教学指导委员会会议暨2020—2021学年第二学期第三次本科教学例会 8. 我校召开2020—2021学年第二学期本科教学第二次会议 9. 我校召开2020—2021学年第一学期第三次本科教学工作例会 10. 践行"五个起来"大力推进一流本科人才培养——我校召开2020年暑期本科教育与人才培养工作研讨会 ……	1. 各校日常教学工作会议基本分为暑期研讨会和日常教学工作会议。 2. 共14条关于日常教学工作和教学研讨会的报道，有些同一所学校重复的日常教学工作会未列出。 报道数占比为17.5%

续表

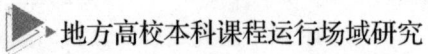

主题词	文本内容（部分）	备注
校领导、开学、考试等	1. 开学首日校领导走进课堂听课 2. 开学第一课：校领导走进课堂听课 抗战精神激励学子成长 3. 校领导检查期末考试工作 4. 全校校领导深入课堂听取开学第一课 5. 校领导集体深入课堂听取开学第一课 6. 校领导巡查期末考试考务工作 7. 校领导深入学生课堂齐上开学第一课 ……	4所学校均在主页有关于校领导开学进入课堂、期末进入考场的事件报道。统计共10条，占比12.5%
本科教学督导	1. 学校举行新一届校级本科教学督导专家聘任仪式 2. 学校教学督导参加首届全国高校专职教学督导员实训培训 ……	有3所学校各有一条关于教学督导相关报道，共3条，占比3.75%

附录9 案例高校人才培养方案修订指导意见汇总

学校代码	指导思想	修订原则	学分要求与学制要求	课程结构	各专业方案框架与规范要求	组织机构	工作程序	时间要求
A校	国家宏观政治思想，高等教育发展规律，立德树人根本任务，"强基础、宽口径、重素质、提能力"的遵循，培养复合型人才	1.坚持知识能力素质协调；2.优化教学时学分安排；3.强化专业创业教育；4.深化人才培养目标定位；5.改进专业主干课程设置	1.学时学分总体要求：最低学分(课内总学分)不超过160学分，理工农等专业不超过120学分，可提高至165，理工农等学分大于等于学类专业实践教学学分约占总学分的20%。各专业实践教学学分约占总学分的20%。各专业至少设置一门综合性的教学学习。2.学时与学分计算方法：16学时计1学分；实验教学、形势与政策、体育课程32课时计1学分。3.实践教学：教学实习每1周计1学分，毕业实习每1周计0.5学分	课程结构：通识教育、专业教育和拓展教育三部分	专业培养目标、专业规格和培养要求、学生应获得的知识与能力、专业核心课程、学制与学位、学时学分配及毕业学分要求、必修课程教学计划安排表、选修课程教学计划安排表、实践教学计划安排表	学院成立以院长为首的人才培养方案修订工作小组；学校教学指导委员会(或校领导)审定	1.学院成立以院长为首的人才培养方案修订工作小组，明确责任，分管教学院领导落实责任；2.各学院在充分调研其他高校相关最新人才培养方案基础上，对本专业各专业的人才培养进行修订，修订过程中，做好相关资料及教学档案的保存工作；3.学院组织校内外专家对每个专业的人才培养方案进行论证，并将相关材料及时整理归档；4.各学院向教务处提交经论证后的人才培养方案初稿，具体执笔人、审核人、分管教学的院领导签字；5.教务处向教务处报送按照学校要求的人才培养方案上报的人才培养工作委员会(或校领导)审定；6.教务处按即印制分发；7.各教学单位应结合教育部对我校本科教学工作审核评估的整改方案，开展新时代本科教育思想讨论、宣传，落实人才培养方案	2018年10月中旬—10月底

续表

学校代码	指导思想	修订原则	学分要求与学制要求	课程结构	各专业方案框架规范要求	组织机构	工作程序	时间要求
G校	国家政治宏观思想，高等教育发展规律，立德树人根本任务；树立"学生中心、产出导向、持续改进"基本理念，深化专业坚定作风，扎实苦干，勇于开拓，甘于奉献的高素质应用型人才为目标	1.紧扣普通高等学校本科专业类和学质量国家标准，认证标准，突出专业特色和优势；2.基于产出导向理念，科学合理设计课程体系和教学范式；3.加强实践教学改革，深化协同育人；4.探索多元化的分类培养和个性化发展，推进专业教育与创新创业教育有机融合	学分设置要求：毕业学分控制在140~160学分。人文社科类专业140学分左右，理工农艺体类专业150学分左右，师范专业可适当增加，但不超过160学分	课程结构要求：集通识课程、学科专业课程、集中实践三大模块	专业简介、培养目标、毕业要求、主干学科、核心课程、修业年限及毕业学分与学位授予、课程体系、教学计划、修读指南	各教学学院要成立学院本科培养方案编制领导小组，由院长、分管副院长任组长，各专业负责人为成员，同时成立专业工作小组，由专业负责人任组长，若干名专业骨干教师为成员。由学校教学工作委员会进行审定工作	1.学院相应机构进行充分的调研论证；2.专业工作小组编制初稿；3.学院方案编制领导小组审核；4.学院教学工作委员会审定；5.学校教学工作委员会审定；6.各专业要向教务处提交人才培养方案《调研报告》和《论证报告》；7.各学院要根据基本意见、梳理、协调相关要素，加强对方案对审核，确保编制质量，并同步组织课程教学大纲修订	2018年5月中旬—7月中旬

226

续表

学校代码	指导思想	修订原则	学分要求与学制要求	课程结构	各专业方案框架规范要求	组织机构	工作程序	时间要求
N校	政治指导要求、国家专业认证标准要求、学校本科一流建设行动计划等	1.两增两减。两增：增加自主性的个性选择；增加挑战和学业挑战度、提高课程和学业挑战度。两减：减少总学分，各专业在2016年基础上减少5学分；减少必须修读学分，各专业选修学分不低于总学分的1/5。 2.两合两分。跨专业、跨界整合(跨学科)，跨行业、跨校、跨学院的资源整合；贯通与分流，教育教学全过程通识教育与专业教育相融合，创新创业教育与专业教育相融合，本科生教育与研究生教育相融合，信息技术与教育教学相融合。 3.分类培养：探索多样化人才培养路径，实施"721"三类人才培养，培养应用型、复合型和创新型人才。	非师范类专业：文管类专业学分不超过145学分(含第二课堂)，其中课堂理论教学学分不超过120学分；理工及音乐、美术、体育类专业总学分不超过155学分(含第二课堂)，其中课堂理论教学学分不超过115学分。 师范类专业：文管类专业为155学分，理工及音乐、美术、体育类专业165学分。 原则上各专业选修学分不低于总学分的1/5	合理设置模块化课程，建构各专业科学合理的课程体系。 通识教育课程、专业教育课程以及个性发展课程三大类课程协调融合有比例	培养目标、规格要求(一般知识要求、一般能力要求、专业素养要求)、方案介绍、相近专业、标准学制、授予学位、毕业最低学分、课程设置	各学院成立以院长为第一负责人的修订小组；提请3位本专业教育部教学指导委员会专家对院进行论证；教务处教学委员会和教务处组织修订汇报和专家论证会	1.厘清修订思路(充分调研国内外著名大学相同专业，结合国家标准和专业认证要求，分析培养定位、学生知识能力价值结构开展修订)。 2.组织修订方案(广泛征求专家学者、用人单位、学生意见)； 3.开展方案论证(提请3位左右本专业教学指导委员会专家进行论证)； 4.提交方案修订出的培养方案初稿(各学院院长、教学副院长签字，同时提交修订过程材料)； 5.再次认证汇报会和专家论证会，教务处组织修订汇报会和专家论证会，重点审查课程设置，并将专家意见反馈至学院，学院进一步修订	2019年5月底—2019年6月底

续表

学校代码	指导思想	修订原则	学分要求与学制要求	课程结构	各专业方案框架规范要求	组织机构	工作程序	时间要求
		4.分层管理：强化校院两级管理，下放人才培养管理权限						
S校	国家本科建设要求、专业建设标准、学校办学理念、学校人才培养具体要求	"四个体现"、"5个原则" 1.提出"按大类培养"方案，贯通相近专业通识基础课程，学科基础课程，大类专业二级课程尽可能相同 2.课程性质分为必修课和选修课。通识课程、学科基础课程和专业核心课程均为必修课，专业选修课、其他选修课可以是必修课选修课 3.课程考核方式分为考试和考查	理工科类≤170学分；人文社科类管理类≤165学分；5年制本科毕业生≤200学分；以上学分要求包含：校级素质3学分；创新创业实践2学分；共计8学分	本科专业人才培养方案设立七大模块，分别为"通识教育课程"、"学科基础课程"、"专业核心课程"、"专业选修课程"、"创新创业教育"、"集中实践教学"和"综合素质课程"	专业简介、专业培养目标、毕业要求、毕业要求与课程矩阵对应的知识能力达成要求、课程设置与实践教学（含实践环节）的相关要求、授予学位、学制、毕业要求与学分要求、课程设置与教学进程安排表	各学院组织成立人才培养方案修订工作组。具体落实到学院院长、分管院长、副院长，学院教学指导委员会成员及相关专业教师组成。企事业单位人才培养工作组第一负责人。各学院确定好每一个专业（含专业方向）具体负责人。笔负责人为教研室正主任	1.各学院组织成立人才培养方案修订工作组；2.组织学习相关文件（如《国家中长期科学和技术发展规划》《新时代全国高等学校本科教育工作会议》《普通高等学校本科专业类教学质量国家标准》《工科认证标准》"新工科"研究与实践等），并提交学习总结材料电子稿；3.提交征求本专业已经毕业学生（校友）意见座谈会纪要以及企业座谈会纪要（不少于5份）；4.使用QQ调查问卷调查同类专业4-6年毕业生职业情况，并提交调查报告电子稿；5.各专业完成初稿；6.各学院各专业人才培养方案汇报与本学院教学指导委员会完成审核工作；7.学校教务处组织方案审核；8.学院根据意见进行再修改；9.学院提交最终稿，相关负责人签字	2019年1月底—6月底

注：本表依据收集的各校人才培养修订指导意见文件整理。

附录10　案例高校本科课程体系与课程结构

学校代码	课程大类	课程类别	课程性质	比例/%	学分		备注
A校	通识教育	公共课	必修	30	约36学分		总学分不超过160学分（理工类专业可达165学分），理论课程总学分不超过120。实践学分包括实习、毕业论文等必修课学分，理工类约为50学分，文史类专业约为32学分
	专业教育	基础课（学科基础课）、专业基础课	必修	25	约30学分	约42学分	
		专业课	必修	10	约12学分		
	拓展教育	专业选修课	选修	30	约36学分	约42学分	
		公共选修课	选修	5	6学分		
G校	通识教育	公共课	必修、选修	27~35	44~49学分（必修38~43学分，选修6学分）		各专业总学分：140~160
	学科专业	专业必修	必修	49~70			
		教师教育	必修、选修	必修（14学分，选修6学分）	师范类专业要求		
		个性发展课程	选修	不少于15	12学分以上，原则上除专业核心课程外，其他课程可以跨学院、跨专业互选，全校任选，选修非本专业课程取得的学分可替换专业选修课学分		
	集中实践	教育（专业）见习	必修		2周		
		教育实习			18周，第4或6或7学期	13学分	
		专业实习			8~18周，第6或第7学期		
		毕业论文/设计			12周，第7、8学期		

续表

学校代码	课程大类	课程类别	课程性质	比例/%	学分	备注
N校	通识教育课程	公共课	必修、选修	约33	52学分（必修46、选修6）	文管类专业不超过145学分，其中课堂理论教学不超过120学分；理工及音体美专业不超过155学分，其中理论教学总学分不超过115学分
N校	专业教育课程	专业基础课	必修	约67	6~10学分	
N校	专业教育课程	专业课（含毕业实习、毕业设计）	必修	约67	约60学分，其中5~7门专业主干课程为20~39学分	
N校	专业教育课程	专业选修课	选修	约67	约20学分	
N校	个性发展课程	拓展类	第二课堂、创新创业、在线学习、第二校园经历、海外研修、考研考证	不计入规定毕业最低要求学分数	可以冲抵一些选修课程的学分	
S校	通识教育课程	公共类	必修	约23	38~39学分	4年制本科毕业生≤170学分（理工科≤170学分，人文社科管理类≤165学分），5年制本科毕业生≤200学分。总学分含创新创业教育6学分、综合素质3学分、校级公选课3学分。计算比例选了170学分为基数
S校	学科大类	学科基础类	必修	约26	45学分	
S校	专业教育课程	专业核心类	必修	30~33	24~30学分（30学分针对五年制专业）	
S校	专业教育课程	专业选修类（个性化培养类）	选修	30~33	27学分（跨专业选修不少于3学分）	
S校	其他	创新创业、职业发展与就业指导、实践类、综合素质	必修	约16	27学分	

注：表格内容依据各校正在实施的人才培养方案整理。

附录11 案例高校4份本科教育规划文档的内容分析

《A大学深化本科教育教学改革实施方案（2018-2025）》内容分析

节点	覆盖率/%	子节点	覆盖率/%	三级节点	覆盖率/%
制度出台的原因	2.04	呼应学校整体改革需要	1.11	—	—
		上级会议与文件精神	0.93	—	—
指导思想	1.57	党和国家教育方针	0.43	—	—
		贯彻"四个回归"	0.59	—	—
		适应外部要求	0.21	—	—
		学校发展定位	0.34	—	—
基本原则	5.26	立德树人	0.99	—	—
		内涵发展	1.54	—	—
		全面开放	1.07	—	—
		以生为本	1.09	—	—
		问题导向	0.56	—	—
总体目标	3.53	基本途径	1.91	—	—
		预计达到的目标	1.62	—	—
保障机制	10.10	加大经费保障	2.65	—	—
		加强宣传教育	1.43	—	—
		加强制度保障	2.28	—	—
		加强组织领导	3.74	—	—
主要任务	66.97	加强教师队伍建设	15.48	加强师德师风建设	6.64
				扩大教师对外交流途径	1.77
				提升教师育人能力	2.07
				完善教师本科教学激励机制	2.03
				优化师资队伍结构	2.98
		加强课程建设	10.37	加强核心特色优质课程建设	4.08
				加强思政课程和课程思政建设	2.84
				健全创新创业教育课程体系	2.09
				强化实践课程建设	1.36

续表

节点	覆盖率/%	子节点	覆盖率/%	三级节点	覆盖率/%
主要任务	66.97	加强专业建设	6.30	加强专业内涵建设	2.11
				开展专业文化建设	0.85
				调整优化专业结构	1.82
				推进专业评估认证	1.53
		健全质量保障体系	2.94	建立教学质量持续改进机制	1.36
				健全本科教学质量保障体系	1.58
		强化教材建设	3.90	规范教材的管理、建设、选用、审查与评估程序	1.54
				加强精品教材建设	2.35
		深化实践教学管理改革	5.34	加强实践教学基地建设与运行管理	1.92
				加强实习实训环节和毕业论文（设计）过程管理	3.41
		推动课堂教学改革	5.51	改革教学模式	1.92
				改革考核方式	1.83
				精心打造"金课"	1.75
		拓展创新创业实践平台	8.02	加强创新创业基地建设	2.47
				加强导师库和创新创业团队建设	1.53
				建立健全学科竞赛体系	1.75
				完善创新创业教育体系	2.26
		完善人才培养模式	9.11	完善人才培养模式	3.45
				完善协同育人机制	2.34
				尊重学生个性化发展	1.67
				扩大国际合作培养机制	1.65

注：编码过程只选取具有实际意义的相关内容，一些说明性文字不予计算，以上表格总覆盖率不一定为100%。

《G大学一流本科教育实施方案》内容分析

节点	覆盖率/%	子节点	覆盖率/%	节点	覆盖率/%	子节点	覆盖率/%
制度出台的原因	2.25	本科教育重要性	0.35	主要内容	79.21	思政教育引领工程	12.84
		上级文件和会议精神要求	1.90			一流本科课程建设工程	14.21
指导思想	2.79	政治要求与教育方针	0.45			一流本科专业建设工程	10.15
		适应外部要求	0.22			教师育人能力提升工程	12.75
		基本遵循：四个回归	1.55			学生实践创新能力提升工程	14.08
		学校办学定位	0.57			质量文化提升工程	6.59
总体目标	3.29	立德树人	0.14			体美劳教育加强工程	8.60
		教学中心地位	0.40	保障措施	11.00	组织领导	2.04
		加强教学过程管理	0.36			强化支持保障	4.12
		强化教师教学主体责任	0.31			加强基层教学组织建设	2.70
		七大工程建设	1.12			落实学院主体责任	2.13
		预计达到的目标	0.96				

注：编码过程只选取具有实际意义的相关内容，一些说明性文字不予计算，以上表格总覆盖率不一定为100%。

《N大学建设一流本科行动计划》内容分析

节点	覆盖率/%	子节点	覆盖率/%	三级节点	覆盖率/%
制度出台的原因	1.45	本科教育的重要性	0.15	—	—
		上级会议与文件精神	1.31	—	—
指导思想	1.90	学校发展定位	0.50	—	—
		政治目标	1.40	—	—
建设思路	2.16	配置资源	0.45	—	—
		一主线二地位三个三工作举措	1.85	—	—
基本原则	3.53	思政引领,课程育人	1.42	—	—
		学为中心,为学而动	0.52	—	—
		以本为本,提高能力	1.59	—	—
保障措施	5.52	督导检查	2.11	—	—
		统筹协调	1.36	—	—
		组织领导	2.06	—	—
建设内容	79.24	立德树人一条线	10.69	全面深化思政课程改革	3.46
				大力推进"课程思政"建设	3.00
				倾斜支持思政教育教学	2.07
				构建"三全育人"工作格局	2.17
		巩固人才培养中心地位和本科教学基础地位	11.15	领导注意力聚焦本科教学	2.27
				资源配置聚焦本科教学	2.74
				教育管理聚焦本科教学	6.14
		实现三个三工作举措	57.39	狠抓"三项工作":本科教学秩序、科学范式改革、拔尖创新人才培育计划	29.04
				激发"三个主体":教师、学生和学院的积极性	17.08
				加强"三项建设":专业、课程和质量文化	11.27

注:编码过程只选取具有实际意义的相关内容,一些说明性文字不予计算,以上表格总覆盖率不一定为100%。

《S大学"本科教育质量提升年"工作方案》内容分析

节点	覆盖率/%	子节点	覆盖率/%	节点	覆盖率/%	子节点	覆盖率/%
制度出台的原因	7.05	上级会议与文件精神	3.66	主要举措	61.15	加强思政课程和课程思政建设	6.15
		学校发展需要	3.40			加强教学团队和教学名师队伍建设	3.57
指导思想	2.95	本科教育的重要性	0.56			加强一流课程建设	11.07
		上级部门的要求	1.29			加强一流专业建设	8.88
		学校的办学定位	1.10			加强大学生创新创业能力培养	6.64
工作原则	5.12	工作总目标	3.31			进一步推动教育学改革研究工作	5.10
		工作总要求	1.14			实施教师信息技术应用能力提升工程	6.69
		工作总原则	0.67			深化产学研协同育人机制	5.76
组织保障	13.76	加强组织领导	3.96			拓展国际交流途径，提高教育国际化水平	7.29
		落实主体责任	3.70				
		严格教学运行管理	6.11				

注：编码过程只选取具有实际意义的相关内容，一些说明性文字不予计算，以上表格总覆盖率不一定为100%。

附录12　质性研究观察资料——某校人才培养方案研讨会议白描单

会议主题：讨论人才培养方案课程设置问题
会议参与人：分管教学副校长、各学院分管教学院长、教务处人员等
观察日期：2018.06.15　观察者：校教务处办公室主任　地点：校办会议室

会议座位示意图

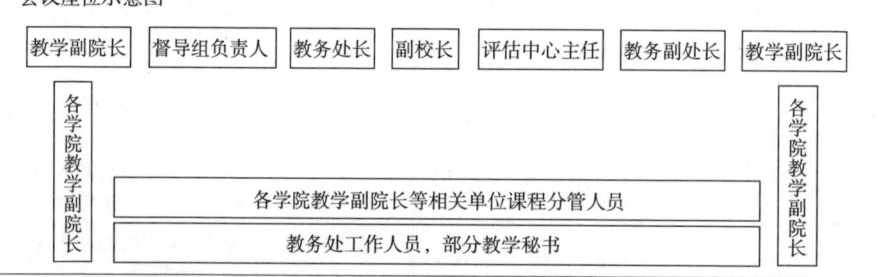

| 教学副院长 | 督导组负责人 | 教务处长 | 副校长 | 评估中心主任 | 教务副处长 | 教学副院长 |

| 各学院教学副院长 | 各学院教学副院长等相关单位课程分管人员 | 各学院教学副院长 |
| | 教务处工作人员，部分教学秘书 | |

观察点1：谁主持，谁做工作介绍，谁做最终发言
　　本次讨论会由教务处处长主持，教务处处长首先简要说明人才培养方案修订要求，提出需要对课程设置做一些调整；由分管课程运行的教务副处长说明课程设置的具体变化以及原因；由各学院代表对分发的课程设置变化文件发表意见；最后分管副校长对本次课程设置重要性做指示，顺带强调本科教学的重要性，要求各学院回去按照要求做好课程调整工作，并积极与教务处沟通

观察点2：讨论过程的状态
　　副校长和教务处长鼓励大家发言，提出对课程设置的意见，马克思主义学院、外语学院等几个承担了全校公共课程的学院提出有关课程开设中师资的问题，承担高等数学教学的学院提出数学分层教学的教材问题，心理咨询中心对减少课程数量有疑虑，认为不符合国家的学分要求等。随后几个公共课学院的教学副院长都认为不能削减自己的学院的课时，一是因为公共课学院教师科研工作量较少，主要依靠教学工作量来完成考核，二是这些公共课都是按照国家要求开设的。最后，副校长指示教务处处长平衡协调好各学院提出的问题

观察点3：会场参会人员表现状态
　　会议过程中，部分人并没有很认真听取会议内容，也没有积极参加讨论，看手机的人数较多。整个会议的参与人员对于课程设置的深层意义并未有充分前期准备，会议主持人未对课程体系的整体理念做介绍，与会人员更多是来听而不是来研讨，所谓讨论会，更多是一种工作布置

　　注：本观察记录由研究者本人根据会议记录和会议照片并咨询记录者整理而成。

附录 | 研究过程性资料

附录13 质性研究观察资料——《大学物理》课堂教学白描单

课程名称：**大学物理**
班级：**软件工程大一班**　学生数：**78（中班规模）**
观察者：**研究者本人**　观察日期：**2021.04.23**　听课时长：**90分钟**

观察者和学生的座位关系示意图

```
┌─────────────────────────────────────────────┐
│           ┌──────────────────┐              │
│           │    讲台（老师）   │              │
│           └──────────────────┘              │
│                                             │
│     学生         学生          学生          │
│                                             │
│                          ┌────────┐         │
│                          │ 观察者 │         │
│                          └────────┘         │
└─────────────────────────────────────────────┘
```

关键观察点1：任课教师授课情况

　　任课教师在上课之前准备了较多"道具"：一架飞机模型、陀螺以及较多视频资源。课前做了非常充分的准备工作，对知识点非常熟悉。在课堂导入环节，首先提问飞机尾桨的作用。任课教师在学习通教学平台做了问卷，设置了抢答问题，并投屏，对教学过程中的信息技术应用非常娴熟。随后根据同学们的回答，播放飞机尾桨工作的视频资源，结合视频资源进入课堂讲授的知识点：角动量定理与角动量守恒定律。在阐述教学目标中巧妙地讲到物理中的对称美，鼓励学生做物理学习的有心人，用心体会生活中的物理之美。在课堂中以跳水运动员的屈体以及内翻等动作的难度系数分析来讲解角动量定理与守恒定律。通过结合实例的讲解，导出计算公式，同时播放花样滑冰等动作的慢镜头，设置一些数值，要求学生根据公式进行计算。课后布置课外作业，让学生分析陀螺怎样能转得更久，并要求学生完成部书面计算练习

关键观察点2：学生学习状况

　　整堂课上，同学们被老师的讲授所吸引，抬头率93%以上，有些同学不停在纸上计算和设计更优的角度来理解老师讲授的现实生活例子。同学们注意力非常集中，在讲到公式与其理解方法时，虽然小部分同学皱起了眉头，但总体上，同学们对于老师将日常生活中的现象引入课堂，表现出赞赏与佩服。但由于软件工程专业招生人数较多，合班上课，并且其录取分数线比学校其他理工类专业低了近20分，部分同学也有跟不上节奏的表现

关键观察点3：同学提问与互动情况

　　在90分钟的课堂上，同学们除了在学习通上抢答老师的导入性提问外，在课程快结束时，有同学还提问：在滑冰过程中如何可以划得更快更优美，保持怎样的"角动量"比较合适。对此，老师给出了合理建议，同学们表示下次要去滑冰场试验。在观看视频之后，老师鼓励同学们互相探讨，并安排同学举手汇报相互探讨后得出的结论、想法和有关疑问

237

续表

观察分析
大学物理是软件工程专业学生必修的一门专业基础课，本堂课的老师将物理的枯燥化为无形，将同学们带入具体生活的物理现象中，激发同学们探求的兴趣，并充分鼓励学生参与课堂。课程教学内容安排紧凑，教学准备充分，设置了大量学生参与的环节，学生注意力被老师提出的问题所吸引，课堂教学内容有趣且实用。老师展示了较强的教学魅力，无论提问学生还是回答学生的问题都非常温和，课堂表现从容风趣。但由于班额较大，在有限时间内，老师并不能关注到所有同学，这影响了课堂的整体效果。还有部分同学由于高等数学知识掌握不够扎实，计算过程也出现较多错误（老师在学习通上及时统计与评判课堂计算准确度情况）。课后老师表示人数多，课堂效果无法保障，但她总体上在努力保持更好的教学效果，希望能够采取小班教学的形式，另外认为同学对物理知识在生活中的应用想象与拓展不够